Ludger Hagedorn | Patricia Löwe

Stadt und Religion

Die Herausgeber

Ludger Hagedorn, geb. 1967, ist Permanent Fellow am Wiener Institut für die Wissenschaften vom Menschen (IWM). Studium der Philosophie und Slavistik an der Freien Universität Berlin, 2002 Dr. phil. (Technische Universität Berlin), von 2005 bis 2009 Purkyně-Fellow der Tschechischen Akademie der Wissenschaften; Lehre u. a. an der Gutenberg-Universität Mainz, Södertörns Högskola (Stockholm), Karls-Universität Prag und der NYU Berlin.

Patricia Löwe, geb. 1989, arbeitet als wissenschaftliche Referentin der Berliner Guardini Stiftung und ist nebenher als freie Autorin tätig. Studium der Theaterwissenschaft, Kunstgeschichte und Religions-/Kulturwissenschaft in Berlin. 2019 Promotion zum Dr. phil. an der Humboldt-Universität zu Berlin mit einer Dissertation zum Thema »Die Erlösung des Cartesianischen Subjekts. Die Philosophie des Cogito als Ausdruck der Zerbrechlichkeit des Menschen«.

Ludger Hagedorn | Patricia Löwe

Stadt und Religion

Wegzeichen zu einer postsäkularen Urbanität

HERDER
FREIBURG · BASEL · WIEN

NATIONALE
STADTENTWICKLUNGS
POLITIK

Ein Projekt der Nationalen Stadtentwicklungspolitik. Gefördert durch das Bundesministerium des Innern, für Bau und Heimat

guardini stiftung

Ein Projekt der Guardini Stiftung

MIX
Papier aus verantwortungsvollen Quellen
FSC® C016439
FSC www.fsc.org

www.herder.de

Umschlagkonzeption und -motiv: Anja Matzker
Lektorat: Dr. Cathrin Nielsen

Die Bibeltexte sind entnommen aus:
Die Bibel. Die Heilige Schrift des Alten und Neuen Bundes. Vollständige deutsche Ausgabe
© Verlag Herder, Freiburg im Breisgau 2005

AΩ DIE BIBEL

Satz: ZeroSoft, Timisoara
Herstellung: Hubert & Co. GmbH & Co. KG, Göttingen

Printed in Germany

ISBN Print 978-3-451-38676-3
ISBN E-Book (Epub) 978-3-451-82007-6
ISBN E-Book (PDF) 978-3-451-82008-3

Inhalt

MYTHOS STADT

Vorwort des Bundesinnenministers Horst Seehofer für die Abschlusspublikation des NSP-Projektes »Stadt und Religion«

Liebe Leserinnen, liebe Leser,

die vielfältigen Bauwerke der Religionsgemeinschaften sind fester Bestandteil unserer Städte. Sie dienen nicht nur der Religionsausübung, sondern stellen Orte der Begegnung dar. Als Treffpunkte für Kinder, Jugendliche, Familien und Senioren und als Raum für kulturelle Veranstaltungen ermöglichen sie die Übernahme sozialer Verantwortung in ihren jeweiligen Nachbarschaften und unterstützen die Integration.

Hier setzt das Projekt »Stadt und Religion« an, das im Rahmen der Nationalen Stadtentwicklungspolitik gefördert wurde. Es lenkt den Blick auf die gesellschaftsprägende und identitätsstiftende Funktion der Religion und zeigt neue Perspektiven für das Zusammenspiel von Religion und Urbanität auf. Die Ergebnisse werden im vorliegenden Band vorgestellt.

Reflexionen über die erfolgreiche Exkursionsreihe *»Ortsbekenntnis – Bekenntnisorte«* eröffnen den Band. In den letzten drei Jahren wurden 18 verschiedene Orte religiösen Lebens im Raum Berlin besucht. Dabei konnten eher unbekannte und abgeschlossene Glaubensorte an Sichtbarkeit gewinnen. Bei den Führungen gab es lebhafte Diskussionen zwischen den Teilnehmerinnen und Teilnehmern aus Politik, Wissenschaft, Architektur, Bürgerschaft und den Glaubensgemeinschaften, vor allem zum Verhältnis von »Stadt und Religion«.

Dieses war auch Gegenstand von Lehrveranstaltungen, Workshops und Exkursionen der BTU Cottbus-Senftenberg (Lehrstuhl für Städtebau und Entwerfen) und der Katholischen

Hochschule für Sozialwesen Berlin (Studiengang Religionspädagogik/Soziale Arbeit). Die Ergebnisse der Forschungsarbeit sind ebenfalls Teil dieser Publikation.

Ein Rückblick auf drei Fotoausstellungen der Guardini Galerie erweitert die Debatte um eine künstlerische Perspektive. Und schließlich werden elf Konferenzbeiträge der jährlich veranstalteten Fachtagungen von Expertinnen und Experten aus verschiedenen Disziplinen vorgestellt, die das breite Themenspektrum des Projekts abbilden.

Die Publikation bietet mit ihren zahlreichen Beiträgen einen guten Überblick über die Vielgestaltigkeit des religiösen Lebens in unseren Städten. Insbesondere wird die Frage beleuchtet, wie wir das Zusammenleben in einer von religiöser Offenheit und Pluralität geprägten Gesellschaft heute und in Zukunft gestalten wollen. Ich wünsche Ihnen bei der Lektüre viel Freude und einen offenen Blick auf unsere sich stetig wandelnden Städte!

Horst Seehofer
Bundesminister des Innern, für Bau und Heimat

Stadt und Religion. Wegzeichen einer postsäkularen Urbanität

Ludger Hagedorn

Einleitung

Religion ist zurück in den Städten. Vielleicht war sie nie verschwunden. Doch heute ist sie in einer Weise präsent, dass die lange für selbstverständlich gehaltene Gleichsetzung von moderner Urbanität und zunehmender Säkularisierung ins Wanken geraten ist. Diagnostizierte die Städteforschung schon vor 15 bis 20 Jahren einen starken Bedeutungszuwachs der Religionen vor allem in den Städten und Megacitys des globalen Südens, so erfahren heute auch die europäischen Metropolen vielfältige neue Einflüsse durch die Religionen. Nicht nur durch Migrationsbewegungen wird das Spannungsfeld von Religion und Urbanität vielschichtiger und widersprüchlicher, als es noch vor wenigen Jahren schien.

Der vorliegende Band versammelt Beiträge aus verschiedenen Disziplinen und Perspektiven, die sich mit dem Wechselverhältnis von Stadt und Religion befassen. Welche Bedeutung hat (haben) Religion(-en) heute noch – oder vielleicht wieder – für die Städte? Und wie wirkt das urbane Milieu zurück auf das Selbstverständnis und die Praxis von Religionen, die sich in den modernen Städten mit einer Vielfalt von Sinn- und Glaubensangeboten konfrontiert sehen?

Bereits in weniger als einer Generation werden wahrscheinlich 70 bis 80 Prozent der Weltbevölkerung in Städten leben. Die Vielfalt von Menschen und Gruppen mit verschiedenen sozialen, religiösen und kulturellen Hintergründen stellt neue Anforderungen an die urbanen Gemeinschaften und an die Gestaltung städtischer Räume und Architekturen. In den Metropolen dieser Welt, auch in den europäischen, lassen sich schon heute entscheidende Mentalitätsveränderungen feststellen in einem Umfeld, das neuerdings gern als »postsäkular« beschrieben wird. Religiöse Institutionen und Gemeinschaften wirken in vielfältiger Weise auf das urbane Leben und den städtischen Raum. Sie engagieren sich für das soziale Miteinander, organisieren neue Nachbarschaftsbeziehungen oder wirtschaftliche Netzwerke, sie wirken integrierend oder manchmal gerade im Gegenteil dissoziierend, und sie verändern die Städte auch architektonisch: Kirchenbauten erfahren Umwidmungen, Fabriketagen werden Gebetsräume, religiöse Neubauten entstehen, mit ihnen Gemeindezentren, Vorplätze und öffentliche Aktionsräume. Das Spannungsfeld von Religion und Urbanität ist vielfältig und betrifft eine ganze Reihe von entscheidenden Komponenten des Zusammenlebens in den Städten: sozial, ökonomisch, städtebaulich, im Ausleben von kulturellen und weltanschaulichen Spannungen oder deren Überwindung, in Fragen der Integration oder der Wahrung der Identität von Migrantinnen und Migranten, im Umgang mit Minderheiten sowie in der Kernfrage der religiösen Toleranz und der Unbedingtheit eines Glaubens, der weit in den urbanen Alltag hineingreift und seine Vereinbarkeit mit abweichenden Lebensmodellen zu erweisen hat.

Im Untertitel dieses Buches ist die Rede von den »Wegzeichen« einer postsäkularen Identität. Das ist zunächst ganz wörtlich gemeint: Wegzeichen sind Hinweisgeber, Andeutungen, sie zeigen an, ohne den Weg in allen Details zu erläutern. So können und sollen auch die Beiträge dieses Bandes nur Hinweisgeber, Andeutungen von größeren Zusammenhängen sein, Markierungen von gesellschaftlichen Veränderungen, die das Spannungsverhältnis von Religion und Urbanität betreffen. Wegzeichen können sogar irreführend sein, und insbesondere Wegzeichen, die zukünftige Prozesse andeuten sollen, sind nicht frei von Unwägbarkeiten. Dennoch geht es um etwas Grundsätzliches, um ein Plädoyer vielleicht, ein Plädoyer für die Aufweichung der lang gehegten Überzeugung, dass die Religionen vollständig aus dem urbanen Umfeld der Zukunft verschwinden werden (oder gar sollen?). Wäre es nicht angebrachter zu fragen, welche produktive Rolle die Religionen auch in den gegenwärtigen und zukünftigen Städten spielen werden, und sogar, welche spezifischen Funktionen des Zusammenlebens gerade die Religionen gestalten können? Diese Überlegung bildet die vielleicht grundlegende Hypothese des Bandes – ein Wegzeichen für postsäkulare Urbanität.

Zugleich ist dieser Titel aber selbst ein Hinweis, ein Hinweis auf die berühmten »Wegzeichen« (russ. *Wechi*), die 1909 in Russland erschienen und ein zentraler Bezugspunkt für die Debatten nach der fehlgeschlagenen Revolution von 1905 waren. Herausragende Intellektuelle dieser Zeit reflektierten darin über die ideologische Verblendung und die Politisierung einer Intelligenzija, die sich als revolutionär verstand, aber in ihrer moralistischen Attitüde zunehmend autoritär und intolerant wurde. Die »Wegzeichen« sind ein Zeugnis der kritischen Selbstreflexion und der Zurückhaltung im ideologischen Eifer. Ganz in diesem Sinne wäre vielleicht auch heute zu fragen, ob der wechselseitige Ausschluss eines siegreichen aufgeklärten Säkularismus und einer vermeintlich rückständigen Religion nicht zu kurz greift. Es sollte darum gehen, das Zusammenspiel von liberaler Ordnung und religiöser Orientierung neu zu gestalten. Und wie es scheint, sind es heute gerade die Städte, in denen sich möglicherweise neue Verbindungen und neue religiöse Formen ausbilden.

Entwicklung und Bestand einer Stadt sind stets Spiegel politischer und gesellschaftlicher Ereignisse. Über größere – Jahrhunderte währende – Zeiträume betrachtet, wachsen oder verfallen Städte. Die Architekturen, die ihr Gesicht prägen, werden dabei fortgebaut, umgebaut, erweitert, zuweilen zerstört und ersetzt. Erfüllen Gebäude bestimmte Kriterien, erfahren sie Umnutzungen und werden an neue, andere Bedürfnisse angepasst. Das hängt zusammen mit den – gerade in Städten – permanenten Prozessen des Zuzugs und Wegzugs der sie bewohnenden Menschen. In diese historische Perspektive sind auch Geschichten sich verändernder territorialer Zugehörigkeiten einzuschließen. Neue Machthaber, neue politische Systeme, ein anderer Glaube und damit andere Anschauungen über die Funktionen des Glaubens und das Image einer Stadt sind hierfür entscheidend.

Einen Stadtspaziergang durch das heutige Paris mit einem Reiseführer von 1896 in der Hand zu unternehmen, wie das etwa der niederländische Publizist Geert Maak tat, kann in dieser Hinsicht ebenso aufschlussreich sein, wie mit Rose Ausländers *Erinnerungen* dem ehemals so »buntschichtigen« Czernowitz zu begegnen. Heute sind es die Geschichten von Glaubensarchitekturen wie etwa der Hagia Sophia in Istanbul oder auch der Christ-Erlöser-Kathedrale in Moskau, die große gesellschaftliche Aufmerksamkeit erfahren. Als symbolhafte Bauten erregen ihre Geschichten weltweites Interesse und kontroverse Debatten. Ähnliches gilt für die Präsenz von Minaretten in europäischen Städten. Doch auch jenseits dieser großen öffentlichen Diskurse um die Architektur gewordene Religion in den Städten besitzen religiös konnotierte Gebäude eine starke Symbolkraft. Selbst wo solche Architekturen nur einen kleinen Wirkkreis haben, in den städtischen Vierteln oder Kiezen, entbrennen teils heftige Kontroversen um die Umnutzung von Sakralbauten oder die Neuentstehung religiöser Orte.

Die Auseinandersetzung mit solchen Prozessen, auch im Kleinen und Lokalen, kann äußerst lehrreich sein und vermittelt grundlegende Erkenntnisse über das Funktionieren urbaner Lebenswelten. Gerade dieser Aspekt kam in dem mehr als dreijährigen Projekt, das der vorliegenden Publikation vorausging, ausführlich zur Geltung. Ermöglicht durch eine Förderung des Bundesministeriums des Innern, für Bau und Heimat (BMI) wurde das Projekt mithilfe der Berliner Guardini Stiftung realisiert. Einen wichtigen Pfeiler bildete dabei von Beginn an der Besuch von Orten des Glaubens in Berlin, einer Stadt, die den christlichen Kirchen lange als Hochburg des Atheismus erschien, die aber heute, auch bedingt durch demografische Veränderungen, Ort für eine enorme Vielfalt an Religionen und Konfessionen ist.

In sechs Staffeln von jeweils drei Exkursionen erkundete die Reihe *»Ortsbekenntnis – Bekenntnisorte«* das Interagieren von religiösen Gemeinschaften in Berlin mit dem sie umgebenden urbanen Umfeld. Wie stellen sie sich den Herausforderungen des Zusammenlebens mit anderen? Wie entwickelt sich religiöse Identität gerade im Umfeld der Städte? Was ist ihr Potenzial zur Veränderung der Stadtquartiere? Diese Fragen bestimmten den Besuch bei den verschiedenen Religionsgemeinschaften, die sich jede auf ihre Weise nicht nur den Bedürfnissen ihrer Gläubigen widmen müssen, sondern auch die städtische Umgebung mit in den Blick nehmen sollten. Manche Ansätze mögen sich als nicht tragfähig erweisen, andere wiederum zeigen, wie gerade Religionen zum Leben der Kieze beitragen können. Eine Art Synthese dieser Exkursionen anhand thematischer Kategorien wie Integration, soziales Engagement, Stadtplanung und interreligiöse

Kompetenz liefert Patricia Löwe im nachfolgenden Beitrag (s. unten S. 28). Ihr möchte ich als Projektleiter an dieser Stelle ausdrücklich und herzlich für die engagierte und kompetente Begleitung, für viele Ideen und zuverlässige Unterstützung danken. Gemeinsam umgesetzt haben wir nicht nur das aufwendige Exkursionsprogramm (die Flyer der einzelnen Reihen sind den Abbildungen beigegeben, s. unten S. 42), sondern auch die Fachtagungen mit Vertreterinnen und Vertretern aus Stadtgeschichte, Theologie, Film- und Literaturwissenschaft, Soziologie und vielen anderen Disziplinen, die dem Grundthema »Stadt und Religion« seine vielfältigen Perspektiven gegeben haben, wie sie in den nachfolgenden Beiträgen dokumentiert werden.

Ganz persönlich darf ich sagen, dass es gerade die Besuche »vor Ort«, die Exkursionen zu den Glaubensgemeinschaften in Berlin waren, die bei mir die stärksten Eindrücke hinterlassen haben. Es sind die Zuwanderer und Migrantinnen aus allen Teilen der Welt, die ihre Glaubensüberzeugungen mit in die Stadt bringen und auf ganz eigene Weise leben. Aber nicht nur das: Es gibt auch grundlegende Mentalitätsveränderungen in einem Umfeld, das man mangels besserer Begrifflichkeit »postsäkular« nennen kann. Gerade die jungen, »hippen« und gut (aus-)gebildeten Menschen aus den Stadtkiezen zeigen sich aufgeschlossen gegenüber neuen (und manchmal alten) Formen religiösen Lebens. Sie feiern Gottesdienste im Programmkino oder im Szeneclub, und einige Veranstaltungen finden inzwischen solchen Zuspruch, dass sich binnen kürzester Zeit Nachahmungen in anderen Bezirken der Stadt etablieren. Diese neuen Bewegungen sind Ausdruck einer Tendenz, die Stadt grundsätzlich anders zu erleben: Sie soll »mehr« sein als der vollkommene ästhetische Ausdruck der globalen Finanz- und Warenströme, »mehr« als der Illusionszauber von Konsum und Unterhaltung, »mehr« als das Funktionieren der viel gepriesenen *smart cities* und ihrer perfekten Bedürfnisabdeckung.

Ein weiterer Baustein des Projekts waren die Ausstellungen, die (bis zum Pandemie-Jahr 2020) in den Räumen der Guardini Stiftung stattfanden. Diese folgten der Überzeugung, dass ein so breites Thema wie »Stadt und Religion« nicht allein wissenschaftliche und lebensweltliche Perspektiven umfassen sollte, sondern auch dezidiert künstlerische. Die Ausstellungen wurden kuratiert von Frizzi Krella, die im nachfolgenden Beitrag (S. 65) über ihren Blick auf zeitgenössische künstlerische Positionen zum Thema berichtet.

Einen wichtigen Pfeiler des Projekts bildete auch die Kooperation mit dem Lehrstuhl für Religionspädagogik der KHSB Berlin und dem Lehrstuhl Städtebau und Entwerfen der BTU Cottbus-Senftenberg. Beide Fachbereiche haben in diesen Jahren gemeinsam interdisziplinäre Modelle entwickelt, um einerseits Studierende aus dem Bereich Religion für architektonische Räume und Fragen der Stadtplanung zu sensibilisieren, andererseits für Studierende der Architektur und Stadtplanung religiöse Thematiken als gesellschaftsprägenden Faktor erfahrbar zu machen, den es gilt, stärker in die stadtplanerische Arbeit einzubeziehen. Die Kooperation wurde ganz wesentlich von Heinke Fabritius konzipiert, entwickelt und getragen. Ihre idealen Gegenüber fand sie in Prof. Christa Georg-Zöller von der KHSB sowie Prof. Heinz Nagler und Kristina Wiese von der BTU Cottbus. Allen Beteiligten möchte ich sehr herzlich für die gelungene Zusammenarbeit danken. Sie führte zu einer ganzen Reihe von Lehrprojekten, gemeinsamen Veranstaltungen und Exkursionen, wovon die nachfolgenden Artikel von Christa Georg-Zöller S. 48) und Kristina Wiese/Heinz Nagler S. 118) einen Eindruck vermitteln.

Nicht nur die Lehrveranstaltungen und Exkursionen, auch die geplanten Tagungen, Ausstellungen und alle kleinen Formate des Austausches und der Begegnung, die ein solches Projekt so kostbar machen, litten seit Frühjahr 2020 erheblich unter den Restriktionen der Pandemie. Dass es dennoch gelungen ist, das Programm weitgehend umzusetzen und stärker auf andere Formate wie Podcasts auszuweichen, ist nicht selbstverständlich, und ich möchte dafür allen Beteiligten nachdrücklich danken.

Dennoch bleibt auch am Ende eines solchen Vorhabens fast immer das Gefühl, dass bestenfalls ein Anfang gemacht ist, vieles noch zu tun, vieles noch zu ergänzen wäre, vor allem aber der Eindruck, dass die bestehenden Formate unbedingt fortgeführt werden sollten. Das jedoch wird – zumindest in diesem Rahmen – leider nicht möglich sein. Es bleibt die Überzeugung, dass die Herausforderungen groß, aber auch interessant sind, die es anzunehmen gilt, um zukünftig das Zusammenleben von Menschen mit verschiedenen sozialen, religiösen und kulturellen Hintergründen im urbanen Umfeld zu moderieren und die städtischen Räume zu gestalten. Diese Herausforderungen gelten insbesondere auch für die beiden großen Kirchen in Deutschland, die zwar kontinuierlich an Mitgliedern verlieren, deren Einfluss auf die Stadtentwicklung aber beträchtlich bleibt. Auch für sie halten die diversen Formen urbanen Lebens neue Aufgaben bereit. Das Engagement in den Städten – Verkündigung der christlichen Botschaft, Vermittlung von Werten, Einfluss auf das gesellschaftliche Leben – bestimmt sich nicht allein durch pastorales Handeln und eine dezidiert urbane Pastoral (was eine wesentliche Aufgabe ist und bleibt) oder durch das beachtliche Engagement für Schulen und Sozialarbeit. Entscheidend wird sein, neue Antworten auf fundamentale Fragen zu finden: Wie stellen wir uns das Leben in den Städten des 21. Jahrhunderts vor? Welchen gesellschaftlichen Herausforderungen müssen wir begegnen, und welche Rolle sehen die Kirchen in den globalisierten Metropolen für ihre eigene Botschaft, aber auch für das religiöse Leben überhaupt vor? Was kann spezifisch durch religiöse Fundierung für das Leben in den Städten gewonnen werden? Nur wenn es den Kirchen gelingt, diesen Fragen Raum zu geben, sie offensiv und im Austausch mit anderen Religionen anzugehen, wird die Kirche im Dorf, besser gesagt in der Stadt bleiben.

Am Ende einer Projektlaufzeit zeigen sich auch die Verheißungen, die sich vielleicht nicht erfüllen ließen, die aber gleichwohl als Verheißungen am Horizont bleiben. Für mich persönlich war es die Vorstellung, das Leitthema »Stadt und Religion« sinnbildlich an den acht Toren der Jerusalemer Altstadt festzumachen. Dies ließ sich in der geplanten Form aufgrund zeitlicher und vor allem personeller Ressourcen leider nicht umsetzen. Allerdings bildete diese Idee in einer Art Kleinformat das Thema für die Abschlusskonferenz des Projekts. Ich möchte daher gerne zum Abschluss des Projekts und zur Eröffnung dieses Bandes wenigstens eine Skizze dieses Vorhabens entwerfen, die sich am steinernen Leitfaden der acht Jerusalemer Stadttore orientiert und symbolisch die Grundfragen von »Stadt und Religion« umkreist.

Die 8 Stadttore Jerusalems – 8 Chiffren zum Dialog von Urbanität und Religion

Stadttore sind Orte der Begegnung und der Auseinandersetzung – Orte, an denen Menschen aus der Stadt hinaus- und in die Stadt hereinziehen – Orte der Flucht und Aufnahme – Orte der Vertreibung – Orte, an denen sich die Stadt abgrenzt von der Umgebung. Stadttore markieren die Stelle, wo die Stadt zur

Stadt wird – Orte, von denen aus man in alle Richtungen auseinandergeht und aus allen Richtungen auf die Stadt zugeht, Orte auch, wo auf faszinierende wie auf bedrückende Weise die verschiedenen Religionen miteinander in Kontakt kommen.

Jerusalem, die himmlische Stadt – keine andere steht in diesem Maße für die Verbindung von Religion und Stadt. Keine andere steht so für die himmlischen Verheißungen der Religion wie auch für ihre irdischen Bedrängnisse. Keine andere Stadt dieser Welt steht sowohl historisch wie auch aktuell in solcher Weise für das Miteinander ebenso wie für das Gegeneinander der Religionen.

Eine jede eingehende Beschäftigung mit dem Leitthema von »Stadt und Religion« könnte sich sinnbildlich orientieren an den acht Toren der Jerusalemer Altstadt. Jedes der acht Tore, jeder der acht Orte lässt sich verstehen als eine Chiffre, d. h. eine paradigmatisch verkürzte Formel für die zentralen Themen, die für den Dialog von Religion und Urbanität bestimmend sind. Im Umlauf um die acht Tore blickt man dabei thematisch »in alle Richtungen« und umrundet symbolisch die Stadt, die auch als die Stadt schlechthin gelten darf.

Den Ausgangspunkt dieses Rundgangs könnte das **Jaffator** bilden, auch »Davidstor« genannt. Das Tor ist die Verbindung Jerusalems mit der Welt. Es ist der Ort, an den man vom alten Hafen in Jaffa herkommend (Jaffa ist Teil des heutigen Tel Aviv und gilt als der älteste Hafen der Welt) in Jerusalem anlangt. Es ist der Ort, an dem über Jahrhunderte auch die Pilger die Heilige Stadt Jerusalem erreichten. Als Chiffre steht das Jaffa-Tor sinnbildlich für die Begegnung mit der Stadt, für das Zugehen auf das Thema von Religion und Urbanität. Es ist der Blick auf die Stadt aus der Ferne. Insbesondere steht das Tor dabei für eine Annäherung an die neuen und alten Formen von Religion

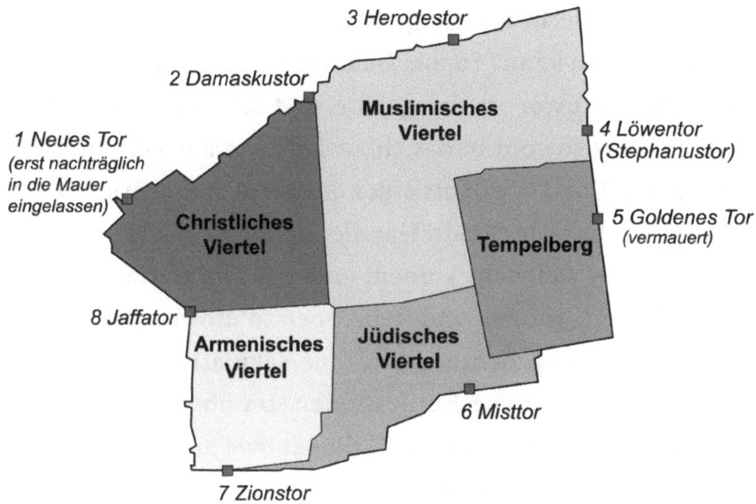

Abb. 1: Die Altstadt Jerusalems

in den Städten, die oft wenig mit traditionellen Vorstellungen zu tun haben. »Jaffa« als Hinweis auf den Hafen und das pulsierende Leben des heutigen Tel Aviv eröffnet die Grundfrage nach Religion und modernem Lifestyle (Topos: *Religion und moderner Lifestyle*).

Ihm folgt das **Neue Tor**, historisch das jüngste aller Stadttore und im Vergleich zu den anderen eher unscheinbar. Es wurde erst 1889 errichtet, um einen leichteren Zugang vom christlichen Viertel der Altstadt zu den neuen Wohngebieten vor den Stadtmauern zu ermöglichen. Es ist ein Stadttor, reduziert auf seine wichtigste Funktion: Verkehr und Austausch zu ermöglichen. Als nachträglich eingefügtes Tor steht es aber auch für den Bruch des Neuen mit der Geschichte. Es versinnbildlicht die Auseinandersetzung mit den neuen Formen urbaner Religiosität, die im Zugang auf das Jaffa-Tor eröffnet wurden. Es gilt, den Blick für Tradition und notwendige Veränderung zu schärfen und zu bestimmen, ob und wie Erneuerung als Hoffnung oder Enttäuschung erfahren werden kann (Topos: *Tradition und Erneuerung*).

Das **Damaskustor** ist das größte und schönste Tor der Altstadt. Es führt sowohl in das christliche wie auch das muslimische Viertel. Das Tor gilt als einer der meist frequentierten und lebendigsten Orte der Stadt. Händler bieten in den Nischen ihre Waren an. An vielleicht keinem anderen Ort treffen auch die verschiedenen Gruppen und Religionen so unvermittelt aufeinander: orthodoxes Judentum, Muslime, säkularisierte Urbanität, verschiedene christliche Konfessionen. Im übertragenen Sinne steht das Damaskustor für das Gelingen wie auch für gewalttätige Auseinandersetzungen und das Scheitern des Miteinanders der drei abrahamitischen Religionen in der für alle Gruppen heiligen Stadt Jerusalem. Das Tor ist Inbegriff für die Heiligkeit dieser Stadt, die von allen geteilt wird. Geteilte Heiligkeit – gibt es eine Toleranz, die aus der Religion selbst erwächst und mehr ist als bloße Indifferenz? (Topos: *Heilige Stadt für viele – Segen und Fluch religiöser Vielfalt*)

Die Bezeichnung **Herodestor**, auch »Tor der Wächterin« oder »Blumentor« genannt, stammt von christlichen Pilgern aus dem Mittelalter, die in der Nähe des Tores das Haus von Herodes vermuteten, auch wenn es dafür keine historischen Belege gibt. Die Bibel berichtet, Pontius Pilatus habe Jesus zu Herodes Antipas geschickt, da er diesen hinsichtlich der Gerichtsbarkeit für zuständig hielt. Herodes »freute« sich, so der biblische Bericht, weil er sich von Jesus ein Wunder erwartete. Als Jesus ihm aber nicht antwortete, verspottete er ihn und schickte ihn zurück zu Pilatus. Als Herrscher befand sich Herodes in einem Dauerkonflikt mit den gläubigen Juden. Schon Johannes der Täufer soll ihm öffentlich seinen doppelten Ehebruch vorgehalten haben, woraufhin er hingerichtet wurde. Herodes verkörpert, wie auch

Pilatus, die weltliche Obrigkeit, die der Religion mit Unverständnis begegnet. Als Chiffre steht das Herodestor für diese immer wiederkehrende Spannung. Es ist schon ein biblischer Konflikt, dessen wahre Dimension sich aber vielleicht erst in unserem »säkularen Zeitalter« entfaltet, das der Religion überhaupt nur eine Nische einräumen will oder sie mit dem Verdacht von Täuschung und Terrorismus belegt. Doch was bedeutet das in heutiger Zeit, in der das säkulare Weltbild selbst infrage steht? Ist das, was in der modernen säkularen Welt übrig bleibt, dann nur noch ein *wasteland of sense and truth*, wie es der keineswegs religiöse, aber christlich inspirierte Philosoph Jean-Luc Nancy formulierte? (Topos: *Religion und säkulare Moderne*)

Das **Tor der Stämme**, auch »Löwentor« genannt, erhielt seinen Namen wegen zweier Pantherreliefs, die auf der Außenseite der Mauer angebracht sind und fälschlicherweise für Löwen gehalten wurden. Wie bei den meisten Jerusalemer Stadttoren ist aber seine Geschichte mit so vielen weiteren Geschichten verknüpft, dass es im Laufe der Zeit und von den verschiedenen Religionen mit einer ganzen Reihe von Namen belegt wurde: »Benjaminstor«, »Jerichotor«, »Marientor«, »Stephanstor«. Auf Hebräisch gilt es traditionell als das »Tor der Stämme«, weil es allen Stämmen Israels als Zugang in die Stadt diente. Die Stämme entsprangen unterschiedlichen Siedlungsgebieten und waren ethnisch heterogen. Ein Gefühl der Zusammengehörigkeit entwickelten sie erst durch und im gemeinsamen Glauben. Die Chiffre *Tor der Stämme* steht stellvertretend für das religiöse Miteinander verschiedener Völker und Ethnien in den modernen Metropolen. Hat Religion (oder: haben Religionen) auch heute noch das Potenzial, die friedfertige Koexistenz und die Gemeinsamkeit der verschiedenen Völker zu ermöglichen? (Topos: *Melting Pot, Segregation, Koexistenz – Stadt und ethnische Differenz*)

Das **Tor des Erbarmens** bzw. »Goldene Tor« liegt im östlichen Teil der Jerusalemer Stadtmauer und ist das einzige, das direkt auf den Tempelberg führt. Nach jüdischer Überlieferung stieg die göttliche Gegenwart durch dieses Tor, aus östlicher Richtung kommend, auf den Tempelberg empor. Es heißt deshalb auf Hebräisch das »Tor des Erbarmens«. Ebenso soll am Ende aller Tage der jüdische Messias hier in die Stadt einziehen. Für das Christentum ist das Tor der Ort, an dem Christus als Messias in die Stadt Jerusalem Einzug hielt. In der Kreuzfahrerzeit wurde deshalb das Tor eigens für die Prozession am Palmsonntag geöffnet. Als Chiffre steht das *Tor des Erbarmens* für das Erbarmen Gottes mit den Menschen. Was in der Stadt ebenso verlangt wird, ist aber das Erbarmen der Menschen mit den Mitmenschen. Sinnbildlich verkörpert das Tor somit all die sozialen Aufgaben, die für das Gedeihen des Miteinanders in den Städten unerlässlich sind. (Topos: *Stadt als soziale Aufgabe*)

Das **Dungtor** oder »Misttor« wird schon in der Bibel erwähnt (Neh 3,14). Nehemia war es, der als Statthalter von Juda dafür sorgte, dass die Stadtmauern Jerusalems wieder aufgebaut wurden. Schon zu dieser Zeit, aber auch noch bis in das 2. Jahrhundert n. Chr. hinein, diente das Tor dazu, Abfälle aus der Stadt hinauszuschaffen. Im übertragenen Sinne steht das Dungtor somit für all das, was die städtische Zivilisation an Problemen aufwirft. Jede Stadt droht an ihrem eigenen Dreck zu ersticken, und seit jeher war die Entsorgung von Müll und Exkrementen eine der dringlichsten Erfordernisse jeder städtischen Siedlung. Daran hat sich bis heute nichts geändert, doch ist die Entsorgung unsichtbar in den Untergrund verbannt, wogegen die Verschmutzung an vielen anderen Stellen dieser Welt sichtbar und fühlbar wird. Muss Urbanität an ihren Rändern zwangsläufig Müll und Verwahrlosung produzieren? (Topos: *Die Stadt und der Müll*)

Wie kein anderer steht der Name **Zionstor** für die Stadt Jerusalem als solche, ebenso wie für das Volk Israel und seinen Bund mit Jahwe. Zion ist eine Formel der Verheißung – sie versammelt im jüdischen Kontext all die Versprechungen der »noch kommenden Welt« wie auch die Erwartung der Endzeit. Ganz ähnlich ist es auch noch im frühen Christentum. Im Namen des Tores verdichtet sich die Bedeutung Jerusalems als himmlische Stadt (»Tochter Zion«). Im weiteren Sinne umgreift das Zionstor also all das, was Religionen, insbesondere die abrahamitischen, an grundlegender Verheißung enthalten. Als Chiffre steht das Zionstor für das elementare Versprechen Gottes, das alle menschlichen Versprechen übersteigt, eine Chiffre für Vertrauen und Erwählung. Jerusalem, Tochter Zion, ist die Stadt, die wie keine andere für dieses Versprechen steht und wie keine andere alle widersprüchlichen Tendenzen in sich vereint. (Topos: *Stadt und Verheißung*)

Dieser Rundgang umkreist »topologisch« die Stadt in der Orientierung an ihren Toren, beginnend im Westen über die Nordseite in den Osten, von dort über die Südseite wieder zurück in den Westen. Der systematische Fortgang beschreibt symbolisch auch einen Tag, der – in jüdischer Tradition am Abend beginnend – sich durch die Nacht zum morgendlichen Sonnenaufgang im Osten bewegt und dann dem Verlauf des Tages in den Abend folgt.

Da das Projekt »Stadt und Religion« mit dieser Publikation einstweilen an seinem Ende und am Abend angelangt ist, gilt es, den Neuanfang an einem anderen Abend zu wagen.

STADT UND RELIGION
ORTE, FORMATE, SCHAUPLÄTZE

Exkursionsreihe: Das »andere Heilige« in der Nachbarschaft

Patricia Löwe

Auch wenn sich Metropolen der Gegenwart – ohne behaupten zu wollen, eine gliche der anderen – mit einem Blick auf die Statistik und in die soziologische und demografische Literatur zum Thema leicht als Orte religiöser Vielfalt beschreiben lassen, spielt diese Pluralität im Alltag der meisten ihrer Bewohnerinnen und Bewohner scheinbar kaum eine oder gar keine Rolle. Sicher, die Präsenz verschiedener Kulturen wird etwa durch im öffentlichen Raum gesprochene Fremdsprachen oder aber Geschäfte, Cafés und Lokalitäten mit Besitzerinnen und Besitzern unterschiedlicher Herkunft erfahrbar. Gerade aber Religionsgemeinschaften, die das Sozialleben der Städte sowohl durch Interaktion mit ihrem urbanen Umfeld als auch im interreligiösen Dialog entscheidend prägen, sind mitunter weniger sichtbar.

So war die Planung und Realisierung der Exkursionsreihe *»Ortsbekenntnis – Bekenntnisorte«* nicht nur eine Herausforderung in interkultureller Hinsicht, sondern auch ein Abenteuer der Entdeckung bisher unbekannter Orte und Welten. Räumlichkeiten für Gottesdienste, Gebet und andere religiöse Belange sind nicht immer auf den ersten Blick als solche zu erkennen. Das Spektrum reicht von geradezu symbolischer Sichtbarkeit wie z. B. im Falle der Wilmersdorfer Lahore-Ahmadiyya-Moschee oder der griechisch-orthodoxen Gemeinde Christi Himmelfahrt in Berlin-Steglitz bis hin zu totaler Unsichtbarkeit. Menschen versammeln sich zu Gebet und Feier an den unterschiedlichsten Orten: in Privatwohnungen, Kinos, Galerien, Hinterhöfen oder umgenutzten Räumlichkeiten anderer Gemeinschaften – auch da, wo es niemand für möglich gehalten hätte, blüht das religiöse Leben.

In einem Zeitraum von dreieinhalb Jahren organisierte die Guardini Stiftung unter der Leitung von Dr. Ludger Hagedorn und unterstützt durch die Projektreferentin Dr. Patricia Löwe insgesamt 18 Exkursionen zu Religionsgemeinschaften im Raum Berlin, eineinhalb Jahre lang unter den erschwerten Bedingungen der Corona-Pandemie. Alle Beteiligten erschlossen dabei gemeinsam und einander neue Räume, die sich in vielen Fällen als weniger fremd herausstellten als erwartet. Die Neuartigkeit der Erfahrungen entdeckte jedoch nicht nur das Fremde, sondern wies auch neue Wege zum Verständnis des Eigenen in der Differenz zum Anderen.

Der wissenschaftliche Diskurs und die gesellschaftliche und politische Auseinandersetzung mit kultureller und religiöser Pluralität sind vielfältig und schwer zu überschauen. Die Exkursionsreihe verlangte den Organisatorinnen und Organisatoren sowie Teilnehmerinnen und Teilnehmern auf *praktischer* Ebene Kompetenzerwerb in dieser Hinsicht ab. Was gilt es bei Anfragen zu berücksichtigen? Welche Feiertage müssen in die Terminplanung miteinbezogen werden? Welche Verhaltensregeln herrschen in den jeweiligen Räumlichkeiten? Gibt es thematische oder sonstige Tabus? Im Verlauf der Jahre stellte sich heraus, dass die Kontaktaufnahme und Zusammenarbeit sich in der überwiegenden Zahl der Fälle nicht komplizierter gestaltete als mit nicht-religiösen Institutionen. Die meisten Gemeinschaften im urbanen Raum sind erfahren und offen im Umgang mit Besucherinnen und Besuchern; häufig stehen sie in engem Austausch mit anderen Religionsgemeinschaften und betreiben karitative und soziale Arbeit – nicht nur für ihre Mitglieder. Religiöse

Räume sind Räume der Begegnung; häufig unterstellte Exklusionspraktiken spielen weniger eine Rolle als Austausch und Miteinander, sowohl innerhalb der jeweiligen Religion als auch mit Gästen und Fremden. Fragen, die sich auf theoretischer Ebene stellen – Was ist die korrekte Haltung gegenüber dem Heiligen der anderen Religion bzw. dem Heiligen überhaupt? Welche Verhaltensregeln gelten in Bezug auf das eigene Bekenntnis oder Nicht-Bekenntnis? Wie ist ein Miteinander verschiedener, sich scheinbar ausschließender Wahrheiten möglich? –, spielen für solche Begegnungen weniger eine Rolle als Kommunikation, Neugierde und, nicht zu unterschätzen, die Einhaltung von Höflichkeitsregeln.

Die Tatsache, dass ein solches Resümee nach dieser langen Zeit möglich ist, hängt sicher auch damit zusammen, dass nur diejenigen Gemeinschaften in die Reihe aufgenommen werden konnten, die von vornherein die notwendige Offenheit für Veranstaltungen dieses Formats an den Tag legten. Bei der Organisation tauchten jedoch kaum Schwierigkeiten hinsichtlich Kontaktaufnahme und Zusammenarbeit auf, sodass beinahe alle von den Veranstaltenden angefragten Institutionen schließlich zu Exkursionszielen wurden.

Der Versuch, die religiöse Vielfalt im Raum Berlin in einer Reihe von nur 18 Veranstaltungen erschöpfend abzubilden, muss notwendig scheitern, wenn man bedenkt, dass Schätzungen zufolge über 250 verschiedene Religionsgemeinschaften innerhalb der Stadtgrenzen ihre Orte gefunden haben.[1] Es wurde

1 Einen interessanten Überblick über die historische Gewachsenheit religiöser Vielfalt in Berlin gibt Gerdi Nützel: »Historische Entwicklung der religiösen Vielfalt in und um Berlin«, in: *Jeder nach seiner Façon. Vielfalt und Begegnung der Religionen in Berlin*, Berlin: Berliner Forum der Religionen 2015, 24–30.

bei der inhaltlichen Konsolidierung dennoch Wert darauf gelegt, so viele Facetten des Religiösen wie nur möglich in unterschiedlichen Stadtteilen und Kiezen einzufangen. Das Spektrum reichte von christlichen Gemeinden diverser Konfessionen über jüdische und muslimische Gemeinschaften bis hin zu einem buddhistischen Gemeindezentrum. Aber auch historische Aspekte der Formung des Stadtbildes durch religiöse Symbole und Prägungen spielten eine Rolle, beispielsweise bei den Veranstaltungen zu Preußischem Protestantismus und Schlesischem Katholizismus in der Geschichte Berlins. Schließlich wurden soziale Aspekte religiöser Praxis beim Besuch des Internationalen Pastoralen Zentrums Neukölln, der Berliner Stadtmission und der Franziskanischen Suppenküche in Pankow zu Schwerpunkten innerhalb der Reihe. Besonders viele Teilnehmerinnen und Teilnehmer kamen zu Veranstaltungen an Orten, die nicht ohne weiteres auf eigene Faust entdeckt und erschlossen werden können – etwa in der Synagogengemeinde Sukkat Schalom und derjenigen am Fraenkelufer oder im Alevitischen Versammlungshaus (Cemevi) in Berlin-Kreuzberg.

Die erste Schwierigkeit, die sich bei der Vorbereitung und Planung der Reihe schon zu Anfang der Projektlaufzeit ergab, war die Bestimmung der inhaltlichen Schwerpunkte des Formats. Das Organisationsteam zielte von Beginn an darauf ab, nicht nur religiöse Vielfalt abzubilden, sondern schwerpunktmäßig zu untersuchen, inwiefern religiöse Vielfalt das Bild einer scheinbar so säkularen oder gar atheistischen Großstadt wie Berlin prägt – sowohl in sozialer und gesellschaftlicher als auch in architektonischer und stadtplanerischer Hinsicht. Kirchen und andere religiöse Gebäude sind noch immer wichtige Wegmarken im urbanen Raum und prägen Stadtsilhouetten sowie die Gestalt von Kiezen und Quartieren. Religionsgemeinschaften übernehmen wichtige soziale Aufgaben, denen Stadtverwaltung und Politik in diesem Umfang kaum nachkommen können. Sie engagieren sich für Benachteiligte und Verfolgte, für Kranke und Bedürftige, für Kinder und alte Menschen etc. Diese Themen und Fragestellungen spielten bei jeder der 18 Veranstaltungen eine zentrale Rolle. Entsprechend wurde das Format konzipiert: Zwei bis drei Vortragende, jeweils eine Person aus der Gemeinde selbst und mindestens eine externe Expertin bzw. ein externer Experte aus Politik, Wissenschaft oder anderen gesellschaftlichen Bereichen wurden angefragt. Zu allen Exkursionen gehörten die Besichtigung der Räumlichkeiten, ein moderiertes Gespräch zwischen den Referierenden und schließlich die Gelegenheit zu Austausch und Fragen. Dieser Dreischritt sollte eine möglichst umfassende Entdeckung der Bekenntnisorte ermöglichen, nicht zuletzt in der Form des lockeren Zusammenseins, die den »Begegnungsraum« als solchen zum Gegenstand der Erfahrung werden ließ.

Im Laufe der Jahre ergaben sich die folgenden (bereits angedeuteten) inhaltlichen Schwerpunkte bei der Begegnung mit Religionsgemeinschaften und -institutionen:

1. Soziales Engagement – auch für Anders- oder Nicht-Gläubige

Die Facetten des sozialen Engagements von Religionsgemeinschaften sind so vielfältig wie die Glaubensinhalte und Kulturen selbst, aus denen die Gemeinschaften stammen. Besonders deutlich hervorgehoben war dieser Aspekt im Rahmen der drei Veranstaltungen, deren Exkursionsziele dezidiert religiös geprägte soziale Einrichtungen waren. Das Internationale Pastorale Zentrum in Berlin-Neukölln, das in seiner damaligen Form heute nicht mehr existiert, ist angebunden an die St.-Eduard-Kirche im Kranoldkiez und leistet gemeinsam mit der ebenfalls christlichen Institution Solwodi e. V. und der Bildungsstätte JACK für Migrantinnen und Migranten sowie Geflüchtete wichtige Arbeit insbesondere für Opfer von Menschenhandel und frauenspezifischer Gewalt. Das Zentrum ist aber auch Anlaufstelle und Begegnungsstätte für Menschen, die auf Sinnsuche sind oder Glaubensfragen mit sich herumtragen. Die Berliner Stadtmission ist eine bereits im 19. Jahrhundert gegründete evangelische Institution, die ursprünglich mit dem Zweck der Mission ins Leben gerufen wurde – wie ihr Name bereits vermuten lässt. In Reaktion auf die sich immer stärker aufdrängende soziale Frage entstand die Stadtmission, um Menschen, die sich, auch aufgrund des sozialen Elends in den Großstädten, vom christlichen Glauben abgewandt hatten, in praktischer Hinsicht mit dem Gebot der Nächstenliebe vertraut zu machen. Indem etwa Obdachlosen, Prostituierten, Alkoholabhängigen oder Verarmten Hilfe angeboten wurde, hoffte man, deren Glauben zu stärken. Heute ist die Berliner Stadtmission eine Institution mit vielen Standorten in Berlin, die umfassende soziale Arbeit leistet, unabhängig von der Religion oder Herkunft ihrer Klientel. Die Franziskanische Suppenküche in Pankow schließlich entstand auf Initiative einer einzelnen Ordensschwester hin. Ganz im Sinne des Ethos des katholischen Bettelordens werden hier Menschen mit warmen Mahlzeiten, Kleidung und Hygieneartikeln versorgt. Auch hier ist die Zugehörigkeit zu einer christlichen Kirche nicht Voraussetzung, um Hilfe zu finden.

Soziale Arbeit wird abseits der spezifisch zu diesem Zweck eingerichteten Institutionen aber in nahezu jeder Religionsgemeinschaft geleistet. Das Spektrum reicht von Kinderbetreuung und Hausaufgabenhilfe über Sprachkurse, Beratungsangebote aller Art, soziale Projekte, Geflüchtetenhilfe und Seelsorge bis hin zur Versorgung Kranker und Bedürftiger. Von politischer Seite ist dieses Engagement nicht nur erwünscht, sondern sogar erbeten bzw. erhofft. Im Rahmen verschiedener Veranstaltungen berichteten Politikerinnen und Politiker, so beispielsweise Wolfang Thierse (SPD) und Volker Beck (Bündnis 90/Die Grünen), von der unverzichtbaren Funktion von Religionsgemeinschaften für das Gemeinwesen. Diese hätten mitunter Vorbildfunktion für Staat und Politik.

2. Integration

Das Thema Integration betrifft nicht alle Religionsgemeinschaften gleichermaßen. Es kam als Schwerpunkt insbesondere bei muslimischen und christlich-orthodoxen Gemeinschaften auf; allerdings kann die Religionszugehörigkeit von Migrantinnen und Migranten aller Religionen entscheidend für deren Integration in der neuen Heimat werden. Gerade internationale Gemeinschaften wie z. B. Chemin Neuf sind Anlaufstellen für Menschen mit Migrationshintergrund und möglichen Sprachbarrieren. Religionen sind in unterschiedlichem Maße kulturgebunden, können aber zugleich, etwa durch Werte, Normen oder Riten, über nationale Grenzen hinaus Gemeinschaft stiften.

So sehen sich viele Gemeinschaften, die kulturell nicht in Deutschland verwurzelt sind, als »Heimat fernab der Heimat« und befassen sich auf unterschiedliche Weise mit dem Thema Integration. Dabei werden voneinander abweichende Integrationsbegriffe und -bedürfnisse in Anschlag gebracht, die von politischen Fraktionen und Parteien unterschiedlich bewertet werden. Integration heißt nicht immer Akkulturation, also die vollständige Übernahme etwa freiheitlich-demokratischer Grundwerte, sondern z. T. auch Akkomodation, also die Aneignung kulturellen, insbesondere sprachlichen Wissens über die

»neue Heimat«, die Handlungsfähigkeit erzeugt, aber Normen und Werte der eigenen Herkunft nicht überschreibt.[2] Differenzen ließen sich hier vor allem im muslimischen Spektrum beobachten.

Die u. a. von der Frauenrechtlerin Seyran Ateş gegründete Ibn Rushd-Goethe Moschee in Berlin-Tiergarten steht für aufklärerische und demokratische Werte im Rahmen der Ausübung des muslimischen Glaubens. Bei den Gebeten sind auch Nicht-Muslime willkommen, die Geschlechter sind gleichgestellt, die Moschee befand sich zum Zeitpunkt der Veranstaltung im Herbst 2018 im Nebengebäude der evangelischen Johanniskirche (Ev. Kirchengemeinde Tiergarten). Viele Konvertitinnen und Konvertiten sind Mitglieder der Gemeinschaft. Die Moschee wird besonders von Abgeordneten konservativer Politik häufig für ihre Integrationsarbeit gelobt.

Ein kleines Stück »Heimat fernab der Heimat« dagegen ist die griechisch-orthodoxe Kirchengemeinde Christi Himmelfahrt. Pfarrer Emmanuel Sfiatkos betreut dort rund 14 000 zugezogene Griechinnen und Griechen allein aus Berlin. Tradition und Sprache aus dem Herkunftsland vermischen sich dort mit in der neuen Heimat erworbenem Kulturwissen, nicht zuletzt durch interreligiösen Dialog. So entsteht ein fruchtbarer Stoffwechsel zwischen verschiedenen Kulturen.

Ein weiteres interessantes Beispiel ist die Alevitische Gemeinde zu Berlin. Die Aleviten stammen ursprünglich aus der Türkei, werden dort aber nicht als Muslime anerkannt und sogar verfolgt, weshalb Migration und Integration feste Bestandteile ihrer Kultur sind. Diese aufklärerische Form des Islam mo-

---

2 Vgl. Jürgen Bolten: *Interkulturelle Kompetenz*, Erfurt: Thüringer Landeszentrale für politische Bildung 2007, 58.

tiviert viele Gemeindemitglieder zu politischem Engagement, in Deutschland vor allem in Parteien des linken Spektrums. Prominent ist hier der Alevit und ehemalige Bundestagsabgeordnete Özcan Mutlu (Bündnis 90/Die Grünen) zu nennen, der als Referent im Rahmen der Exkursionsreihe auftrat. Dennoch bringt die Gemeinde ihre eigenen Werte und Traditionen mit; so befindet sich im Nebengebäude des Versammlungshauses etwa eine eigene kleine Leichenhalle, in der die Verstorbenen nach alevitischem Brauch auf ihre Beerdigung vorbereitet werden können. Ehen mit Angehörigen anderer islamischer Traditionen bzw. Strömungen sind erlaubt, werden aber mit Skepsis betrachtet, da im Alevitentum strikte Gleichstellung von Frauen und Männern herrscht.

3. Interreligiöser Dialog

In einer Stadt wie Berlin, in der religiöse Pluralität zum Alltag des Großstadtlebens ebenso gehört wie Spätis und Verzögerungen im öffentlichen Nahverkehr, ist es nicht verwunderlich, dass der interreligiöse Dialog ein zentrales Thema für die meisten Religionsgemeinschaften ist. Erfahrungen in diesem Bereich entstehen im Austausch mit benachbarten Gemeinden sowie im Rahmen von gemeinsamen Veranstaltungen innerhalb der Stadt, die speziell zu diesem Zweck organisiert werden (z. B. die Lange Nacht der Religionen) oder aber institutionell verankert sind wie beispielsweise das Projekt »House of One«. Der interreligiöse Dialog in Berlin ist kein Selbstzweck; er dient dem friedlichen Miteinander in Kiezen und Stadtvierteln, der Erfüllung sozialer Aufgaben, dem Erwerb kultureller Kompetenzen, der Bildungsarbeit sowie der Integration religiöser Menschen in eine pluralistische Gesellschaft. Er ist also ein absolut notwendiges Mittel zur Erhaltung demokratischer Werte.

Im Kleinen lassen sich dialogische Zusammenschlüsse immer wieder beobachten, etwa bei der fast symbiotischen Beziehung zwischen der Ibn Rushd-Goethe Moschee und der Evangelischen Kirchengemeinde Tiergarten oder den gemeinsamen Unternehmungen der griechisch-orthodoxen Gemeinde Christi Himmelfahrt und der Evangelischen Kirchengemeinde Berlin-Dahlem. Das hervorstechendste Beispiel und zugleich ein Experiment mit Vorbildcharakter ist in dieser Hinsicht das »House of One«, das derzeit auf dem Fundament der alten Petrikirche, einer der ältesten Kirchen Berlins, entsteht. Hier sollen jüdische, muslimische und christliche (evangelische) Gläubige Gottesdienste in ihren je eigenen Sakralräumen feiern und in einem gemeinsamen Versammlungsraum miteinander in Dialog treten und lernen können. Das Projekt wurde von hochrangigen liberalen Vertretern der drei genannten Religionsgemeinschaften initiiert. Es dient mehreren anderen derartigen Projekten weltweit als Modell. Dennoch stößt das Vorhaben nicht nur auf Lob innerhalb der religiösen Community. Insbesondere viele muslimische Dachverbände und Moscheevereine lehnen das Friedensprojekt ab. Lediglich ein 100 Mitglieder starker Verein der von der türkischen Regierung bekämpften Gülen-Bewegung konnte als Träger gewonnen werden. Auf Kritik stößt auch das mögliche Missverständnis, das mit dem Begriff »House of One« aufkommen könnte: Die Unterschiede zwischen den Religionen dürften nicht durch den Hinweis auf ihren gemeinsamen abrahamitischen Ursprung negiert werden.

Dieses Problem – die Gefahr der Negierung der Unterschiede der Religionen – spielt aber in der Praxis des interreligiösen Dialogs in Berlin häufig nur eine untergeordnete Rolle. Vielmehr werden Möglichkeiten zu Austausch und Begegnung geschaffen, die die Eigenheiten der Gemeinschaften nicht verschwinden, sondern eher für andere sichtbar und verstehbar werden lassen. Dabei stellt sich immer wieder heraus, dass sich der Umgang verschiedener Religionsgemeinschaften miteinander im Vergleich weniger problematisch gestaltet als die Kluft zwischen religiösen Menschen und solchen, die sich selbst als Atheisten identifizieren bzw. als ausgewiesene Religionskritiker auftreten.

4. Religion und Stadtplanung

Sakralgebäude oder Gebäude religiöser Institutionen prägen nach wie vor trotz um sich greifender Säkularisierung die Stadtbilder der meisten Großstädte weltweit. Sie sind nicht nur mitunter prägnante Gebäude im öffentlichen Raum, sondern auch Markierungen im Stadtgefüge, Wegweiser und Orte der Zusammenkunft. Das gilt in Berlin selbstverständlich nicht für Bauten aller Religionsgemeinschaften gleichermaßen; so sind beispielsweise muslimische Gebäude weitaus weniger präsent als christliche oder – in den letzten Jahrzehnten zunehmend – jüdische. Im historischen Stadtzentrum ist insbesondere das Erbe des Preußischen Protestantismus sichtbar: Der Berliner Dom, das wiedererbaute Stadtschloss mit seiner häufig kritisierten Kuppelinschrift oder die Kaiser-Wilhelm-Gedächtnis-Kirche sind wichtige Wahrzeichen Berlins. Andererseits prägte auch die Anwesenheit des Schlesischen Katholizismus das Stadtbild; so sind St. Hedwigs-Kathedrale und das Hedwigskrankenhaus aus dem Zentrum Berlins nicht wegzudenken. Trotz der Dominanz christlicher Bauten gibt es architektonisch noch viel mehr zu entdecken; die Neue Synagoge in der Oranienburger Straße, die im Taj-Mahal-Stil erbaute Wilmersdorfer Moschee und der Sri-Ganesha-Hindu-Tempel in der Hasenheide sind ebenso imposante religiöse Gebäude wie die zahlreichen Kirchen.

Mit ihrem exklusiven Bekenntnischarakter und ihrer zugleich öffentlichen Funktion als Repräsentations- und Versammlungsorte sind Sakralbauten eine sehr spezielle Kategorie von öffentlichen Gebäuden. Um sie herum gruppieren sich häufig weitere Einrichtungen, insbesondere solche sozialer Natur: Kindergärten und Schulen, Pflegeeinrichtungen, Gemeindehäuser etc. Damit sind sie nicht nur optisch mehr oder weniger auffällige Markierungspunkte, sondern prägen auch die Wege der Menschen im urbanen Raum. Einige dieser Orte sind öffentlich zugänglich, andere sind durch strenge Regelungen sanktioniert. Im Rahmen der Exkursionen wurde einerseits der genuin religiöse Charakter öffentlich zugänglicher Gebäude »wiederentdeckt«, andererseits wurden sonst unzugängliche Räume erschlossen. Über die Jahre hinweg verdeutlichte die Reihe: Sowohl sichtbare als auch unsichtbare Orte sakraler Natur prägen moderne Stadtbilder auch in der säkularisierten Gegenwart.

Schluss: Religion im urbanen Raum

Berlin: Babylon oder das himmlische Jerusalem, Moloch oder Paradies, Stadt der Sünde oder des Heils? Diese Frage – zugleich ein roter Faden durch die ganze Reihe – kam bei nahezu jeder Veranstaltung zur Sprache. Religionsgemeinschaften passen sich an die urbanen Räume an, in denen sie sich niederlassen. Aber sie prägen diese Räume gleichermaßen durch ihre Anwesenheit. Im Gegensatz zu Gemeinden im ländlichen Raum sind hier die Menschen weniger stark an eine bestimmte Gemeinschaft gebunden; die Teilnehmenden von Gottesdiensten und Gebeten sind Gruppen mit hoher Fluktuation; die Bindung der Gläubigen an Glaubensorte ist demnach eine große Herausforderung für Geistliche und Religionen, die es zu bewerkstelligen gilt. Die integrative und gesellschaftlich verbindliche Funktion von Religion[3] wird durch neue Funktionen und Dysfunktionalitäten abgelöst.

Es lassen sich zahlreiche Beispiele für die Verwurzelung von Gemeinschaften in ihrem urbanen Umfeld benennen: Die buddhistische Gemeinde Shinnyo-En begrüßt in ihrem Zentrum beispielsweise ein völlig anderes Zielpublikum als in kleineren Städten. Viele junge Menschen, die auf der Suche nach spirituellen Antworten sind, finden sich in den Lehren des Buddhismus wieder und bereichern die Gemeinschaft mit eigenen und neuen Ideen. Die Berliner Stadtmission ist als freies Werk der Evangelischen Kirche eine Institution, die speziell für die Bedürfnisse von Menschen im städtischen Lebensraum geschaffen wurde. Das Exerzitienzentrum der göttlichen Barmherzigkeit St. Clemens am Anhalter Bahnhof dagegen setzt auf die Präsenz des Heiligen inmitten des ehemaligen Vergnügungsviertels. Hier wird die ewige Anbetung der konsekrierten Hostie zelebriert; die Präsenz des Heiligen inmitten des Profanen soll zur Anschauung gebracht werden. Das Berlinprojekt dagegen – eine freie evangelische Gemeinde, gegründet von zwei jungen Pastoren – feiert seine Gottesdienste unter anderem im Kino Babylon; diese Gottesdienste verringern die Schwellenangst eines jungen und modernen Publikums, das bisher selten in Berührung mit der christlichen Botschaft gekommen ist.

Wie sich an dieser kurzen Aufzählung leicht absehen lässt, findet jede Gemeinschaft ihre eigenen Antworten auf die Fragen, die das Leben in der Großstadt aufwirft. Die Stadt ist dabei profanes Zentrum der Lebensrealität der Gläubigen, mit all ihren Problemen und Chancen, sie ist aber gleichzeitig im

---

3 Vgl. Émile Durkheim: *Die elementaren Formen des religiösen Lebens*, Frankfurt am Main: Suhrkamp 1981.

sakralen Sinne zum Anderen, Jenseitigen und Transzendenten hin geöffnet, Babylon und Jerusalem in einem. Dieses Andere ist nicht nur die geistige und geistliche Sphäre, sondern auch die Fremdheit des »anderen Heiligen« derer, die in unmittelbarer Nachbarschaft ihre Religionen ausüben. Die Anerkennung dieses Anderen, des Gläubigen und seines Weltbildes, sind ein wichtiger Schritt hin zu einem funktionierenden Gemeinwesen.

EXKURSIONSZIELE 2018 bis 2021

Gemeinschaft Chemin Neuf in Herz Jesu (Spandauer Vorstadt), Synagogengemeinde Sukkat Schalom (Charlottenburg), Internationales Pastorales Zentrum (Neukölln), Alevitische Gemeinde zu Berlin (Kreuzberg), Ibn Rushd-Goethe Moschee (Tiergarten), Das Berlinprojekt (Mitte), Berliner Stadtmission (Moabit), St. Clemens – Exerzitienzentrum der göttlichen Barmherzigkeit (Kreuzberg), Lahore-Ahmadiyya-Moschee (Wilmersdorf), Synagoge am Fraenkelufer (Kreuzberg), Griechisch-orthodoxe Kirchengemeinde Christi Himmelfahrt zu Berlin (Steglitz), House of One (Mitte), Suppenküche der Franziskaner (Pankow), Berliner Stadtschloss (Mitte), Buddhistisches Zentrum Shinnyo-En Berlin (Wilmersdorf), Katholische Studierendengemeinde Edith Stein Berlin (Prenzlauer Berg), Mevlana Moschee (Kreuzberg), Schlesischer Katholizismus und Protestantismus (Stadtspaziergang in Mitte)

T 8 R E

8TORE STADT + RELIGIO

STADT UND RELIGION EXKURSIONSREIHE 1 / 2018

ORTSBEKENNTNIS – BEKENNTNISORTE

Etwa 250 Religionsgemeinschaften sind Teil des Berliner Stadtgefüges. Sie beteiligen sich aktiv an der Gestaltung des Zusammenlebens – nicht nur in religiöser, sondern auch in sozialer, politischer und stadtplanerischer Hinsicht.

Die Exkursionsreihe *Ortsbekenntnis – Bekenntnisorte* erkundet, welchen Beitrag religiöse Gemeinschaften zum Miteinander im städtischen Raum leisten. Wie stellen sie sich den Herausforderungen urbanen Zusammenlebens? Wie entwickelt sich religiöse Identität gerade im Umfeld der Städte? Und welche Potentiale zur Weiterentwicklung der Stadtquartiere bieten sich?

Die Gleichsetzung von Stadt, Moderne und Säkularismus ist fraglich geworden. Die Reihe sucht aus verschiedenen Perspektiven eine Annäherung an »post-säkulare« Lebenswelten und entwirft einen Querschnitt religiöser Urbanität in der Metropole Berlin.

Teil I von insgesamt sechs Exkursionsreihen in den Jahren 2018 – 2020.

Konzept und Leitung: Ludger Hagedorn

NATIONALE STADT ENTWICKLUNGS POLITIK

Ein Projekt der Nationalen Stadtentwicklungspolitik. Gefördert durch das Bundesministerium des Innern, für Bau und Heimat

Abb. 2 bis 7: Exkursionsreihe »Ortsbekenntnis – Bekenntnisorte« 2018–2020 (Zum Zeitpunkt der Fertigstellung der vorliegenden Publikation wurde die Karte für die sechste Staffel gerade erstellt und ist daher hier nicht abgebildet.)

T 8 R E

8 TORE STADT + RELIGIO

Samstag, 5. 5. 2018 10.30–13 Uhr

SPANDAUER VORSTADT

GEIST FÜR DIE METROPOLE

EIN PASTORALES BAUPROJEKT DER GEMEINSCHAFT CHEMIN NEUF IN HERZ JESU

St. Adalbert Kirche und Höfe, Linienstraße 100, 10115 Berlin

GESPRÄCH UND FÜHRUNG

Sr. Michaela Borrmann
Pater Serge-Armand Kouamé
Joachim Natterer, Kirchenvorstand
Architekten Welp

Samstag, 2. 6. 2018 12.30–15 Uhr

CHARLOTTENBURG

DREI GENERATIONEN – EIN GEMEINDE-ZENTRUM

SYNAGOGENGEMEINDE SUKKAT SCHALOM

Sukkat Schalom e. V., Herbartstraße 26, 14057 Berlin

GESPRÄCH UND FÜHRUNG

Rabbiner Prof. Dr. Andreas Nachama
Claudia Keller, Schriftstellerin und Publizistin

Samstag, 9. 6. 2018 10.30–13 Uhr

NEUKÖLLN

NEUE NACHBARN IN DER DIASPORA

INTERNATIONALES PASTORALES ZENTRUM

St. Eduard Kirche und Hof, Kranoldstraße 24a, 12051 Berlin

GESPRÄCH UND FÜHRUNG

Klaudia Höfig, Leiterin des IPZ
Pfarrer Martin Kalinowski
Dr. Susanna Kahlefeld MdA

guardini stiftung

Um Anmeldung wird gebeten:
info@guardini.de
Fon 030 217 358 22

Guardini Stiftung
Askanischer Platz 4
10963 Berlin
www.guardini.de

Abb. Detail aus: Rehav Rubin, Image and Reality, Jerusalem 1999, S. 28
Grafikdesign Matzker, Berlin

T 8 R E

Samstag, 22.9.2018   10.30–13 Uhr

_ _ _ *KREUZBERG* _ _ _ _ _ _ _ _
EINVERNEHMEN MIT GOTT, NATUR UND GESELLSCHAFT _ _ _ _ _ _ _
ALEVITISCHE GEMEINDE ZU BERLIN

Alevitisches Cemevi und Engelbecken, Waldemarstr. 20, 10999 Berlin

GESPRÄCH UND FÜHRUNG

Numan Emre, Vorstandsvorsitzender
Özcan Mutlu, Bündnis 90/Die Grünen

Samstag, 6.10.2018   10.30–13 Uhr

_ _ _ *TIERGARTEN* _ _ _ _ _ _ _ _
KEIN ZWANG IM GLAUBEN _ _ _ _ _
DIE LIBERALE IBN RUSHD-GOETHE MOSCHEE

Moschee und Johanniskirche, Alt-Moabit 25, 10559 Berlin

GESPRÄCH UND FÜHRUNG

Seyran Ateş, Gründerin und Geschäftsführerin
Pfr. Sascha Gebauer, Ev. Kirchengemeinde Tiergarten
Burkard Dregger MdA, Vorsitzender der CDU-Fraktion

Samstag, 20.10.2018   10.30–13 Uhr

_ _ _ *MITTE* _ _ _ _ _ _ _ _ _ _ _
EINE STADT IM LICHT DES EVANGELIUMS _ _ _ _ _ _ _ _ _ _ _ _ _ _
DAS BERLINPROJEKT: KIRCHE FÜR DIE STADT

Kino Babylon Mitte, Rosa-Luxemburg-Straße 30, 10178 Berlin (Treffpunkt) und Gemeinderäume in der Galerie

GESPRÄCH UND FÜHRUNG

Doo-Kyoung Joo, Gemeindereferentin
Prof. Dr. Dorothea Wendebourg, Kirchenhistorikerin

---

guardini stiftung

Um Anmeldung wird gebeten:
info@guardini.de
Fon 030 217 358 22

Guardini Stiftung
Askanischer Platz 4
10963 Berlin
www.guardini.de

Abb. Detail aus: Rehav Rubin, Image and Reality, Jerusalem 1999, S. 28
Grafikdesign Matzker, Berlin

T 8 R E

STORE STADT + RELIGIO

Samstag, 11.5.2019 10.30–13 Uhr

MOABIT

»SUCHET DER STADT BESTES« (JER 29,7)

DIE BERLINER STADTMISSION

Zentrum am Hauptbahnhof, Lehrter Str. 68, 10557 Berlin

GESPRÄCH UND FÜHRUNG

Pfr. Joachim Lenz, Direktor und Theol. Vorstand

Konrad Opitz, Architekt bei Sauerbruch Hutton

Samstag, 18.5.2019 10.30–13 Uhr

KREUZBERG

EWIGE ANBETUNG AM POTSDAMER PLATZ

ST. CLEMENS – EXERZITIENZENTRUM DER GÖTTLICHEN BARMHERZIGKEIT

Kirche und Gemeinderäume, Stresemannstr. 66, 10963 Berlin

GESPRÄCH UND FÜHRUNG

Jan-Philipp Görtz, Vorstand St. Clemens-Kirche-Berlin e.V.

Alexander von Schönburg, Chefredaktion der BILD

Samstag, 15.6.2019 10.30–13 Uhr

WILMERSDORF

DIE ÄLTESTE MOSCHEE DEUTSCHLANDS – UND EINE BESONDERE MISSION

WILMERSDORFER LAHORE-AHMADIYYA-MOSCHEE

Moschee und Imam-Haus, Brienner Str. 7/8, 10713 Berlin

GESPRÄCH UND FÜHRUNG

Imam Amir Aziz, Generalsekretär des Moscheevereins

Konstantin Manthey, Katholische Akademie in Berlin

Hilal Sezgin-Just, Humboldt-Universität zu Berlin

---

guardini stiftung

Um Anmeldung wird gebeten:
info@guardini.de
Fon 030 217 358 22

Guardini Stiftung
Askanischer Platz 4
10963 Berlin
www.guardini.de

Abb. Detail aus: Rehav Rubin, Image and Reality, Jerusalem 1999, S. 28
Grafikdesign Anja Matzker

T8RE
STORE STADT+RELIGIO

Samstag, 26.10.2019 14.30–17 Uhr

KREUZBERG

WIEDERAUFBAU UND WEITERAUFBAU

DIE SYNAGOGE AM FRAENKELUFER

Jugendsynagoge u. Kidduschraum, Fraenkelufer 10, 10999 Berlin

GESPRÄCH UND FÜHRUNG

Jonathan Marcus, Freunde der Synagoge Fraenkelufer e.V.
Tanja Berg, Jüdisches Zentrum Synagoge Fraenkelufer e.V.
Volker Beck, Lehrbeauftragter des Centrums für Religionswissenschaftliche Studien CERES der Ruhr Universität Bochum

Samstag, 2.11.2019 10.30–13 Uhr

STEGLITZ

»KLEINE HEIMAT«

DIE GRIECHISCH-ORTHODOXE KIRCHENGEMEINDE CHRISTI HIMMELFAHRT ZU BERLIN

Kirche und Gemeinderäume, Mittelstr. 32, 12167 Berlin

GESPRÄCH UND FÜHRUNG

Pfr. Emmanuel Sfiatkos, Archimandrit d. Ökum. Patriarchats
Norbert Kopp, Bezirksbürgermeister a. D., CDU
Pfr. Dr. Cornelia Kulawik, Ev. Kirchengemeinde Dahlem

Samstag, 23.11.2019 10–12.30 Uhr

MITTE

EIN ORT FÜR EINEN GOTT?

DAS PROJEKT »HOUSE OF ONE«

Bauplatz House of One, Petriplatz, 10178 Berlin (Treffpunkt) und Marienkapelle in der Marienkirche am Alexanderplatz

GESPRÄCH UND FÜHRUNG

Imam Osman Oers und Roland Stolte,
Stiftung House of One – Bet- und Lehrhaus Berlin

guardini stiftung

Anmeldung erforderlich.
info@guardini.de
Fon 030 217 358 22

Guardini Stiftung
Askanischer Platz 4
10963 Berlin
www.guardini.de

Abb. Detail aus: Rehav Rubin, Image and Reality, Jerusalem 1999, S. 28
Grafikdesign Anja Matzker

WWW.GUARDINI.DE
PODCASTS ZUM DOWNLOAD AB

T 8 R E

Montag, 9. November 2020

WILMERSDORF

ZUM WOHL DER MENSCHEN UND DER WELT

DAS BUDDHISTISCHE ZENTRUM SHINNYO-EN BERLIN

Andreas Fiol, Leiter Gemeindezentren Hamburg und Berlin
Mahyar Nicoubin, Referentin Bundeszentrale für politische Bildung

IM GESPRÄCH MIT Patricia Löwe, Guardini Stiftung

Montag, 23. November 2020

PANKOW

NOTHILFE FÜR ÜBERLEBENS-KÜNSTLER

SUPPENKÜCHE DER FRANZISKANER

Bernd Backhaus, Leiter Suppenküche
Br. Christoph Körber OFM, Stellv. Leiter Suppenküche
Wolfgang Thierse, Präsident des Deutschen Bundestages a. D.

IM GESPRÄCH MIT Andreas Öhler, Guardini Stiftung

Montag, 7. Dezember 2020

MITTE

SCHLOSS UND KREUZ

PREUSSISCHER PROTESTANTISMUS IN BERLIN

Wilhelm v. Boddien, Geschäftsführer Förderverein Berliner Schloss

IM GESPRÄCH MIT Ludger Hagedorn, IWM/Wien

Abb. Detail aus: Rehav Rubin, Image and Reality, Jerusalem 1999, S. 28
Grafikdesign Anja Matzker

guardini stiftung

Guardini Stiftung
Askanischer Platz 4
10963 Berlin
info@guardini.de
Fon 030 217 358 22

Podcasts zum Download unter www.guardini.de

Hochschulkooperation: Die »Zeichen der Zeit« erkennen und deuten – Die Stadt als Ort der Theologie

Christa Georg-Zöller

Spätestens seit der zweiten Hälfte des 20. Jahrhunderts ist die Stadt zum Ort systematischer Reflexionen der gegenwärtigen christlichen Theologien geworden.

In biblischer Perspektive bewegen sie sich damit in einer langen Tradition, denn hier gelten Städte schon immer als Mythos, als komplexe Symbolgebilde für Glaubensbotschaften. Sie sind Metaphern für das Leben im Gegensatz von Armut und Reichtum, in Überfluss, Gottvergessenheit und moralischem Verfall wie in Sodom und Gomorra (Gen 18–19) oder der gottesfeindlichen Stadt Ninive (Jona 1,2).

Auch das letzte Buch der Bibel, die Offenbarung des Johannes, greift für wesentliche Glaubensaussagen zweifach auf das Symbol der Stadt zurück. Der Seher Johannes beschreibt dies sprachgewaltig in seinen Visionen. Babylon ist hier eine Metapher für die Stadt Rom, deren Name in der Schrift aus politischen Gründen nicht offen genannt werden soll. In Analogie zu den sieben Hügeln, auf denen Rom erbaut ist, geht Babylon aus einem Tier mit sieben Köpfen und zehn Hörnern hervor (Offb 17,7): »Die sieben Köpfe sind die sieben Berge« (Offb 17,9b). Von der Sehergemeinde um Johannes wird die Stadt Babylon zum Symbol aller menschlichen Abgründe des gottlosen, moralischen Untergangs, »Babylon, die Große, die Mutter der Huren und der Abscheulichkeiten der Erde« (Offb 17,5b).

Der Fall der Stadt Babylon und mit ihr des ›tausendjährigen Reichs Satans‹ ist es, der gemäß der Schrift der Offenbarung das Herabkommen einer neuen Stadt vom Himmel auslöst, des ›himmlischen Jerusalem‹, das der Wohnort Gottes ist. Diese Stadt ist der Ort, der zur neuen Schöpfung Gottes wird:

> Und ich hörte eine gewaltige Stimme vom Thron her rufen: Seht, das Zelt Gottes unter den Menschen! Er wird in ihrer Mitte wohnen und sie werden seine Völker sein und er selbst, Gott mit ihnen, wird ihr Gott sein. Er wird jede Träne von ihren Augen abwischen und es wird keinen Tod mehr geben; auch keine Trauer, keine Klage, keine Mühsal wird es mehr geben; denn das Frühere ist vergangen. (Offb 21,3–4)

Untergang und Verheißung, für beide wählt die Schrift als Metaphern die Sozialgestalt der Stadt. Sie sind bis in die Gegenwart wirksam, so etwa der Mythos »Babylon« als Inbegriff moralischer Verwahrlosung, Korruption und Kriminalität in der Stadt.[1]

Die biblische Betrachtungsweise bleibt zwar weitgehend der Perspektive des Mythos und dessen Interpretation verhaftet. Sie kann jedoch der Ausgangs- und Anknüpfungspunkt für eine Hermeneutik des Phänomens »Stadt« sein. Die Beispiele zeigen, dass die Stadt als Ort der Theologie in der Bibel verwurzelt ist. Die Auseinandersetzung mit ihr in der theologischen Praxis der Gegenwart ist hier ursprünglich grundgelegt.

In der aktuellen Reflexion geht es darum, die Relevanz von Religion in der Stadt im konkreten Alltag zu erforschen, um daraus Leitlinien für ein pastorales Handeln zu gewinnen.

---

1 Vgl. hierzu die hoch erfolgreiche Krimiserie *Babylon Berlin* in der ARD, ein Titel, der auf den sozialen, politischen, wirtschaftlichen und moralischen Verfall im Berlin der 1920er-Jahre anspielt.

1. »Religionspädagogik in pastoralen Räumen« trifft auf das Projekt »Stadt und Religion«

Die neuere Forschung zum Zusammenhang von Stadt und Religion in der Theologie setzt seit etwa 1970 mit dem Desiderat nach einer Pastoraltheologie und Religionspädagogik ein, die auf die radikal sich verändernden gesellschaftlichen Entwicklungen zeitgemäß reagieren können. Sozialer Wandel und Wertewandel befördern Prozesse der Pluralisierung, Individualisierung und Säkularisierung, die als Erstes und besonders in den Städten zu einer Abwendung von Institutionen führen, von der die christlichen Kirchen in hohem Maße betroffen sind.

Für die katholische Theologie und ihre Studierenden wird die wegweisende Antwort für jedes weitere Nachdenken darüber die Pastorale Konstitution über die Kirche in der Welt von heute *Gaudium et spes* sein, die aus dem II. Vatikanischen Konzil hervorgeht:[2]

> Zur Erfüllung dieses ihres Auftrags obliegt der Kirche allzeit die Pflicht, nach den Zeichen der Zeit zu forschen und sie im Licht des Evangeliums zu deuten. So kann sie dann in einer jeweils einer Generation angemessenen Weise auf die bleibenden Fragen der Menschen nach dem Sinn des gegenwärtigen und des zukünftigen Lebens und nach dem Verhältnis beider zueinander Antwort geben. Es gilt also, die Welt, in der wir leben, ihre Erwartungen, Bestrebungen und ihren oft dramatischen Charakter zu erfassen und zu verstehen. (GS 4)

2 II. Vatikanisches Konzil: Pastorale Konstitution über die Kirche in der Welt von heute *Gaudium et spes*, http://www.vatican.va/archive/hist_councils/ii_vatican_council/documents/vat-ii_const_19651207_gaudium-et-spes_ge.html (Zugriff 06.01.2021).

Damit ergeht an die Vertreterinnen und Vertreter der Religionspädagogik und Pastoraltheologie ausdrücklich der Auftrag, nach den »Zeichen der Zeit« zu suchen, um – orientiert an ihrer Deutung im »Licht des Evangeliums« – Menschen in ihren Fragen nach Sinn und Perspektiven zu begleiten. Im Konzept des Studiengangs Religionspädagogik in pastoralen Räumen an der Katholischen Hochschule für Sozialwesen Berlin (KHSB) ist dieser Leitgedanke maßgeblich und bestimmend für seine Struktur und die Inhalte.

Von Anfang an ist geplant, ihn inhaltlich eng an der Stadt Berlin zu orientieren. In dieser Stadt verdichten sich brennpunktartig die Multireligiosität der gegenwärtigen Zeit und zugleich die vergleichsweise junge Geschichte des Katholizismus in der Diasporasituation, die ihrerseits geprägt ist durch die Gleichzeitigkeit von religiösem Pluralismus und Postsäkularismus in der Postmoderne.

Lebendig wird dies im Studienprogramm innerhalb von Modulen und Bausteinen, d. h. Seminaren, die vorsehen, dass theologisches Grundlagenwissen konkret auf gegenwärtige gesellschaftliche, soziale und kulturelle Situationen bezogen wird.

Auf dieser Basis ist es nur folgerichtig, eine inhaltliche Kooperation mit dem Projekt »Stadt und Religion« der Guardini Stiftung einzugehen. Die Philosophie des Studiengangs korrespondiert mit dem Konzept des Projekts, das »die vielen Ansätze einer sich wandelnden Einschätzung der Religion(-en) für das Gelingen des Zusammenlebens in den Städten wie auch für unser Erleben des städtischen Raumes aufgreifen und neue Perspektiven für das Zusammenspiel von Religion und Urbanität entwickeln«[3] möch-

3 »Stadt und Religion«. Ein Projekt der Guardini Stiftung zum überkonfessionellen Zusammenleben in den Städten, gefördert vom Bundesministerium des Innern, für Bau und Heimat (BMI) (Teil des Programms

te. Die Idee des Projekts als Herausforderung und Chance zu begreifen, machen sich alle Beteiligten des Studiengangs zur Aufgabe.

Bedeutend ist an dieser Kooperation, dass dennoch zwei verschiedene Perspektiven aufeinandertreffen. Schauen bisher die Studierenden der Theologie aus ihrer Binnensicht auf das Segment »Religion« in der Stadt, werden sie nun dazu herausgefordert, Religion von außen – aus einer multidisziplinären Perspektive – in ihrer gesamten Vielfalt kennenzulernen und zugleich die eigene, katholische Konfession als eine Facette darin wahrzunehmen. Diese Zusammenarbeit ist eine Form des ›forschenden Lernens‹, denn die katholische Theologin Martina Bär weist zu Recht darauf hin, dass Religion in der multidisziplinären Forschung zur Stadt bisher wenig oder gar keine Beachtung findet, wie auch theologische Untersuchungen zum Verhältnis von Christentum und Stadt noch durchaus überschaubar sind:

> »Die Unterbelichtung von Religion in der Stadtforschung führt der Sozialgeograph Stefan Lanz auf die von Max Weber (1864–1920) ausgearbeitete Säkularisierungsthese zurück, die in der Soziologie lange als unhinterfragte Grundannahme der Stadtforschung galt und Religion als zu berücksichtigenden Teil der Stadt obsolet oder uninteressant machte.«[4]

Moderne Urbanität werde noch immer oftmals mit Säkularität identifiziert, sie sei gemäß Max Weber der Endpunkt spi-

---

8 TORE – 8 Chiffren zum Dialog von Urbanität und Religion), https://www.guardini.de/projekte/stadt-und-religion/stadt-und-religion---projektbeschreibung.html (Zugriff am 07.01.2021).

4 Martina Bär: *Urbane Logik und Theo-Logik. Gottesrede in (post-)modernen Stadtgesellschaften*, Freiburg im Breisgau: Herder 2020, 15.

ritueller Degeneration in der Stadt, an dem weltanschauliche Gemeinschaften maximal marginalisiert existieren. Beispiele zu finden und kennenzulernen, die diese These widerlegen, ist ein Ziel des gemeinsamen Projekts.

Erweitert wird das Konzept durch die wiederkehrenden Zusammentreffen mit den Studierenden der BTU Cottbus-Senftenberg aus dem Masterstudiengang Stadtentwicklung unter der Leitung von Herrn Prof. Dr. Heinz Nagler. Dieser Austausch gilt einem wechselseitigen Befragen und Informieren über die Wahrnehmung und Bedeutung religiöser Räume. Während die Studierenden der Religionspädagogik sie in ihrer physikalischen und transzendenten Form für den religiösen Vollzug – das Gebet, die Vermittlung und das gemeindliche Leben – benötigen und nutzen, sind die Studierenden der Architektur und Stadtentwicklung herausgefordert, diese Räume orientiert an diesen Bedürfnissen zu planen, zu bauen und zu gestalten. Beide Perspektiven sind aufeinander verwiesen, folgen allerdings einer unterschiedlichen Eigenlogik. Um einander verstehen zu können, ist es wichtig, die Blickrichtung des je anderen sehen und wahrnehmen zu lernen. Dies wird zur zentralen Kompetenz, deren Erwerb mit diesem Projekt angestrebt wird.

Es gilt deshalb, Formate zu finden, in denen sich das Konzept des Projekts »Stadt und Religion« mit den Studiengängen in inhaltlichen und zeitlichen Strukturen verbinden lässt.

Exkurs: Das Handlungskonzept der »City-Pastoral«

Der Name des Studiengangs *Religionspädagogik in pastoralen Räumen* verweist auf sein Profil: Studierende sollen für ein pastorales Handeln im urbanen Raum qualifiziert werden.

Um die Relevanz der Zusammenarbeit im Projekt »Stadt und Religion« zu verdeutlichen, ist es erforderlich, zunächst den Begriff der »City-Pastoral« zu erläutern.

Der katholische Theologe Hans-Joachim Höhn macht Mitte der 1990er-Jahre darauf aufmerksam, dass moderne Städte nur auf den ersten Blick säkulare Orte sind. Nach den Angeboten an erweiterter Bildung, Kultur, prosperierenden wirtschaftlichen Möglichkeiten, an Kommerz und Konsum suchen Menschen nun auch nach einem spirituellen Sinnsystem, das dem eigenen Anspruch, orientiert am sozialen Status und ästhetischer Selbstgestaltung, gerecht wird. Beleg dafür ist der hohe Zuspruch, den die vielfältigen weltanschaulichen und esoterischen Angebote erfahren, deren Erfolg in der emotionalen und ästhetischen Passung sowie deren Erfahrungsorientierung besteht. Höhn prägt dafür den Begriff der »City-Religion«. Moderne Städte sind demnach »religionsproduktiv«[5], denn hier entstehen Fragen – auch solche nach Transzendenz –, die nach religiösen Antworten verlangen:

> Es muss die Gelegenheit zur Bekanntschaft mit dem Evangelium dort geben, wo ein größeres Kommen und Gehen herrscht: in der City, in den Fußgängerzonen, auf den großen Plätzen, an den touristischen Attraktionsorten. Nötig sind neue Formen einer sozialen, ästhetischen und spirituellen Realpräsenz des Christlichen. Wenn sie Öffentlichkeitsarbeit für das Evangelium leisten will, muss die Kirche

5 Hans-Joachim Höhn: »Kirche für Menschen in der City. ›Stadtluft macht frei!‹«, in: Herder Korrespondenz Spezial (1/2011), 36–40, hier S. 36, https://www.herder.de/hk/hefte/spezial/pastoral-im-umbau-neue-formen-kirchlichen-lebens/stadtluft-macht-frei-kirche-fuer-menschen-in-der-city/ (Zugriff am 06.01.2021).

dem Spezifischen urbaner Interaktion Rechnung tragen: punktuelle Kontakte, flüchtige Bekanntschaften, befristete Beziehungen, passagere Bindungen.[6]

Grundlage für ein Handlungskonzept, das diesen Anforderungen entspricht, ist das Modell der »City-Pastoral«, wie es zukunftsweisend das Zentrum für angewandte Pastoralforschung an der Ruhr-Universität Bochum entwickelt hat.[7]

Der Begriff steht für ein vielfältiges, offenes und umfassendes Handlungskonzept, dessen wichtigstes Merkmal in der Passung zwischen dem Sozialraum der City und den emotionalen, sozialen, kommunikativen, kulturellen und ästhetischen Bedürfnissen der Menschen liegt, um die Begegnung zwischen Mensch und Evangelium zu ermöglichen. Bei aller Vielseitigkeit und Offenheit gibt es einige Parameter, die den Projekten dieses Handlungskonzeptes gemeinsam sind. Wie von Hans-Joachim Höhn bereits angeregt, ist »City-Pastoral« eine kirchliche Einrichtung in der Innenstadt, etwa in Ladenlokalen, Cafés, Buchhandlungen, mobil oder räumlich verankert, dort, wo sie gebraucht wird, orientiert am Sozialraum und Milieu des Standorts, in Einkaufsstraßen, Passagen und Fußgängerzonen. Auch inhaltlich sind die Angebote weit gespannt; die Palette der Programme reicht von karitativen Diensten über kommunalpolitische Unterstützung und kulturelle Angebote bis zum interreligiösen Dialog und bewegt sich zwischen Dienstleistungs- und Gemeinschaftsorientierung. »City-Pastoral« passt sich dem ›Flow‹ der City an,

6 Ebd.

7 Ausführlich hierzu: Veronika Eufinger und Matthias Sellmann: *Wie wird die City zur pastoralen Chance? Empfehlungen für die Citykirchenarbeit im deutschsprachigen Raum*, hg. vom Zentrum für angewandte Pastoralforschung Bochum, *zap: workingpaper* 10/2019, https://zap-bochum.de/wp-content/uploads/2020/04/ZAP_Workingpaper_10_Eufinger_Sellmann.pdf (Zugriff am 07.01.2021).

denn sie will den Menschen in ihrem Alltag begegnen, passager, niederschwellig und kommunikativ. Welche Rolle den traditionellen Kirchen mit ihren Räumen in diesem Modell zukommt, ist bisher offen und unbeantwortet. Dies muss wohl in jedem Einzelfall durch die Agierenden vor Ort entschieden werden. Ambivalent wird auch die Weise der Vermittlung diskutiert. »Als Optionen werden beispielsweise ein deutliches ›pastorales Profil‹ genannt, das eine weniger leichte Zugänglichkeit impliziert, oder als Gegenpol dazu die ›diskrete missionarische Präsenz‹, etwa im Rahmen kultureller Angebote.«[8]

Für den Studiengang an der KHSB ist dieses Konzept zentraler Orientierungsrahmen, das Vorbild für eine Pastoral, wie sie den Anforderungen an pastorale Handlungsfelder und Religionspädagogik in der Metropole Berlin entspricht. Im Projekt »Stadt und Religion« können die Studierenden dafür praxisnah grundlegende Kenntnisse und konkrete Erfahrungen sammeln.

2. Die Kooperation im Projekt »Stadt und Religion«

Die fachwissenschaftlich wichtigste Kompetenz, die Studierende sich in den ersten Semestern der Religionspädagogik aneignen müssen, ist es, sehen zu lernen, das bedeutet, wahrzunehmen und dabei offen zu sein für Unbekanntes und Fremdes, aber auch dafür, Gewohntes und Altvertrautes aus einer neuen Perspektive zu betrachten. Auf dieser Basis bauen das fach- und

---

8 Veronika Eufinger und Matthias Sellmann: »Der verlorene Raum? Citypastoral als urbane Strategie der Kirche in soziologischer und pastoraltheologischer Perspektive«, in: IKaz Communio 45 (2016), 128, https://www.researchgate.net/publication/340061471_DER_VERLORENE_RAUM_Citypastoral_als_urbane_Strategie_der_Kirche_in_soziologischer_und_pastoraltheologischer_Perspektive/citation/download (Zugriff am 06.01.2021).

sachorientierte Urteilen und Handeln auf – der klassische ›pastorale Dreischritt‹.

Diese Fähigkeiten zu entwickeln und immer wieder neu zu erproben, ist ein zentrales Moment, das den Studiengang Religionspädagogik mit dem Projekt »Stadt und Religion« verbindet. Einige Beispiele sollen dies im Folgenden veranschaulichen.

Mit Dr. Heinke Fabritius als Kunsthistorikerin wird dem Studiengang eine Koordinatorin, Ansprechpartnerin und Referentin für die Kooperation im Projekt »Stadt und Religion« zur Seite gestellt. Gemeinsam mit den Lehrenden entwickelt sie ein Konzept, das in regelmäßigen Treffen während des Semesters Begegnungen mit Kunst und Architektur vorsieht. Die Studierenden sollen an Studienorten in der Stadt – außerhalb der Hochschule – neue Erfahrungen sammeln und sich auf der Basis der eigenen theologischen Kenntnisse mit ihnen auseinandersetzen.

Museen – theologische Studienorte in der Stadt

An drei Nachmittagen während des Semesters findet daher für alle Studierenden eine ›Studienreflexion‹ in den Räumen der Guardini Galerie statt. Im Zentrum steht das Reflektieren über den eigenen Lernfortschritt – über Hemmendes und Förderliches –, immer auch im Rahmen des Projekts. Die jeweilige Ausstellung in der Galerie wird an diesen Nachmittagen in die Lehrveranstaltung einbezogen, die Auseinandersetzung mit einzelnen Bildern zum Ausgangspunkt der Diskussion um praktisch-theologische Konfliktthemen wie Armut, Migration, religiöse Diskriminierung oder Verfolgung.

Durch ausgewählte Bildanalysen von wegweisenden Werken der Kunstgeschichte vermittelt Frau Dr. Fabritius das elementare Werkzeug für ein verändertes Sehen und zeigt, wie Religion auf diese Weise sichtbar wird. Die Studierenden lernen, Fragen zu stellen nach dem Ort, an dem das Bild (ursprünglich) hängt, dem Auftraggeber, dem Bildinhalt, der Größe, dem Bildzentrum, nach Licht, Farben und vielem mehr. Wie Religion auf diese Weise sichtbar wird, analysiert sie beispielhaft an so unterschiedlichen Werken wie denen von Caravaggio und Joseph Beuys.

Zunächst wird der veränderte Seminarort als befremdlich empfunden, schon bald äußern die Studierenden jedoch große Zustimmung und erleben dies als außerordentlich hilfreich für ihre Reflexion: Der neue Raum, die Bilder und die Sitzordnung verändern ihre Selbstwahrnehmung positiv, denn sie sehen sich ›von außen‹. Auf diese Weise wird eine wichtige Voraussetzung des Projektziels erreicht.

Weitere Seminare finden im Bode-Museum, im Märkischen Museum, im Hamburger Bahnhof, im Kollwitz-Museum und in der Villa Oppenheim statt. Leitmotivisch folgt nach der Information über das jeweilige Museum – den Auftraggeber, die Lage, den künstlerischen Auftrag – die Analyse ausgewählter Werke. Auf diesem Weg erkennen die Studierenden zunehmend das spannungsreiche Verhältnis zwischen Stadt und Religion, so etwa im Bode-Museum am Beispiel der Hausaltäre in der »Basilika«, der Kruzifixe und Marienskulpturen oder der Darstellung anderer Heiliger – religiöser Kunst, die für die religiöse Praxis in Auftrag gegeben und geschaffen wird und zugleich Macht, Selbstbewusstsein und Selbstpräsentation demonstriert.

Andere Aspekte der Beziehung von Stadt und Religion werden bei Exkursionen in Museen der jüngeren Geschichte thematisch. Bedeutende Beispiele dafür, wie religiöse Topoi in säkularen, gesellschaftlich-sozialkritischen Themen aufscheinen, finden sich in den verschiedenen Schaffensepochen des Werks von Käthe Kollwitz in dem nach ihr benannten Museum. Die Künstlerin erreicht den tiefen, mahnend-anklagenden Ausdruck durch den Rückgriff auf Elemente religiöser Formsprache. Auffallend sinnfällig wird dies beispielhaft an der Plastik »Mutter mit totem Sohn«. Hierfür greift sie auf die Form der Pietà zurück.

Im Hamburger Bahnhof lernen die Studierenden anhand ausgewählter Plastiken von Joseph Beuys einen der bedeutendsten Künstler der Moderne kennen. Mit seinem Satz »Jeder Mensch ist ein Künstler« hat er einen »erweiterten Kunstbegriff« geprägt. Danach ist jeder Mensch fähig, durch kreatives Schaffen in Form der sogenannten »Sozialen Plastik« die Welt menschlicher zu gestalten. Das Werk von Joseph Beuys ist beeinflusst von dem Gedanken einer Form der »innerweltlichen Erlösung« durch Kunst.

In der Villa Oppenheim präsentiert die Ausstellung *Zeig mir, was Du glaubst. Religiöse Vielfalt in Charlottenburg und Wilmersdorf* (2017) exemplarisch die Glaubensvielfalt in der Großstadt Berlin. Allein in diesen beiden Bezirken gibt es einhundertachtzig Glaubensgemeinschaften. Die meisten haben für diese Ausstellung signifikante Exponate aus ihrer Gemeinde zur Verfügung gestellt, um einen Einblick in ihr Glaubensleben zu geben.

Fachtagung der Guardini Stiftung: »Kirche, Kippa, Kiez und Koran – Wie verortet sich Religion in der Stadt?«

Unter diesem Titel findet im November 2018 eine Fachtagung der Guardini Stiftung statt. Für die Studierenden des 5. Semesters der Religionspädagogik bietet sich diesmal die Gelegenheit, einen eigenen, aus der Zusammenarbeit erwachsenen Beitrag beizusteuern. Am Beispiel einer gemeinsamen Seminararbeit unter dem Titel »Die Herz-Jesu-Kirche im Prenzlauer Berg als urbaner Ort« zeigen sie, dass mit der Herz-Jesu-Kirche bereits Ende des 19. Jahrhunderts der Gedanke eines Gemeindezentrums realisiert wird, das gleichermaßen spirituell, karitativ und sozial ausgerichtet ist. Von Beginn an fühlt sich die Gemeinde zu sozialen Aufgaben verpflichtet, sodass sogar noch vor Baubeginn der Kirche im Jahre 1897 eine Schule und das Haus »Maria Hilf« – ein Haus für alleinstehende berufstätige Mädchen und Arbeiterinnen – eingeweiht werden kann. Zudem gibt es eine ambulante Krankenpflege und eine Spielschule unter der Leitung der Grauen Schwestern.

Die Ausgestaltung des Innenraums der Kirche korrespondiert mit dieser Ausrichtung, indem sie in Architektur und Wandmalerei das Motiv der Caritas als Ausdruck des Selbstverständnisses der Gemeinde in biblischen Darstellungen und Symbolen bildgewaltig aufgreift.

Exkursion: Sichtbare und unsichtbare Religion in der Stadt

Im Juli 2018 treffen sich die Architekturstudierenden der BTU Cottbus mit den Studierenden der Religionspädagogik in Berlin. Unter der Leitung von Frau Dr. Fabritius kommt es in der Guardini Galerie zu einem lebhaften Austausch über die wechselseitige Bedeutung von Stadtplanung und Gemeindearbeit bzw. Religionspädagogik. Im Zentrum des Gesprächs stehen Überlegungen zu den vielfältigen Aufgaben und Anforderungen der gemeindlichen bzw. religionspädagogischen Arbeit einerseits und der Architektur als gestaltgewordener Idee von Lebens-Räumen für Menschen – sozialen Räumen, Plätzen und Sakralbauten – andererseits.

Dann folgt ein Gang in die Stadt, zunächst zum Forum Fridericianum und zur Neuen Wache mit der *Pietà* von Käthe Kollwitz, jener vergrößerten Replik, deren kleinformatiges Original die Studierenden der Religionspädagogik bereits im Kollwitz-Museum kennengelernt haben. Zunächst wird die Frage diskutiert, ob es rechtmäßig ist – wie hier geschehen –, das Werk der Künstlerin ohne deren ausdrückliche Zustimmung in dieser Form zu vereinnahmen. Dann wird ein Thema des Vormittags beispielhaft konkret: Warum wirkt dieser ausgewiesen säkulare Ort wie ein Sakralbau? Oder, in Erweiterung der Diskussion: Was macht ein Gebäude – einen Ort – zum Sakralbau? Welche Rolle spielt, führt Herr Prof. Nagler die Überlegungen fort, das Verhältnis der Weite und Höhe des Raums im Verhältnis zum eignen Körper, dem Lichteinfall und der Zentrierung der Skulptur?

Der Besuch der Versöhnungskapelle im ehemaligen Mauerstreifen schließt sich an. Die Kapelle ist Teil der Gedenkstätte Berliner Mauer. An ihr kann die Bedeutung sakraler Architektur für die Stadt in besonderer Weise sichtbar werden, denn sie ist auf den Grundmauern der ehemaligen Versöhnungskirche errichtet, die 1985 vom DDR-Regime gesprengt worden ist.

Diese Kirche liegt nach dem Bau der Mauer im sogenannten »Todesstreifen«, also zwischen der westlichen und östlichen Grenzmauer, und ist in der Folge deshalb nicht mehr zugänglich. In dieser exponierten Lage – unerreichbar für die Gemeindemitglieder aus Ost- und Westberlin – wird sie zum Symbol unterdrückter Religion und religiöser Praxis in der DDR. Im Jahr 2000 erfolgt die feierliche Einweihung der neu errichteten Kapelle der Versöhnung. In Gottesdiensten und Andachten wird hier regelmäßig der Todesopfer der Berliner Mauer gedacht. Zum Zeitpunkt unseres Besuchs findet hier die Fotoausstellung *Mobile Churches* über die Geschichte von Kirchen in den 1980er-Jahren in Bukarest statt. Ceauşescu hat ein Programm der »Systematisierung« der Stadt beschlossen, bei dem die Sakralgebäude aus dem Stadtbild verschwinden müssen, sodass viele von ihnen abgerissen werden. Analog zur Geschichte der Versöhnungskirche soll also auch hier Religion aus der Gesellschaft verschwinden, indem sie durch die Vernichtung ihrer Architektur unsichtbar gemacht wird. So wird die Sicht auf die Große Polnische Synagoge durch Plattenbauten vollständig versperrt. Einige Kirchen können von dem Abriss verschont werden, indem sie auf Schienen gehoben, weggerollt und zwischen Wohnblöcken verdeckt »abgestellt« werden. Dort stehen sie bis heute: Kirchen zwischen engen Fluchten von Wohnhäusern, die irritierend ver-rückt wirken.

Exkursion nach Dresden:
Sakrale Architektur und religiöses Leben in der Stadt

Einen Höhepunkt im Sommersemester 2019 bildet die Exkursion nach Dresden gemeinsam mit den Studierenden der BTU Cottbus. Thematischer Schwerpunkt ist insbesondere der Besuch der Frauenkirche. Von großem Gewinn ist diesmal vor allem die interdisziplinäre Begegnung mit den Studierenden aus dem Studiengang Architektur und Stadtentwicklung. Sie haben sich intensiv mit den theologischen Ideen sowie den politischen und kirchengeschichtlichen Umständen beschäftigt, die der Erbauung der Frauenkirche vorausgehen und seinerzeit in die Architektur der Frauenkirche überführt werden.

Daran schließt sich der Besuch der Neuen Synagoge am erhöhten Altstadtufer der Elbe an. Der erste Spatenstich zu deren Neubau erfolgt am 9. November 1998 am Ort der früheren, von Gottfried Semper erbauten Synagoge, die sechzig Jahre zuvor in der Reichspogromnacht zerstört wird.

Das von der Arbeitsgemeinschaft der Saarbrücker Architekten Wandel, Hoefer und Lorch + Hirsch entworfene Gebäudeensemble wird im Jahr 2001 fertiggestellt und von Beginn an als herausragendes Beispiel für die Verwebung von religiöser Symbolik und moderner Architektur gelobt. 2002 wird die Synagoge als »Europäisches Gebäude des Jahres« ausgezeichnet.

Der Besuch der Innenräume der Synagoge ist gegenwärtig leider bei so kurzfristiger Anmeldung nicht möglich. Die Gruppe muss draußen bleiben. Aus pastoraler Perspektive haben die Religionspädagoginnen und -pädagogen dies als ein »Zeichen der Zeit« gedeutet im Sinne der fragilen Sicherheit jüdischer Gemeinden, die sich abschließen (müssen). So bleibt die Sicht von außen auf die Anlage von Synagoge und Gemeindezentrum, in deren Architektur das alttestamentliche Zeltmotiv aufscheint, außerdem der Blick auf das Formsteinmauerwerk der Fassade der Synagoge, deren leichte Verdrehung die exakte Ausrichtung nach Osten ermöglicht.

Am Ende des Wintersemesters 2019/20 findet eine letzte Studienreflexion statt, bevor das Präsenzstudium und alle weiteren geplanten Projekte wegen der Corona-Pandemie eingefroren werden müssen. Doch die Rückmeldungen der Studierenden machen bereits zu diesem Zeitpunkt eindrucksvoll und berührend deutlich, in welch hohem Maße die Kooperation mit dem Projekt »Stadt und Religion« der Guardini Stiftung ihr Studium und das Profil ihrer Ausbildung geprägt hat. Wichtige Kompetenzen, die mit dem Projekt angezielt werden sollen, sind erkennbar erreicht worden: »Jetzt habe ich erstmals verstanden, warum die Zusammenarbeit mit der Guardini Stiftung so wichtig ist«; »Diese Kooperation hat für mich das Studium maßgeblich geprägt«; »Wir haben das religiöse Leben geschmeckt, indem wir es aus anderer Perspektive gespiegelt bekamen«.

Die Bochumer Pastoraltheologen Veronika Eufinger und Matthias Sellmann bilanzieren ihre Erfahrungen der unterschiedlichen Modelle von »City-Pastoral« dergestalt, dass sie in einem Sprachspiel die Bedeutsamkeit der wechselnden Perspektiven von Innensicht und Außensicht, die mit diesem Handlungskonzept verbunden sind, prägnant zusammenfassen:

> In gewisser Weise spiegelt [...] die eingenommene Doppelperspektive genau das, was der Kirche in der City geschieht: Sie kommt unter Außenbeobachtung; und die Kriterien dieser Außenbeobachtung sind andere als die eigenen, gewohnten. Das hat Vorteile, die ein systemtheoretisches Sprachspiel so einfängt: Die Beobachtung der anderen lässt uns sehen, dass wir nicht sehen, was wir nicht sehen. Hieraus können Einsichten in Relevanzen erwachsen, auf die man selber gar nicht käme. Der Nachteil, und der ist pastoral heftig erlitten: Der Kern, für den man steht, scheint genau nicht das zu sein, was die anderen als relevant beobachten. Der Kern ist das, was die anderen nicht sehen.[9]

Das Feedback der Studierenden lässt erkennen, dass sie dieser Erkenntnis nähergekommen sind. Die Kooperation in dem Projekt »Stadt und Religion« zwischen der Guardini Stiftung und dem Studiengang »Religionspädagogik in pastoralen Räumen« hat vieles bewegt.

---

9 Eufinger und Sellmann: »Der verlorene Raum? Citypastoral als urbane Strategie der Kirche in soziologischer und pastoraltheologischer Perspektive«, 134.

Ausstellungen: Heilige und verfluchte Orte

Frizzi Krella

»Die lange für selbstverständlich gehaltene Gleichsetzung von moderner Urbanität und zunehmender Säkularisierung ist fraglich geworden.« So formulierte es Ludger Hagedorn zum Auftakt der Tagung »Heilige Orte, verfluchte Orte. Stadt als Verheißung und Verdammnis« im Jahre 2019.

> »Während weltweit vor allem das rasante Wachstum der Pfingstkirchen und des Islam – neben stärker regionalen Phänomenen wie dem Shivaji-Kult in Mumbay – Aufmerksamkeit erregt, sind die Veränderungen in einer Stadt wie Berlin vielseitiger und widersprüchlicher. Sie haben zu tun mit Migration, aber auch mit einem Wandel des religiösen Selbstverständnisses.«[1]

Die Stadt als »eine der ältesten und folgenreichsten Erfindungen der Menschheit«[2], wie es Wolfgang Grünberg formulierte, schaut im Mittelmeerraum auf eine zehntausendjährige Geschichte zurück. Städte waren von Anfang an Orte der Menschen und ihrer Götter. Stadtgeschichte ist gleichsam Religionsgeschichte. Die Säkularisierung der europäischen Stadt brachte zwar eine Modifizierung der religiösen Energien mit sich, nicht

1 Einführungstext zur Fachtagung »Heilige Orte, verfluchte Orte. Stadt als Verheißung und Verdammnis« vom 21. bis 23. November 2019 im Rahmen des Projektes »Stadt und Religion« der Guardini Stiftung Berlin, Konzept: Ludger Hagedorn.

2 Wolfgang Grünberg: »Stadt und Religion. Religion und Urbanität«, in: *Jahrbuch StadtRegion 2011/2012. Schwerpunkt: Stadt und Religion*, Leverkusen-Opladen: Verlag Barbara Budrich, 19.

aber ihre Eliminierung; die Stadt in den Zeiten der aktuellen und vielleicht größten globalen Fluchtbewegungen ist wieder eine Stadt der Religionsvielfalt.

Im Rahmen des dreijährigen Projektes »Stadt und Religion« wurde nach den ersten zwei Ausstellungen internationaler Fotokünstlerinnen und -künstler mit den Titeln *transformare* und *Heilige und verfluchte Orte* zu diesem Thema die dritte Ausstellung *Berlin, Gott und die Welt* von 13 jungen Fotografinnen und Fotografen, Künstlerinnen und Künstlern der Ostkreuzschule bestritten, die erfolgreich an der Ausschreibung des Projektes teilgenommen hatten. Sie spürten dieser religiösen Pluralität in Berlin nach, ihrer Vielschichtigkeit und Widersprüchlichkeit. Ein Jahr lang – geprägt durch die Bedingungen der Pandemie – schufen sie ein einmaliges fotografisches Zeugnis zu diesem Thema.

Sie stellten Fragen wie »Glaube ich?« oder »Ist Glaube notwendig?«, Fragen nach Sexualität und dem menschlichen Körper, dachten nach über ein Leben in Abgeschiedenheit hinter hölzernen Gittern – wie das der Rosa Anbetungsschwestern im Kloster St. Gabriel im Berliner Westend –, schauten auf die jesidische Diaspora in Berlin, den ältesten buddhistischen Tempel Europas in Frohnau, die Sri-Ganesha-Gemeinde, begleiteten christliche und muslimische Seelsorger in die JVA Heidering – und einer traf in der Berliner Realität auf seine eigene nepalesische Kindheit. Diese Annäherungen und diese Suche bildeten den Ausgangspunkt für serielle fotografische Arbeiten.

Die Künstlerinnen und Künstler der Ausstellungen *Heilige und verfluchte Orte* und *transformare* spürten dagegen aus unterschiedlichsten Perspektiven gesellschaftlichen, religiösen und mythischen Orten von Beijing bis New York nach, befragten sie und reflektierten in ihren fotografischen Arbeiten das Verhältnis von Religion und Gotteshäusern zur urbanen Gesellschaft in ihrem Wandel. Mit ihrem Blick durch die Kamera – konkret und metaphorisch, dokumentarisch und narrativ – werden die wechselseitige Durchdringung von Stadt und Religion sowie Prozesse der Veränderung und des historischen Wandels hinsichtlich der Transformation von Städten und ihrer religiösen Identität sichtbar.

Heilige Orte, vom alltäglichen Leben abgesonderte Stätten mit einer sakralen Bedeutung, werden verbunden mit besonderen Symbolhandlungen ritueller Natur und sind insofern auch Kultstätten. Sie dienen der Konstituierung gemeinschaftlicher und individueller Identität. Auf unterschiedlichste Weise beschreiben die Künstlerinnen und Künstler die Transformationsprozesse, die bei der Entstehung heiliger Orte, ihrem oft über viele Jahrhunderte währenden Betrieb, ihrem Niedergang und ihrer neuerlichen Nutzung im Spiel sind. Verbunden durch die Frage nach Diskontinuität und Kontinuität der Wirkungsgeschichten heiliger Orte und Räume sowie jener der Zersetzung beleuchten sie aus sehr verschiedenen Perspektiven Zusammenhänge, die nicht auf den ersten Blick sichtbar sind.

Das Wort *sacer* bedeutet im Lateinischen ursprünglich »heilig« und in einer zweiten Konnotation »verflucht«. Segen und Fluch – als antagonistisches Paar – liegen hier in einem einzigen Wort dicht beieinander.

Es gibt sie, die heiligen Orte und die verfluchten. Orte, die Gott nah sind oder fern. Immer eröffnen sie besondere Räume des Nachdenkens über unser Dasein, über die menschliche Existenz als Ganze, über Sehnsüchte und Hoffnungen, über Zerstörung und Zersetzung.

Heilige Orte sind vielleicht jene, die sich am tiefsten in unser Innerstes eingeschrieben haben, in unser Herz, unseren Körper und unsere Erinnerung, Orte, die uns besonders viel bedeuten, die uns berühren, uns erfüllen.

Ein solcher Ort ist für mich die Bruder-Klaus-Feldkapelle in der Eifel, entworfen ganz aus der Wahrnehmung des Ortes von dem wunderbaren Schweizer Architekten Peter Zumthor und gestiftet von der Landwirtsfamilie Trudel und Hermann-Josef Scheidtweiler aus »Dankbarkeit für ein gutes und erfülltes Leben«, auf eigenem Feld. Eine Kapelle, geweiht dem Schweizer Friedensheiligen Nikolaus von Flüe (Bruder Klaus) und eingeweiht am 19. Mai 2007 durch den Kölner Weihbischof Heiner Koch, den heutigen Erzbischof von Berlin.

Kommt man zu Fuß über das freie Feld, erscheint der blockhafte, fensterlose Turmbau zunächst als aufragende Stele. In der Annäherung wechselt das Profil über in einen Quader, dann wird es zum Dreieck, um sich letztlich – eine Metamorphose durchlaufend – als Fünfeck zu offenbaren. In Form einer Verrätselung, als wollte sich der Ort erst nach und nach preisgeben, nimmt er uns in sein Inneres auf. Wir treten in das Dunkel; die vom Ruß der verkohlten Fichtenverschalung geschwärzten Wände enden oben in einer kreisrunden Öffnung, durch die das Licht, aber auch Regen und Schnee fallen.

Die Kapelle besitzt keinen Altar. Sie selbst ist die Verbindung zwischen Himmel und Erde für all jene, die hier eintreten und diesen Dialog aufnehmen wollen. Das Licht fließt von oben auf den Betrachter herab. Abgeschirmt vom Rest der Welt führt uns dieser Bau auf uns selbst zurück, auf alles Wesentliche, auf unser Dasein.

Abb. 8: Bruder-Klaus-Feldkapelle

Aber auch verfluchte Orte gibt es. Orte, die sich mit ihrem Grauen in die Geschichte der Menschheit eingeschrieben haben. Sie begegnen uns immer wieder. Sie machen uns betroffen und nachdenklich.

Meine jüngste Begegnung mit solch einem von einem Fluch belegten Ort bzw. Landstrich liegt noch gar nicht so lange zurück. Im Sommer 2019 war ich mit meiner Familie auf präromanischer Spurensuche des Oströmischen Reiches in Kroatien unterwegs. Wir erkundeten nicht nur die weiß strahlenden Städte aus Kalkstein entlang der adriatischen Küste, sondern durchstreiften auch das Hinterland der Plitwitzer Seen, nahe der bosnischen Grenze. Diese Region war vom Krieg der Jahre 1991 bis 1995 nicht nur noch immer gezeichnet, sie war geradezu traumatisiert. In den kleinen Ortschaften schien die Geschichte 1995 stehengeblieben zu sein. Zwischen verfallenen und zerstörten, aber manchmal auch nur verlassenen Häusern wucherte Unkraut und Bäume wuchsen schlank empor. Im Nirgendwo sahen wir in eines dieser Häuser hinein. Das Dach war offen, die Spiegelkommode stand im abgesackten Treppenhaus und der Fernseher lag zertrümmert in der Tiefe der Ruine des einstigen Wohnhauses. Die Fensterflügel schlugen im Wind und die Sonne brannte erbarmungslos. In dieser Gegend waren die Dörfer immer schon arm, aber der Krieg hatte auf der kargen Karstebene alles noch schlimmer gemacht.

Hier wohnen keine Menschen mehr, es herrscht buchstäblich verbrannte Erde. Und da, wo noch Menschen in den Ortschaften leben, sind die emotionalen Traumata in den Familien die wesentlichen Verletzungen. Es gibt Tausende Familien, das heißt Hunderttausende Einwohner auf beiden Seiten – der kroatischen und der serbischen –, die mehr oder weniger direkt Opfer sind, entweder weil jemand aus der Familie getötet wurde oder weil jemand aus der Familie getötet hat.

Die Grabsteine auf den Friedhöfen in kyrillischer und lateinischer Schrift sind stumme Zeugen dieser Schicksale.

Abb. 9: Kroatien, 2019

Auch die Künstlerinnen und Künstler der Ausstellungen haben sich auf Wege und Nebenwege zu heiligen und verfluchten Orten begeben oder zu Orten, die im Laufe der Zeit eine Verwandlung erfahren haben. Mit unvergesslichen Bildern führen sie uns auf das Wesentliche zurück, auf das, was uns alle betrifft, uns alle bewegt und zum Nachdenken über das menschliche Dasein anregt.

In Auseinandersetzung mit dem Gulag schuf der Künstler Andreas Rost mit seinem Fotofilm *Perm 36* eine künstlerische Annäherung an einen solchen Ort totaler Hoffnungslosigkeit und Zersetzung: die heutige Gedenkstätte der Geschichte politischer Repressionen *Perm 36*. In hartem Schwarz-Weiß, dessen Strenge durch die eisige Kälte des Winters und die Abwesenheit von Menschen noch gesteigert wird, gibt er ein eindrückliches Zeugnis, das ein Nachdenken über Geschichte und Diktaturen anstößt. Die Überführung dieses Museums von einem Ort des Gedenkens an die Opfer der Repression in eine Institution, die den

Beitrag ehrt, den das Lager mit seinen Häftlingen zum Aufbau des Sozialismus leistete, macht die hohe Brisanz dieser Thematik in der aktuellen politischen Situation in Russland offenkundig.

Abb. 10: Andreas Rost: Perm 36, 2011, für Warlam Schalamow, Fotofilm

Eine Ahnung von der Einsamkeit und Hoffnungslosigkeit dieses Ortes hallt in den eingesprochenen Worten des russischen Schriftstellers und Dissidenten Warlam Schalamow nach:

> Ich bin überzeugt, dass das Lager – immer – eine negative Schule ist, auch nicht eine Stunde darf man darin verbringen – es ist eine Stunde der Zersetzung. Niemandem hat das Lager jemals etwas Positives gegeben und geben können. Auf alle – Häftlinge wie Freie – wirkt das Lager zersetzend. Ich habe erkannt, dass man aus der Erbitterung leben kann, ich habe erkannt, dass man aus der Gleichgültigkeit leben kann, ich habe erkannt, warum der Mensch nicht aus den Hoffnungen lebt. Es gibt keinerlei Hoffnung, nicht aus

dem Willen, was schon für ein Wille. Sondern aus dem Instinkt, dem Selbsterhaltungstrieb, demselben Prinzip, wie auch der Baum, der Stein, das Tier.[3]

Während sich Hans-Christian Schink ein Jahr nach der Zerstörung der Region Tōhoku durch das große Erdbeben und den Tsunami am 11. März 2011 – und damit auch ein Jahr nach der Katastrophe von Fukushima – mit größter Besonnenheit diesen verwundeten Schauplätzen fotografisch näherte und damit Sichtbares und Unsichtbares visualisiert, fotografierte Bertram Haude 2015 am Himmelstempel in Beijing das erstaunliche touristische Treiben einer digitalen Selfie-Kultur. Jahrhundertelang brachte der chinesische Kaiser auf dem Himmelsaltar das Großopfer dar, das die Ordnung der Menschheit und die Harmonie zwischen Himmel und Erde aufrechterhalten sollte. Was aber treibt heute Millionen von Besucherinnen und Besuchern zu diesem Ort, der sich in zahllose beliebte Fotomotive auf der ganzen Welt einreiht? Wird die alte Welt auf dem »Altar der Digitalisierung« einer radikalen Wesensverwandlung unterzogen und entsteht im Zuge dessen ein neuer Himmel aus Daten und Bildern? Aus dieser Perspektive wird der Altar tatsächlich zum symbolischen Ort für den Übergang von einer alten zu einer neuen Welt.

Die Arbeiten des finnischen Künstlers Ola Kolehmainen sind eine visuelle Reise durch Raum, Zeit und Licht. Als erfolgreichster Vertreter der ersten Generation der »Helsinki School« setzt der Künstler mit der Reduktion von Fassaden zu minimalisti-

---

3 Warlam Schalamow: *Durch den Schnee. Erzählungen aus Kolyma 1*, Berlin: Matthes und Seitz 2007, 292.

schen Detailansichten heilige Orte großer Baumeister in Szene. Sankt Peter in Rom – der Bau Donato Bramantes und Michelangelos sowie Carlo Madernos – und die Süleymaniye-Moschee des Baumeisters Yusuf Sinan in Istanbul sind einst zeitgleich entstanden. Leere und Licht machen hier im fotografischen Bild das Sakrale erfahrbar. Inspiriert von seinen Erkundungen islamischer Architektur in Istanbul, porträtierte Ola Kolehmainen auch Synagogen, Moscheen, Kirchen und Kathedralen quer durch Europa. Kolehmainen arbeitet dabei stärker erzählerisch und rückt Ähnlichkeiten, geteilte Geschichte und damit die Universalität von Glauben und Kultur ins Bewusstsein. Der als »Prinzenmoschee« bekannt gewordenen Şehzade-Moschee (Şehzade Camii) beispielsweise, die Kolehmainen in einer imposanten Innenansicht enthüllt, wohnt ein besonders tragischer Fluch inne: Der Sultan Süleyman I. ließ sie zur Erinnerung an seinen früh verstorbenen Lieblingssohn, den Prinzen Mehmet, der dem »legalen« Brudermord zum Opfer fiel, erbauen.

Auf eine ganz anders geartete Spurensuche begibt sich 30 Jahre nach der gestohlenen Revolution in Rumänien von 1989 der dort aufgewachsene Künstler Anton Roland Laub. Er befragt in seiner Serie *Last Christmas* den Ort der Hinrichtung Nicolae Ceauşescus und seiner Frau Elena, die am Weihnachtstag 1989 von einem eilig zusammengestellten Militärgericht, angeklagt des Völkermords und der Schädigung der Volkswirtschaft, im Schnellverfahren zum Tode verurteilt wurden. In fotografischen Diptychen dokumentiert der Künstler die Topografie dieses letzten Tages des Diktatorenpaares in Tîrgovişte und schreibt dazu:

> Der Weg Rumäniens in die Demokratie begann einen Monat nach dem Fall der Berliner Mauer. Er begann nicht fried-

lich, sondern mit blutig unterdrückten Demonstrationen. Er war auch vom umstrittenen Prozess gegen das Diktatorenpaar Nicolae und Elena Ceaușescu am Weihnachtstag 1989 im Büro Nummer 3 (Birou 3) einer Militärbasis geprägt. Der Prozess dauerte 55 Minuten, das Urteil 1 Minute und 44 Sekunden und die Exekution weniger als 10 Minuten. Das Dekret zur Einberufung des Gerichts wurde am 27. Dezember unterzeichnet, als das Paar bereits seit zwei Tagen tot war. Heute verschleiern Gerüchte und Intrigen jene gewalttätigen Tage, die immer noch die Frage aufwerfen: War es ein Volksaufstand oder ein inszenierter Staatsstreich?

Die Korruption in Rumänien ist nicht nur die Folge der »gestohlenen Revolution«, sondern auch der Mauer des Schweigens, die seit 30 Jahren die Gerechtigkeit blockiert.[4]

Vier streng komponierte Diptychen der Serie *Last Christmas (of Ceaușescu)* sind der dramatische Höhepunkt dieser konzeptuellen Fotoarbeit von Anton Roland Laub, die in ihrer Ganzheit noch vier weitere fotografische Serien umfasst. Sie zeigen auf der einen Seite das Banale des Lebens: Essen, Trinken, Schlafen. Auf der anderen Seite sind diese Bilder hochpolitisch, sind sie doch mit jenen Bildern verlinkt, die sich in das Weltgedächtnis eingeschrieben haben. Sie senken ihr Lot tief in die Geschichte hinein. Sie verlangen geradezu danach, erzählt zu werden, noch einmal angeschaut und befragt zu werden.

Vielleicht ist dies eine Möglichkeit, zu sehen, wie Kunst zugleich als Impuls fungieren kann, über historische Situationen nachzudenken und sich mit ihnen auseinanderzusetzen, um aus

---

4 Anton Roland Laub: *Last Christmas (of Ceaușescu)*, Ausstellungstext, 2019.

einer schicksalhaften Vergangenheit den Weg in eine sinnhafte Zukunft zu finden.

Johanna Diehl reiste für ihre Fotoarbeit *Ukraine Series* 2013 durch die Ukraine, um die Orte ehemaliger Synagogen aufzuspüren, die ihrer ursprünglichen Bestimmung beraubt wurden, und dokumentierte diese historischen Befunde mit einer Plattenkamera. Sie zeigt, wie aus Synagogen Sporthallen gemacht wurden als spezifische Räume des diktatorisch geprägten Körperkults, Kinos als Stätten der politischen Prägung oder auch Fabriken als Orte propagandistisch zentralisierter Arbeiterschaft. Mit einem genauen Blick für den Raum, die Materialität und die Farbe und die hier eingeschriebene Geschichte, vereint sie alles in einem fotografischen Bild und schafft so für jede einstige Synagoge ein wertvolles Mahnmal. Still und zurückhaltend, aber zugleich klar und kraftvoll.

Durch ihr gesamtes künstlerisches Werk zieht sich die Frage nach der Anwesenheit von etwas Abwesendem. Johanna Diehl sammelte Fragmente zusammen, Scherben vergangener Zeiten, Zeugnisse gelebter Religiosität, aber auch anderer Formen menschlichen Zusammenlebens.

Tief berührt stellt Bernhard Maaz, Generaldirektor der Bayerischen Staatsgemäldesammlung, die treffenden Fragen:

> Wer hat in ihnen gesessen, gegessen, gearbeitet, gelegen, gelitten, geturnt, gekämpft, gebangt, gehofft, gebetet? Wo sind all die Menschen all der Jahrzehnte und Jahrhunderte? Der Phantomschmerz ist spürbar. [...] Was zuletzt ein Kino war und seine Funktion im Zeitalter der Videotheken dank eines veränderten Konsumverhaltens wieder eingebüßt hat, diente zuvor als Synagoge und verlor schon ein erstes Mal

die Bestimmung: Aus der hieran ablesbaren mehrfachen Sinnentleerung resultieren nicht nur eine tiefe Einsicht in die Unerbittlichkeit, mit der die Geschichte, die Schichten übereinander ablagert, sondern auch die Fragen: Was wird werden mit diesen Räumen? Haben sie überhaupt noch eine Zukunft oder werden sie in den nächsten Jahrzehnten ganz verfallen und untergehen?[5]

Von einer ähnlich erschütternden Auseinandersetzung mit der Zerstörung religiösen Lebens und kultureller Werte zeugt das fotografische Projekt *Mobile Churches* von Anton Roland Laub, gezeigt in der Ausstellung *transformare.*

Abb. 11: Anton Roland Laub, Mobile Churches, Bukarest 2013–2017

In *Mobile Churches* schaut der Künstler nicht nur durch die Kamera, sondern zugleich hinter die sozialistischen Einheitsfassaden von Bukarest, die Ceauşescu im Rahmen seines Programms der »Systematisierung« in den 1980er-Jahren errichtete. Sieben

5 Bernhard Maaz: »Phantomschmerz. Johanna Diehls Interieurs ukrainischer Synagogen«, in: Johanna Diehl, *Ukraine Series*, München: Sieveking 2015, 16.

Kirchen blieben vom Abriss verschont und wurden versetzt: Man sägte sie ab, hob sie auf Schienen und verschob sie. Diese fotografische Bestandsaufnahme ist eine ebenso kritische wie faszinierende Aufarbeitung politischer Stadtgeschichte.
Lotte Laub beobachtete und schrieb dazu Folgendes:

> Wenn man heute mit dem Bus durch eine von Bukarests sozialistischen Paradestraßen fährt, kann es passieren, dass sich plötzlich einige Passagiere, junge wie alte, auf orthodoxe Weise mehrfach bekreuzigen. Man schaut nach draußen, sucht nach einem Anlass, sieht aber nur die acht bis zehn Stockwerke hohen Fassaden der sozialistischen Wohnblocks. Des Rätsels Lösung zeigt sich erst, wenn man hinter die Fassaden schaut und zu Fuß in die Innenhöfe eindringt. Dort entdeckt man in Häuserwinkel eingepferchte orthodoxe Kirchen, von denen die Menschen im Bus wissen, auch wenn sie hinter den Einheitsfassaden versteckt sind. Die Wohnblocks überragen die Kirchen um viele Stockwerke und nehmen ihnen Licht und Luft.[6]

Beyond nennt die Künstlerin Loredana Nemes Orte, die sich jenseits des Erreichbaren und Vorstellbaren befinden, obwohl wir sie täglich passieren. In ihrer gleichnamigen Serie von 2008 bis 2010 sind es türkisch-muslimische Lokale, Tee- und Gemeindehäuser in Berlin, die für uns als Vorübergehende geheimnisvoll bleiben. Die Künstlerin fotografierte im Versuch einer Annäherung die Fremdheit hinter diaphan milchigen Scheiben. Können die Fotografien den Schleier lüften oder uns die Augen öffnen?

---

6 Lotte Laub: »Stadt auf Schienen«, in: *Anton Roland Laub – Mobile Churches*, Heidelberg: Kehrer Verlag 2017, 123.

Außen und Innen stehen sich gegenüber – Nähe und Distanz, Schärfe und Unschärfe, das Fremde und das Eigene, weiblich und männlich. Trotz der Membran, welche die Fotografierten von der Künstlerin trennt, schaut Loredana Nemes auf ihr Gegenüber mit großem Respekt, mit Achtung, ja, ich bin fast geneigt zu sagen: mit Liebe, mit menschlicher Zugewandtheit, Offenheit und Neugier. Diese Arbeit ist ein großartiges Angebot, eine Herausforderung und zugleich ein Bekenntnis, ein Bekenntnis zur Menschlichkeit.

Abb. 12: Loredana Nemes, Haci, Ünal, Gazi, Neukölln 2009, aus der Serie: Beyond

Norman Behrendt dagegen fotografiert seit 2014 Neubaumoscheen in den ausufernden Vorstädten Ankaras und Istanbuls, die als ein Sinnbild für den religiös-politischen Wandel der Türkei während der letzten zwanzig Jahre gesehen werden können. Pro Jahr wurden dort fast eintausend neue Moscheen errichtet. Das noch nicht abgeschlossene fotografische Projekt trägt den Titel *Brave New Turkey*. Parallel zu seinen Fotografien gibt es Montagen mit Polaroids von Texten, die als Stimme des türkischen Volkes gelesen werden können. Hier heißt es beispielsweise:

(Eine Frau:) »Als ich in der Grundschule war, habe ich gefragt: Warum gibt es so viele Moscheen? Die Älteren haben gesagt, dass es die Häuser von Gott sind. Ich habe gesagt, aber jeder hat nur ein Haus, warum hat Gott so viele Häuser?«

(Ein anderer:) »Ich weiß auch nicht, wie die Zukunft der Türkei aussieht.«

Behrendts konzeptuelle Fotoarbeit dokumentiert, wie sich die Türkei von dem einst durch Atatürk eingeführten laizistischen Staat zu einem Religionsstaat Erdoğan'scher Couleur entwickelt. Die sakrale Architektur steht sinnbildlich für den politischen Wandel in der arabischen Welt.

In einem aus fotografischen Einzelbildern montierten Fotofilm lässt uns Andreas Rost am Freitagsgebet der Sufis in der sudanesischen Hauptstadt Khartum teilhaben. Vor dem Mausoleum ihres ehemaligen Scheichs auf dem gleichnamigen Friedhof in Omdurman tanzen sie sich in tranceähnliche Zustände, meditativ zu rhythmischen Klängen und frenetischen Gesängen. Wenn sich langsam der Abend über den Friedhof legt, endet die Sufi-Veranstaltung mit dem Abendgebet bei Sonnenuntergang. Es beten fast alle Männer direkt auf dem Sandboden liegend. Der große Kunstgriff im Film – hier setzt Stille ein: die Stille des Gebetes.

Undogmatisch, friedfertig, künstlerisch: Der Sufismus, der im Sudan eine lange Tradition besitzt, scheint ein Gegenmittel zu Gewalt und Engstirnigkeit der muslimischen Orthodoxie zu sein. Der Schriftsteller Ilija Trojanow sagte einmal: »Die sufistischen Meister haben bei aller pluralistischen Differenz stets betont, dass Wissen sich ewig verändert und wandelt und die wahre Natur der Realität hinter dem Sichtbaren zu suchen ist, hinter den herrschenden Annahmen, Urteilen und Regeln.«[7]

Abb. 13: Andreas Rost, Sufis aus dem Sudan, Khartoum 2008, Fotofilm 2018 (Still)

Last but not least möchte ich auf den »Stein des Anstoßes« – eine Skulptur des Bildhauers Wilhelm Mundt und damit seinerseits einen geheimnisvollen Ort in dieser Ausstellung – verweisen: Seit über zwanzig Jahren formt der Künstler seine *Trashstones*, in die er alles, was in seinem Atelier momentan nicht mehr benötigt wird, einarbeitet: Abfälle, Materialreste, Entwürfe, persönliche Aufzeichnungen, Skizzen, Fotos. Er formt große Knäuel, komprimiert sie, umwickelt sie und kleidet sie in Polyesterharz ein. Dann schleift er sie in mehreren Schichten. Es gibt eigentlich keinen Müll, nur Dinge, für die man zeitweise keine Ver-

7 Ilija Trojanow: »Der größte Feind des islamischen Extremismus«, 22.08.2016, https://de.qantara.de/inhalt/der-schriftsteller-ilija-trojanow-ueber-den-sufismus-der-groesste-feind-des-islamischen (Zugriff am 20.02.2021).

wendung hat. Das Motto lautet: *transformare*. Ein uraltes künstlerisches Prinzip.

Auf diese Verwandlung unserer Welt, auf heilige und verfluchte Orte, auf »Stadt und Religion« schauen die Künstlerinnen und Künstler aus unterschiedlichen Blickwinkeln und verschiedenen Beweggründen und stellen sehr disparate Fragen. Mit jeder Arbeit öffnen sie auf ihre Weise ein neues Fenster auf das, was der Wind der Zeit fortträgt, verweht oder freilegt.

Abb. 14: Hans-Christian Schink, aus der Serie: Tōhoku, 2012

Abb. 15: Yamamoto, Kasahama / Sakamoto, Kitayamakami, Miyagi Prefecture

Abb. 16: Bertram Haude, One day in Heaven, Beijing 2015/2018, Fotofilm 2019

Abb. 17: Ola Kolehmainen, San Pietro 1626 I, 2017, Triptychon

Abb. 18 und 19: Anton Roland Laub, aus der Serie: Last Christmas, 2018

Abb. 20 und 21: Johanna Diehl, Chernivtsi I und Horodenka I, 2013, Ukraine Series

RELIGION IM URBANEN RAUM

Religiosität in den Städten. Formierungen zwischen religiösem Pluralismus und Säkularisierung

Gert Pickel

1. Einleitung – Religiosität in der Stadt?

Die zunehmende Urbanisierung in modernen Gesellschaften wird von Säkularisierungstheoretikern gerne als ein Element von verschärften Säkularisierungsprozessen, zumindest aber von Entkirchlichungsprozessen gedeutet.[1] Nach dieser Lesart fördert die Urbanisierung Brüche in der Bindung an gewohnte religiöse Gemeinschaften und die wachsende Mobilität der Menschen führt zu einem allmählichen Abbruch religiöser Bindungen. Der Blick auf Städte ist aus religiöser Sicht auch in einer anderen Weise etwas getrübt: In den Städten, womit hier weitgehend Großstädte gemeint sind, breiten sich Selbstverwirklichung und Gottesvergessenheit in stärkerem Maße aus als in anderen Gebieten und Räumen. Zugleich jedoch lässt sich in den Städten die Möglichkeit erkennen, Religion und Kirche an moderne Gesellschaften heranzuführen, sie gewissermaßen »modern zu machen«. So sind Stadtkirchen, vielfältiges aktives Engagement und neue Gemeindeformen überwiegend in Städten zu finden. Und ist nicht die Großstadt der fast natürliche Ort individualisierter Bastelreligiosität wie neuer Religionsausbildung? Die ausgeführten Beobachtungen können also durchaus als Anregung verstanden werden, einen etwas *genaueren Blick auf das Religiöse in Städten* zu werfen. Dies soll im Folgenden

1 Thomas Großbölting: *Der verlorene Himmel. Glaube in Deutschland seit 1945*, Göttingen: Vandenhoeck & Ruprecht 2013.

zumindest andeutungsweise geschehen. Die behandelte Fragestellung lautet: *Welchen Stand hat das Religiöse – insbesondere in Großstädten?* Meine These ist: einen schweren Stand, da Prozesse der Säkularisierung und Pluralisierung gerade in den in ihren Lebensbedingungen pluralen Städten Raum greifen.

Um Antworten auf diese Frage zu finden, wurde auf verschiedenes empirisches Datenmaterial aus Bevölkerungsumfragen zurückgegriffen. Deren Vorteil besteht darin, dass die Menschen hier direkt hinsichtlich ihrer eigenen Religiosität, ihrer eigenen Wünsche und ihrer eigenen Vorstellungen befragt werden und anschließend eine Bilanz dieser verschiedenen Haltungen gezogen werden kann. Dies erlaubt es, einen von eigenen Einschätzungen gelösten und zumindest tendenziell stärker intersubjektiven Blick auf die Lage des Religiösen in Städten zu werfen.[2] Da Rahmen und Umfang des vorliegenden Beitrags begrenzt sind, können diese Ergebnisse allerdings nur hintergründig und selektiv einfließen.

2. Erklärungsmodelle religiöser Entwicklung und ihrer Folgen

Um eine Deutung der genannten Entwicklungen vornehmen zu können, ist es günstig, auf Theorien zurückzugreifen, denn diese eröffnen die Möglichkeit, aktuelle Entwicklungen in die Zukunft weiterzudenken und Überlegungen in einen Rahmen einzubetten. In der Religionssoziologie dominieren heute vor allem drei Ansätze: die Säkularisierungstheorie, die Individualisierungsthese des Religiösen und das Marktmodell des Religiö-

2 Der vorliegende Artikel beruht in Teilen auf Forschungen, die von der Kollegforschergruppe *Multiple Secularities – Beyond the West, Beyond Modernities* an der Universität Leipzig durchgeführt wurden. Für die dort gewährte Hilfe möchte ich an dieser Stelle danken. Die Kollegforschergruppe wird durch die Deutsche Forschungsgemeinschaft (DFG) gefördert. Für weitere Informationen: www.multiple-secularities.de

sen.[3] Sie bieten kontrastierende Deutungen der (zukünftigen) Entwicklung auf dem religiösen Sektor an und gehen dabei von unterschiedlichen Prämissen des Verhältnisses von moderner Gesellschaft und Religion aus.

So nimmt die *Säkularisierungstheorie* wie erwähnt eine Spannung wahr zwischen den vielfältigen Modernisierungsprozessen[4] und der Religion, die sich für Letztere ungünstig auswirken soll. Die Folge sei ein sozialer Bedeutungsverlust von Religion in sich modernisierenden Gesellschaften. Dabei sehen Säkularisierungstheoretiker kein Verschwinden des Religiösen an sich, sondern prognostizieren lediglich eine Erosion der Bedeutung von Religion für den Alltag.[5] Allerdings kann aus den beschriebenen Prozessen auch ein Schwinden der Religiosität an sich abgeleitet werden. So scheint es plausibel, dass persönliche Religiosität in einem nichtreligiösen Umfeld und ohne eine entsprechende (kulturelle) Sozialisation nicht gut gedeiht. Ein notwendiger Bestandteil der Säkularisierungstheorie ist diese Fortschreibung allerdings nicht. In den 1960er-Jahren zog die *Privatisierung- oder Individualisierungsthese* die Entwicklungsprognose einer kontinuierlichen Säkularisierung in Zweifel.[6] Ausgehend von einem quasi anthropologischen Grundbedürfnis des Menschen nach Religion war nun – speziell in der deutschen Religionssoziologie – nicht mehr von Säkularisierung, sondern von einem Formenwandel bzw. einer Transformation des Religiösen

3 Vgl. Gert Pickel: *Religionssoziologie. Eine Einführung in zentrale Themenbereiche*, Wiesbaden: VS Verlag für Sozialwissenschaften 2011.

4 Hier ist es wichtig, auf den Bezug des Prozesses der Säkularisier*ung* zum Prozess der Modernisier*ung* und nicht zur Moderne als Gegenwartsbeschreibung zu verweisen.

5 Pickel, *Religionssoziologie*, 140–160.

6 Vgl. Thomas Luckmann: *Die unsichtbare Religion*, Frankfurt am Main: Suhrkamp 1991.

die Rede. Zwar gehe die Bindung an die (christlichen) Kirchen zurück (Mitgliederschwund, sinkende Zahlen der Gottesdienstbesucher), doch die subjektive Religiosität bleibe im Sinne einer *Privatisierung* von Religion bestehen. In modernen Gesellschaften etabliere sich zunehmend eine *Bastel-* oder *Patchwork-Religiosität*. Für externe Betrachter blieben diese neuen Formen des Religiösen oft unsichtbar und erweckten damit gelegentlich den (falschen) Eindruck einer fortschreitenden Säkularisierung.[7] Dies liege vor allem an der durch die Säkularisierungstheoretiker vorgenommenen Reduktion von Religiosität auf kirchliche Religiosität und ihrem (auf statistische Erhebungen von Kirchlichkeit) begrenzten methodischen Instrumentarium.

	Säkularisierungs-theorie	Individualisierungs-these	Marktmodell
Vertreter	Bryan Wilson Steve Bruce Detlef Pollack	Thomas Luckmann Grace Davie Danièle Hervieu-Léger	Rodney Stark Roger Finke Laurence Iannaccone
Grund-annahme	Spannungsverhältnis zwischen Moderne und Religion	Individuelle religiöse Grundorientierung als anthropologische Konstante	Konstantes Bedürfnis des Individuums nach Religion
Bezugs-theorie	Modernisierungs-theorie	Individualisierungs-theorie	Angebotsorientierte Markttheorie
Haupt-hypothese	Kontinuierlicher Bedeutungsverlust von Religion als sinnstiftender und sozialer Instanz	Bedeutungsverlust institutionalisierter Religion; Weiterbestehen privater Formen von Religion	Religiöser Markt bestimmt das Ausmaß an Religiosität und Kirchlichkeit
Prognose für Deutschland und Europa	Abwärtstrend aller religiösen Formen und von (christlicher) Kirchlichkeit	Weiterbestehen privater Religiosität bei Rückgang der Kirchlichkeit	Entwicklung der Religiosität in Abhängigkeit von religiösem Angebot in der Gesellschaft

Abb. 22: Theoretische Erklärungsansätze der Religionssoziologie (eigene Zusammenstellung)

7 Siehe Hubert Knoblauch: *Populäre Religion. Auf dem Weg in eine spirituelle Gesellschaft*, Frankfurt am Main: Campus Verlag 2009.

In den USA wurde, auch mit Blick auf die Ereignisse im September 2001, eine Rückkehr der Religion(en) ausgemacht.[8] An einigen Orten ist eine religiöse Revitalisierung zu beobachten (Lateinamerika), andere moderne Gesellschaften (z. B. die USA) scheinen relativ säkularisierungsresistent zu sein. Es entsteht also der Eindruck, als gewinne die Religion in den öffentlichen Debatten im Gegensatz zu den Aussagen der Säkularisierungstheorie wieder stärker an Bedeutung. Aus der Sicht José Casanovas beispielsweise entspricht einzig die fortschreitende Trennung zwischen Kirche und Staat noch dem Gedanken einer Säkularisierung.[9] Dies sei auf anderen Ebenen potenzieller Säkularisierung (Privatisierung, Glaubensverlust) so nicht gültig und widerspreche der Annahme der Säkularisierungstheorie, es handle sich um einen universellen Entwicklungsprozess. Vielmehr gehe es in den Bereichen jenseits der Beziehungen zwischen Staat und Kirche um historisch kontingente Entwicklungen, die unterschiedliche Entwicklungspfade offenlassen. Davon ausgehend sei es entsprechend wenig sinnvoll, auf eine kontinuierliche Erosion der Religiosität und eine Verdrängung des Religiösen in den Bereich des Privaten zu schließen, wie dies im Blick auf das Erstere die Säkularisierungstheorie, im Blick auf das Letztere dagegen die Individualisierungsthese des Religiösen unternehme.

Nach einigen Anhängern des ähnlich denkenden *Marktmodells des Religiösen* stellt der »Säkularisierungsprozess« einer zunehmenden Trennung von Staat und Kirche Voraussetzungen für eine Rückkehr des Religiösen auf der Ebene der Individuen

8 Martin Riesebrodt: *Rückkehr der Religionen. Fundamentalismus und der »Kampf der Kulturen«*, München: C. H. Beck 2001.

9 José Casanova: *Public Religions in the Modern World*, Chicago: University of Chicago Press 1994.

und im öffentlichen Raum bereit.[10] Andere Anhänger dieses Modells legen den Schwerpunkt ihrer Erklärung auf die Abhängigkeit religiöser Vitalität davon, was auf einem offenen religiösen Markt angeboten wird. Eine Grundbedingung für diesen Ansatz stellt die Annahme dar, dass es eine konstante Nachfrage nach religiösen Angeboten gibt – also jeder Mensch religiös ist. Religiöse Vitalität, die aus der Sicht des an der Rational-Choice-Theorie orientierten Marktmodells hauptsächlich religiöse Handlungen abbildet, variiert mit der Variation der Angebote durch die religiösen Anbieter.[11] Eine möglichst freie Situation religiöser Konkurrenz führt zu einer hohen religiösen Vitalität. Als problematisch erweist es sich dabei, wenn dieser freie »religiöse Markt« seitens des Staates eingeschränkt wird. Dies geschieht in seiner rigidesten Form durch eine Staatsreligion. Doch auch die traditionell gewachsene Bevorzugung einzelner Religionen in bestimmten Ländern und eine enge Verquickung von Staat und Kirche sind diesem freien Markt und damit letztlich auch der religiösen Vitalität einer Gesellschaft abträglich. Alle drei Ansätze können nun als Orientierungshilfen in der Interpretation von Entwicklungen auf dem religiösen Feld dienen. Dabei ist zu berücksichtigen, dass alle drei Modelle eine gewisse Plausibilität und Erklärungskraft für sich beanspruchen können, denn sonst hätten sie sich nicht halten können.[12] Gleichzeitig bedeutet dies nicht, dass ihre Erklärungskraft gleich hoch ist. Hier können zwischen den Erklärungsangeboten durchaus Unterschiede bestehen.

---

10 Rodney Stark und Roger Finke: *Acts of Faith. Explaining the Human Side of Religion*, Berkeley: University of California Press 2006.

11 Rodney Stark und William Sims Bainbridge: *A Theory of Religion*, New Brunswick: Rutgers University Press 1987.

12 Siehe Pickel, *Religionssoziologie*, 218–226.

3. Die empirische Entwicklung des Religiösen – allgemeine Entwicklungen

Auch hinsichtlich der Entwicklung von Religiosität sind drei Linien festzustellen, die parallel ihre Wirkung entfalten. Dies ist zum einen der Prozess der *religiösen Individualisierung*. Er beschreibt den immer stärker werdenden Wahlcharakter persönlicher Religiosität. In modernen Gesellschaften sind Menschen nicht mehr gezwungen – oder fühlen sich nicht mehr derart verpflichtet –, einer (bestimmten) Religion anzugehören. Sie kombinieren verschiedene, für sie passförmig scheinende Formen religiösen Denkens und Handelns zu einer Art *Bastelreligiosität*. Diese Bastelreligiosität zeichnet sich neben ihrer Vielfalt durch ihre Fluidität aus. So kann eine religiöse Ausdrucksform, die man in der Jugend noch für sich angemessen fand, im mittleren Alter bereits vollständig uninteressant für die eigene Selbstwahrnehmung und Selbstdarstellung sein. Ein weiteres Kennzeichen von Bastelreligiosität ist, dass sie, sofern sie sich primär außerhalb der christlichen Kirchen entwickelt, zunächst in Distanz zu diesen entsteht. Die Folge ist – einfach gesagt –, dass Menschen, die sich eine Bastelreligiosität außerhalb der Kirchen geschaffen haben, kaum mehr dazu neigen, in den ›Schoß der Kirche‹ zurückzukehren. Warum auch? Schließlich haben sie die Erfahrung gemacht, dass man auch sehr gut ohne kirchliche Vorschriften religiös leben kann. So verwundert es kaum, wenn bei einer Befragung von aus der evangelischen oder katholischen Kirche ausgetretenen Konfessionslosen lediglich 3 % äußerten, auf der Suche nach einem religiösen Angebot zu sein. Ergebnisse des Religionsmonitors der Bertelsmann Stiftung 2013 zeigen allerdings, dass immerhin noch zwei Drittel der Westdeutschen sich selbst als religiös bezeichnen würden – allerdings nur 40 % der Bürger sich selbst als spirituell einordnen würden, wenn man sie danach fragt. Spirituell bezieht sich dabei auf rein religiöse Erfahrungshorizonte, während religiös auch kollektive Praktiken wie religiöses Wissen umfasst. Eine frei fluktuierende Religiosität neben kirchlicher Bindung ist also existent, wenn auch nur äußerst selten unabhängig von der religiösen Sozialisation. Inwieweit es sich bei anderen Formen der persönlichen Sinnstiftung um Religiosität oder aber um einen Ersatz für diese handelt, ist angesichts dessen, dass Betroffene diese Sinnstiftung teilweise selbst nicht als religiös oder spirituell deuten, schwer einzuschätzen.

Offen bleibt bei der Bastelreligiosität daher häufig, ob es sich überhaupt um Religion und Religiosität handelt. Eine weitere Folge der religiösen Individualisierung ist die *religiöse Pluralisierung*. Sie kann in zweierlei Hinsicht verstanden werden. Zum einen lässt sie sich als Ausdifferenzierung unterschiedlicher Glaubens- und Frömmigkeitsformen fassen, speziell auch innerhalb der Kirchenmitgliedschaften. Zum anderen, und in den Medien wesentlich häufiger angesprochen, ist mit dem Begriff der religiösen Pluralisierung allerdings die Erweiterung der Vielfalt von Religionsgemeinschaften gemeint und, noch genauer, die Zunahme der Mitgliederzahlen von Religionsgemeinschaften, die bislang im öffentlichen Raum eher wenig in Erscheinung traten. Vor allem rückt hier die gestiegene Zahl an Muslimen und orthodoxen Christen ins Blickfeld. So hat sich der Anteil der Muslime in Deutschland auf 6 bis 8 % gesteigert; die Zahl orthodoxer Christen dürfte bald die Zweimillionenmarke erreicht haben.

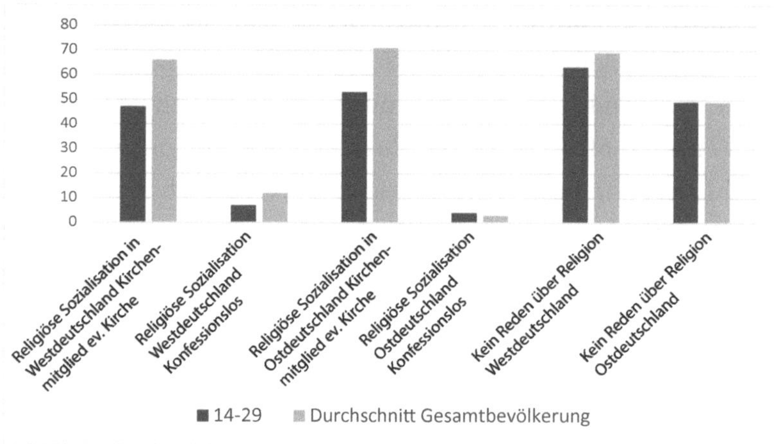

Abb. 23: Religiöse Sozialisation und religiöse Kommunikation – bröcklige Verankerung (eigene Berechnung); Sozialisation: 5. Kirchenmitgliedschaftsuntersuchung der EKD: »Halte mich für einen religiösen Menschen«; ausgewiesen sind zustimmende Werte (stark und eher zustimmend auf einer 4-Punkte-Skala); Reden über religiöse Themen: ALLBUS 2012: »Rede (sehr oft/oft/gelegentlich/selten/nie) über religiöse Themen«; ausgewiesen sind Werte selten und nie; angezeigt werden jeweils Antworten zur eigenen Sozialisation oder zur religiösen Kommunikation in Untergruppen Kirchenmitglied evangelische Kirche/konfessionslos für Sozialisation West- und Ostdeutschland. Alle Werte sind zudem noch unterschieden nach jungen Erwachsenen (14–29 Jahre) und Gesamtbevölkerung.

Die erkennbare religiöse Pluralisierung wird durch einen noch stärkeren Trend auf dem religiösen Sektor – die *Säkularisierung* – begleitet. Er beschreibt nicht nur die dynamische Abnahme der Mitglieder christlicher Glaubensgemeinschaften in Europa, sondern auch eine sinkende Bereitschaft, an religiösen Praktiken teilzuhaben, sowie eine Diffusion des Glaubens.[13] Letztere drückt sich wenigstens zum Teil in Phänomenen wie

13 Siehe auch Detlef Pollack und Gergely Rosta: *Religion in der Moderne. Ein internationaler Vergleich*, Frankfurt am Main/New York: Campus 2015; Gert Pickel: »Religiosität in Deutschland und Europa – Religiöse Pluralisierung und Säkularisierung auf soziokulturell variierenden Pfaden«, in: *Zeitschrift für Religion, Gesellschaft und Politik* (ZRGP) 1/1 (2017), 37–74.

dem der »Gottesvergessenheit« aus. Zentrale Triebfaktoren dieser Entwicklung sind der Abbruch religiöser Sozialisation sowie eine geringe Motivation, über (seine eigene) Religiosität in der Öffentlichkeit zu sprechen (vgl. Abb. 23). So führt die geringe Bereitschaft von gläubigen Menschen, ihre Religiosität öffentlich zu bekunden, zu so etwas wie einer »säkularen Schweigespirale«, die den Eindruck verstärkt, das Reden über (speziell die eigene) Religion gehöre nicht in die Öffentlichkeit.[14] Damit beginnt folglich auch die religiöse Sozialisation zu bröckeln und die Distanz junger Menschen zu Religion und besonders Kirche nimmt zu.

Auch wenn alle drei genannten Prozesse, wie sich empirisch nachweisen lässt, Raum greifen, sind sie doch nicht alle gleichermaßen einschneidend. So weisen empirische Analysen in die Richtung, dass derzeit in Deutschland und Europa (noch) Säkularisierungsprozesse die größte Relevanz besitzen.[15] Entsprechend kann es kaum verwundern, wenn Konfessionslosigkeit immer mehr zum Normalfall und die Mitgliedschaft in einer Kirche, gerade vor dem Hintergrund ihres ungünstigen Images, zunehmend begründungsbedürftig wird. Dieser Begründungspflicht wollen sich über die Zeit immer weniger (vor allem junge) Menschen aussetzen.[16]

---

14 Miriam Rose und Michael Wermke (Hg.): *Religiöse Rede in postsäkularen Gesellschaften*, Leipzig: Evangelische Verlagsanstalt 2016.

15 Heiner Meulemann: *Nach der Säkularisierung. Religiosität in Deutschland 1980–2012*, Wiesbaden: Springer VS 2015.

16 Gert Pickel: »Entwicklung der Religiosität in Deutschland und ihre politischen Implikationen«, in: *Aus Politik und Zeitgeschichte* 28–29 (2018), 22–27.

4. Die empirische Entwicklung des Religiösen – stadtspezifische Beobachtungen

Alle diese Prozesse sind auch in Großstädten zu finden. Allerdings weisen sie einige Besonderheiten oder besonders starke Ausprägungen auf. So ist die Dynamik aller drei Entwicklungen in Städten, speziell Großstädten, sehr viel stärker ausgeprägt.[17] Dies wird insbesondere auf dem Sektor der Mitgliedschaft deutlich. So sind die Mitgliedszahlen in den christlichen Kirchen in Großstädten immer niedriger als in Kleinstädten oder ländlichen Gebieten. Neben Raten von unter 20 % in Ostdeutschland (z. B. Leipzig 16 %, Magdeburg 13 %, Halle 11 %), finden sich auch in Westdeutschland mittlerweile Großstädte, in denen die Zugehörigkeit zu einer christlichen Religion (fast) einen Minderheitenstatus erreicht hat (z. B. Bremen 56 %; Köln 56 %; Hannover 51 %; Frankfurt am Main 47 %). Auch Berlin mit lediglich noch 28 % Mitgliedschaft belegt die Differenz von Großstädten zum Bundesdurchschnitt, der in Westdeutschland immerhin noch vier von fünf Bürgern als Konfessionsmitglieder ausweist. Nicht nur die Mitgliedschaft, auch die traditionellen religiösen Praktiken wie der Gottesdienstbesuch fallen in Großstädten deutlich geringer aus. Und selbst die Anzahl jener Großstädter, die sich selbst als gläubig bezeichnen, liegt mit 59 % (wenn auch nicht deutlich) unter dem Bundesschnitt von 67 %.[18] Neben diesen Abbruchprozessen, in denen Konkurrenz das Interesse für das religiöse Angebot nicht zu erhöhen scheint, findet sich aller-

17 Gert Pickel: »Die Situation der Religion in Deutschland – Rückkehr des Religiösen oder voranschreitende Säkularisierung?«, in: Gert Pickel und Oliver Hidalgo, *Religion und Politik im vereinigten Deutschland. Was bleibt von der Rückkehr des Religiösen?*, Wiesbaden: Springer VS 2013, 65–103.

18 Diesen Zahlen liegen eigene Berechnungen auf der Basis der Allgemeinen Bevölkerungsumfrage der Sozialwissenschaften (ALLBUS) aus den Jahren 2004 bis 2018 zugrunde.

dings in verstärktem Ausmaß eine *religiöse Pluralisierung* in den Städten. Speziell in Großstädten gibt es einen erhöhten Anteil an Muslimen, oder anders gesagt: Die meisten deutschen Muslime leben in westdeutschen Großstädten. Ausgelöst durch die religiös immer pluraler werdende Zusammensetzung der Bevölkerung führt dies speziell in Großstädten zu einer *neuen soziokulturellen Situation.*

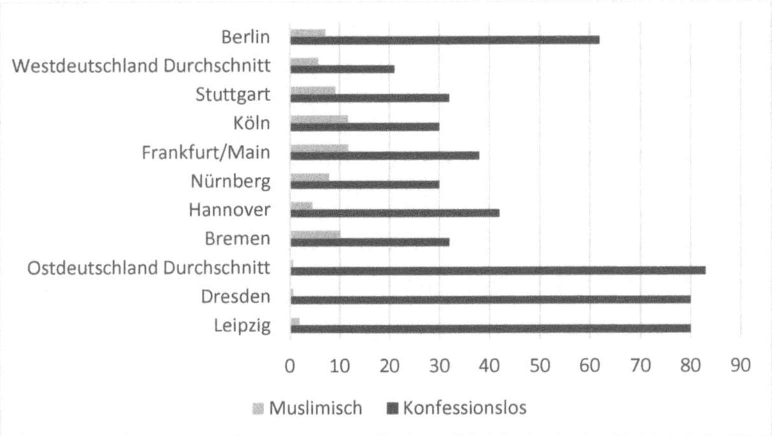

Abb. 24: Religiöse Pluralisierung in Großstädten
(Quelle: eigene Berechnungen; unterschiedliche Strukturdaten)

Diese neue soziokulturelle Situation hat Folgen. Zum einen kommt es zu einer Verstärkung *städtischer Segregationsprozesse*, die mit sozialen wie identitären Problemen behaftet sind. Nicht nur finden sich immer mehr unterschiedliche religiöse Anbieter, die auch eine Konkurrenz zu den eingesessenen christlichen Kirchen darstellen. Es kommt auch zu einer wachsenden Notwendigkeit der Beschäftigung mit anderen Religionen und ihren Mitgliedern. Zum anderen wird diese Auseinandersetzung im Rahmen der seit 2001 zu beobachtenden Verschärfung der öffentlichen Debatten (»Kampf der Kulturen«, Minarettstreit) hin zu einer Polarisierung zwischen Islamgegnern und Unterstützern kultureller Vielfalt intensiviert. Diese primär politische Auseinandersetzung rückt über ihren identitären Charakter und dadurch, dass einer religiös identifizierten Gruppe (»den Muslimen«) Differenz, Fremdheit und Gefährlichkeit zugeschrieben wird, auch stark in das Leben der Großstadtgemeinden ein. Dies zwingt das Christentum dazu, sich mit einer wachsenden religiösen Konkurrenz durch verschiedenste Anbieter, aber zugleich auch mit einer auf religiöse Gruppen bezogenen Fremdenfeindlichkeit und entsprechenden Ängsten auseinandersetzen zu müssen.[19] So stellt es durchaus ein Problem für christliche Glaubensgemeinschaften dar, wenn die Hälfte der Deutschen dem Religionsmonitor 2013 der Bertelsmann Stiftung zufolge »den Islam« für bedrohlich hält oder die Allgemeine Bevölkerungsumfrage der Sozialwissenschaften (ALLBUS) 2018 ergab, dass fast ein Viertel der Deutschen es unangenehm finden würde, neben einem Muslim zu wohnen.

5. Fazit – Anforderungen der Moderne an Religion in Großstädten

Welche Prozesse lassen sich auf diese Weise für moderne Gegenwartsgesellschaften aufweisen? Und welche Anforderungen ergeben sich daraus für die Religion und die christlichen Kirchen? Zum einen ist für Großstädte ein Prozess der *verschärften Säkularisierung* zu konstatieren. Die Kumulation unterschiedlicher Säkularisierungsprozesse tritt speziell in Großstädten hervor: Neben Rationalisierung, erhöhter Mobilität und dem Bruch herkömmlicher sozialer Bindungen ist hier die Konkurrenz auf

19 Gert Pickel und Alexander Yendell: »Islam als Bedrohung? Beschreibung und Erklärung von Einstellungen zum Islam im Ländervergleich«, in: *Zeitschrift für Vergleichende Politikwissenschaft* (ZfVP) 10/3–4 (2016), 273–310; auch Oliver Decker und Elmar Brähler: *Flucht ins Autoritäre. Rechtsextreme Dynamiken in der Mitte der Gesellschaft*, Gießen: Psychosozial-Verlag 2018.

dem Gebiet der Möglichkeiten der eigenen Lebensgestaltung deutlich höher als in ländlichen Gebieten. Säkularisierung verläuft Hand in Hand mit einer *Individualisierung und Enttraditionalisierung.*

So fallen der Ausbau einer eigenen Bastelreligion und die Abwendung von den eher »konventionellen« Formen des Religiösen leichter als in noch relativ geschlossenen und aufeinander bezogenen sozialen Gemeinschaften, wie sie im ländlichen Bereich oder in Kleinstädten zu finden sind. Die in Großstädten *höhere Dichte an konkurrierenden religiösen Angeboten* unterstützt die Wahl der dann säkularen Option. Sowohl auf dem Gebiet von Freizeit und Kultur als auch hinsichtlich der rituellen (heiligen) Zeiten und darin verankerten Praktiken bietet die Stadt eine größere Vielfalt als der ländliche Bereich. Dies zieht *Pluralisierung und Multireligiosität* nach sich: Christen sind gerade in Großstädten nicht mehr allein. Die religiöse Pluralisierung greift, regional betrachtet, sogar fast ausschließlich in Großstädten Raum und schafft dort eine neue Gemengelage an Religiosität. Hier liegt eine der zentralen Herausforderungen für Großstädte und ihre religiösen Angebote, müssen sie doch mehr und mehr in der Lage sein, Multireligiosität zu managen. Für christliche Kirchen in Großstädten bedeutet dies eine verstärkte – auch und gerade interreligiöse – Beschäftigung mit anderen Religionen und deren Mitgliedern. Das umfasst die Auseinandersetzung mit deren Stärken und Schwächen sowie mit den spezifischen Anfeindungen, denen sie ausgesetzt sind. Denn es ist nicht auszuschließen, dass es durch eine ungünstige Sicht auf eine bestimmte Religion zu einer Übertragung der Ablehnung und einer ›Kontaminierung‹ aller anderen Religionen kommt. Eine solche Auseinandersetzung kann jedoch umgekehrt auch zu einer stärkeren Selbstreflexion des eigenen Glaubens führen:

Die eigene Position muss jetzt begründet werden. Gerade die Sozialität von Religion kann hier ein verbindendes und in die Stadt hinein öffnendes Element sein – wenn auch unter schwierigen Rahmenbedingungen: Bleibt doch neben der Möglichkeit, sich für die Religion zu entscheiden, immer auch die, eine säkulare Option für sein Leben zu wählen.

Das Heiligtum als Strukturmerkmal des urbanen Raumes

Andreas Feldtkeller

1.

Die im Titel formulierte These, wonach das Heiligtum zur Struktur des urbanen Raumes gehört, lässt sich zunächst anhand der antiken Stadt des Mittelmeerraumes veranschaulichen. Gemeint sind damit die städtischen Zentren auf dem Gebiet des Römischen Reiches während der Kaiserzeit, aber auch die Städte einer Reihe von vorangehenden und benachbarten Kulturen, so unter anderem der Hellenistischen Reiche und der kleineren Klientelstaaten neben und unter dem Römischen Reich wie dem Herodianischen Reich mit Jerusalem als Hauptstadt.[1]

Wenn man eines der Ruinenfelder überblickt, auf denen die Anlage einer antiken Stadt heute noch gut zu erkennen ist – die westliche Hälfte von Gerasa im heutigen Jordanien[2] beispielsweise oder Palmyra in Syrien[3] vor den jüngsten Zerstörungen –, stechen einige charakteristische Merkmale sofort ins Auge:

---

1 Achim Lichtenberger: *Die Baupolitik Herodes des Großen*, Wiesbaden: Verlag Harrassowitz 1999.

2 Adolf Hoffmann und Susanne Kerner (Hg.): *Gadara – Gerasa und die Dekapolis*, Mainz: Philipp von Zabern 2002; David Kennedy: *Gerasa and the Decapolis. A »Virtual Island« in Northwest Jordan*, London: Duckworth 2007; Rubina Raja: *Urban Development and Regional Identity in the Eastern Roman provinces*, 50 BC–AD 250. Aphrodisias, Ephosos, Athens, Gerasa, Copenhagen: Museum Tusculanum Press 2012.

3 Iain Browning: *Palmyra*, London: Chatto and Windus, 1979; Gérard Degeorge: *Palmyra*, München: Hirmer Verlag 2002; Ted Kaizer: *The Religious Life of Palmyra. A Study of the Social Patterns of Worship in the Roman Period*, Stuttgart: Franz Steiner 2002; Michael Sommer: *Palmyra. Biographie einer verlorenen Stadt*, Darmstadt: Philipp von Zabern 2017; ders.: »Palmyra«, in: *Reallexikon für Antike und Christentum*, Bd. 26, Sp. 848–872.

Die kaiserzeitliche Stadt ebenso wie ihre hellenistischen Vorgängerinnen ist typischerweise von einer Mauer umgeben und dadurch nach außen gegenüber dem Umland klar abgegrenzt. Innerhalb der Mauer ist das Stadtgebiet gegliedert durch einige wenige größere Straßenzüge, die weitgehend geradlinig verlaufen und deren Verlauf sich durch lange Kolonnaden rechts und links der Fahrbahn gut aus dem Ruinengelände heraushebt. Soweit es das Gelände erlaubt, sind solche Straßen von Norden nach Süden und von Westen nach Osten ausgerichtet und münden in die wichtigsten Tore der Stadt. Kreuzungen zwischen den West-Ost-Achsen und den Nord-Süd-Achsen sind durch besondere Anlagen mit bogenartigen Tordurchgängen hervorgehoben.

Der größte innerhalb einer antiken Stadtanlage als gesonderter Bereich hervortretende Gebäudekomplex ist in aller Regel ein Heiligtum. Dies gilt insbesondere für die urbanen Zentren in den Provinzen des Römischen Reiches und für bürgerschaftlich verwaltete Städte, die ohne stark betonte Herrschaftsarchitektur auskommen.

Ein größeres Heiligtum innerhalb einer antiken Stadt und insbesondere das jeweils größte Heiligtum einer Stadtanlage besteht nicht nur aus dem Gebäude eines Tempels, sondern bildet einen in sich untergliederten Komplex aus verschiedenen Baustrukturen. Wie die Stadtanlage insgesamt, ist auch das Heiligtum umgeben von einer Mauer, die seine Grenze nach außen markiert. Während die Außenseite einer solchen Umfassungsmauer durchaus einen festungsartigen Charakter annehmen kann, ist die Innenseite bei größeren Heiligtümern mit Kolonnaden so gestaltet, dass sich ein überdachter Bereich entlang der Mauer ergibt und dort Nebengebäude untergebracht werden können, z. B. Läden für Devotionalien oder Opfertiere.

Die Fläche innerhalb der Mauern des Heiligtums besteht zu einem großen Teil aus einem gepflasterten Platz unter freiem Himmel. Auf diesem Platz können sich mehrere Altäre im Freien befinden; der größte davon kann die Ausmaße eines mehrstöckigen Hauses haben, mit Treppenaufgängen im Inneren und mit einer Dachfläche, auf der sich Brand- und Schlachtopfer darbringen lassen. Neben dem Hauptaltar bzw. ihm gegenüber ist das Tempelgebäude die dominierende architektonische Struktur inmitten des Platzes: eine überdachte Halle, deren Fassade in der Regel nach drei oder vier Seiten hin durch monumentale Säulen verziert ist. In der Halle befinden sich zumeist eine figürliche Repräsentation der für das Heiligtum namensgebenden Gottheit sowie häufig noch weitere kleinere Repräsentationen anderer Gottheiten.

Abb. 25: Das Heiligtum des Bel in Palmyra (Syrien) mit dem freien Platz im Vordergrund, dem Tempelgebäude links und Kolonnaden vor der äußeren Umfassungsmauer rechts im Bild

Der Übergang zwischen dem städtischen Raum außerhalb des Heiligtums und dem Heiligtum selbst wird ermöglicht durch mindestens ein Tempeltor, das an hervorgehobener Stelle den Einlass durch die Umfassungsmauer des Heiligtums ermöglicht. Der Weg zum Heiligtum kann durch weitere architektonische Elemente gestaltet sein. In der Stadtanlage von Gerasa ist beispielsweise heute noch eine Prozessionsstraße zum Hauptheiligtum der Artemis mit monumentalen Treppenaufgängen gut erkennbar. Mit dem Betreten eines Heiligtums sind in aller Regel Auflagen verbunden: Es müssen bestimmte Reinheits- und Tabuvorschriften eingehalten werden. Häufig ist noch zusätzlich eingeschränkt, wer überhaupt das Heiligtum betreten darf und wer davon ausgeschlossen ist.

Durch die Anwesenheit des Heiligtums gewinnt die antike Stadt eine charakteristische Struktur, die in der lateinischen Sprache durch die beiden Begriffe *fanum* und *profanum* benannt wird. Aus Letzterem leitet sich unser heute gebräuchliches Wort »profan« ab: Das Fanum ist das umgrenzte Heiligtum; das Profanum ist der Bereich der Stadt außerhalb des Heiligtums bzw. wörtlich »vor« dem Heiligtum, der durch Mauer und Tor vom Bereich des Heiligtums klar unterschieden ist.

Diese Unterscheidung zwischen Fanum und Profanum lässt sich als ein Strukturmerkmal speziell des urbanen Raumes in der Antike bezeichnen, und sie korrespondiert unmittelbar mit den Veränderungen in der menschlichen Lebensweise, die durch eine Stadt ermöglicht werden. Nomadische oder agrarische Gesellschaften leben typischerweise nicht in derselben Unterscheidung. Dort ist jede Person in ihrer Arbeit unmittelbar mit dem Geben und Nehmen von pflanzlichem oder tierischem Leben befasst und steht dadurch in alltäglich wiederkehrendem Kontakt mit etwas »Heiligem«. Erst die Arbeitsteilung einer urbanen Gesellschaft ermöglicht es, dass ein großer Teil der Bevölkerung nicht mehr mit dem Geben und Nehmen von Leben befasst ist, sondern mit »profanen« Tätigkeiten wie der Herstellung von Gebrauchsgegenständen, dem Handel, der Weitergabe von weltlichem Wissen, einer Stellung in der Verwaltung oder einer anderen Form von dienstleistender Tätigkeit. In der Struktur des urbanen Raumes haben diese profanen Tätigkeiten je ihren eigenen Ort, und insbesondere das Forum als ein Ort des Austausches für die bürgerliche Gesellschaft symbolisiert profane Urbanität. Das Forum wird »pro-fan« im wörtlichen Sinn durch den oft gegebenen Sichtkontakt zum Heiligtum als etwas davon Unterschiedenem; das Heiligtum wiederum wird zu einem ausdifferenzierten besonderen Bereich des urbanen Raumes durch die klare Grenzziehung gegenüber der Sphäre des Alltäglichen.

Abb. 26: Das ovale Forum in Gerasa (Jordanien) mit Blick auf den Zeus-Tempel rechts im Bild

2.

Gegenüber allem, was bisher über die charakteristische Struktur einer antiken Stadt im Mittelmeerraum ausgeführt wurde, setzt die Vision des Neuen Jerusalem in der Apokalypse des Johannes einen klaren Kontrapunkt:

> Da entrückte er mich im Geist auf einen großen, hohen Berg und zeigte mir die heilige Stadt Jerusalem, wie sie von Gott her aus dem Himmel herabstieg, im Besitz der Herrlichkeit Gottes. Ihr Lichtglanz war wie der eines kostbaren Edelsteins, wie kristallklarer Jaspis. Eine Mauer hat sie, groß und hoch; sie hat zwölf Tore und auf den Toren zwölf Engel und Namen sind darauf geschrieben – die Namen der zwölf Stämme der Söhne Israels: Im Osten drei Tore, im Norden drei Tore, im Süden drei Tore und im Westen drei Tore. Die Mauer der Stadt hat zwölf Grundsteine mit den zwölf Namen der zwölf Apostel des Lammes. [...] Die zwölf Tore sind zwölf Perlen; jedes der Tore besteht aus einer einzigen Perle. Die Straße der Stadt ist aus reinem Gold wie durchsichtiges Glas. Einen Tempel sah ich nicht in ihr; denn der Herr, ihr Gott, der Allherrscher, ist ihr Tempel, er und das Lamm. (Offb 21,10–14.21 f.)

Die hier zum Ausdruck gebrachte Idee einer Stadt, die nicht durch die Anwesenheit eines Heiligtums aufgeteilt ist in den Bereich des »Fanum« und den Bereich des »Profanum«, hat in der europäischen Kulturgeschichte mannigfaltigen Widerhall gefunden. Auf zwei Möglichkeiten, die europäische Stadt von der Vision des Neuen Jerusalem her zu lesen, möchte ich in diesem Abschnitt eingehen.

Eine sehr explizite architektonische Ausdrucksgestalt hat der Text von Apokalypse 21 in der gotischen Kathedrale des Hochmittelalters gefunden, beginnend mit ihrem Prototyp, der Kathedrale von Chartres.[4] Die hoch aufstrebenden Formen der Innenräume mit ihren Säulen und Spitzbogen symbolisieren den Bezug zur himmlischen Welt. Die Zwölfzahl der Tore des Himmlischen Jerusalem mit ihrem Verweis auf die zwölf Stämme Israels und die zwölf Apostel findet sich in der Kathedrale von Chartres als ein fast durchgehendes Gliederungsprinzip. Zunächst im wörtlichen Sinn hat die Kathedrale wie das Himmlische Jerusalem drei Tore von Norden, drei von Westen und drei von Süden. Lediglich die Gestaltung der Ostseite musste kreativ abgewandelt werden, denn dort befindet sich der Altarraum. Zwölffach gegliedert sind außerdem die rosettenförmigen Glasfenster oberhalb der jeweils drei Tore nach Norden, Westen und Süden. Weitere Verweise auf die Apokalypse sind beispielsweise eine stehende Engelsfigur außen an der Südwestecke der Kathedrale, die eine Sonnenuhr hält und über der wie eine Krone eine symbolisierte quadratische Stadt angebracht ist. Die künstlerische Ausgestaltung des dreifachen Portals an der Südseite zeigt außen ein hoch aufragendes Kreuz, in dessen Mittelpunkt die Figur des Lammes aus der Apokalypse eingelassen ist.

4 Philip Ball: *Universe of Stone. Chartres Cathedral and the Triumph of the Medieval Mind*, London: Vintage Books 2009; Jean-François Bougard: *Chartres ou les cathédrales du nombre*, Roanne: Mosaique 2003; Brigitte Kurmann-Schwarz, Peter Kurmann und Claude Sauvageot: *Chartres – die Kathedrale*, Regensburg: Schnell & Steiner 2001.

Abb. 27: Kathedrale von Chartres: die südliche Fassade mit ihren drei Eingangstoren und einer zwölfgliedrigen Fensterrosette

Die Liste ließe sich erweitern, doch der Zusammenhang sollte durch die erwähnten Beispiele deutlich geworden sein: Für die Gestaltung der Kathedrale von Chartres und auch anderer gotischer Kathedralen ist die Apokalypse maßgeblich. Welche Konsequenzen ergeben sich daraus für die Interpretation der Struktur einer mittelalterlichen europäischen Stadt?

Die mittelalterliche Stadt verfügt über ein zentrales, hoch aufragendes Gebäude, das zunächst als das Heiligtum dieser Stadt gelesen werden kann. Anders als die urbanen Heiligtümer der Antike haben die gotischen Kathedralen jedoch typischerweise keine Umfassungsmauer, die einen »heiligen Bezirk« gegenüber der Stadt abgrenzen würde. Und auch die symbolische Ausgestaltung der Kathedrale durchkreuzt die überkommene Struktur einer antiken Stadt mit ihrem Heiligtum, dem gegenüber der Rest der Stadt »pro-fan« ist.

Die Symbolik des Himmlischen Jerusalem weist die gotische Kathedrale aus als ein Gebäude, das nicht nur einfach das Heiligtum *in* einer Stadt ist, sondern das bereits das Ganze der Stadt repräsentiert: Die Kathedrale ist bildlich gesprochen selbst eine Stadt, nämlich das Himmlische Jerusalem mit seinen zwölf Toren. Die mittelalterliche Stadt wird dadurch symbolisch in die Kathedrale hereingeholt und der urbane Raum in Unterscheidung vom Heiligtum verschwindet: Die ganze Stadt ist heilig, ist vorweggenommene Parusie – es bleibt kein als profan ausgegrenzter Raum in ihr.

Einen zunächst scheinbar diametral entgegengesetzten, aber in den Konsequenzen dennoch erstaunlich vergleichbaren Ansatz hat die atheistische Moderne in Europa hervorgebracht. Die Deutsche Demokratische Republik wollte kurz nach ihrer Gründung 1949 den Prototyp einer sozialistischen Arbeiterstadt errichten und gründete dafür eine neue Stadt auf zuvor unbebautem Gelände in der Nähe der mittelalterlichen Stadt Fürstenberg an der Oder: Eisenhüttenstadt (zeitweise »Stalinstadt«), geplant ab 1950 und gebaut ab 1953.[5] Diese Stadt kann ihrerseits als ein architektonisches Ensemble interpretiert werden, in dem sich ein zentraler Aspekt des Textes von Apokalypse 21 verwirklicht, nämlich die Worte »Einen Tempel sah ich nicht in ihr«. Man sieht weder eine Kirche noch ein anderes Gebäude, das

---

5 Elisabeth Knauer-Romani: *Eisenhüttenstadt und die Idealstadt des 20. Jahrhunderts*, Weimar: VDG 2000; Valérie Lozac'h (Hg.): *Eisenhüttenstadt*, Leipzig: Leipziger Universitäts-Verlag 1999; Ruth May: *Planstadt Stalinstadt. Ein Grundriß der frühen DDR – aufgesucht in Eisenhüttenstadt*, Dortmund: IRPUD 1999; Jenny Richter, Heike Förster und Ulrich Lakemann: *Stalinstadt – Eisenhüttenstadt. Von der Utopie zur Gegenwart. Wandel industrieller, regionaler und sozialer Strukturen in Eisenhüttenstadt*, Marburg: Schüren 1997.

die Stellung eines Heiligtums einnehmen könnte. Dort, wo von der herkömmlichen Raumaufteilung einer mitteleuropäischen Stadt her zentral die Kirche zu erwarten wäre, befindet sich in Eisenhüttenstadt ein freier Platz. Es gab zwar zu DDR-Zeiten verschiedentlich Überlegungen, wie dieser Platz bebaut werden könnte – verwirklicht wurde jedoch nichts davon.

Die Absicht der sozialistischen Stadtplanung war selbstredend, durch die Abwesenheit einer Kirche in ihrer Mitte eine rein profane Stadt zu gestalten. Doch aus makrohistorischer Perspektive stellt sich durchaus die Frage, ob dieses Ansinnen gelungen ist und ob es überhaupt gelingen konnte. Denn in der antiken Stadt entsteht der profane Raum gerade nicht durch die Abwesenheit eines Heiligtums, sondern durch seine Anwesenheit. Meistens ist das Heiligtum vom profanen Raum der Stadt aus sogar sichtbar, so dass er umso deutlicher in seiner Unterschiedenheit vom Heiligtum hervortritt. In Eisenhüttenstadt entfällt diese Möglichkeit. Kann ein Raum profan sein, ohne dass auf irgendeine Weise seine Ausgrenzung aus dem Heiligtum markiert ist?

3.

Wenn wir über Europa hinausblicken in die Neue Welt, dann begegnet uns dort schon sehr früh eine neue Form der Gestaltung des städtischen Raumes, die heute als Inbegriff moderner Urbanität gilt: das Ensemble von Bürotürmen, wie es zuerst in Manhattan realisiert wurde.[6] Nicht mehr der Kirchturm ist der höchste Punkt in der städtischen Silhouette, sondern die neue

6 Bruno Flierl: *Architekturführer New York Manhattan*, Berlin: DOM Publ. 2015; Rem Koolhaas: *Delirious New York. Ein retroaktives Manifest für Manhattan*, Aachen: Arch+ 1999; Karin Drechsler-Marx: *Großstadtarchitektur New York*, Dortmund: Harenberg-Ed. 1997.

Skyline wird bestimmt von Türmen, die das Geschäftsleben und die Finanzzentren repräsentieren.

Dennoch weist die Formensprache moderner Urbanität erstaunliche Analogien zur Gotik auf. Die himmelwärts strebende Senkrechte bildet die wichtigste Achse architektonischer Gestaltung und die Symbolik der Zahl hat eine ungleich größere Bedeutung als die verspielte Ornamentik, wie sie für den Barock und das Rokoko bestimmend war.

Wenn man in einem der städtischen Zentren der Neuen Welt den Blick nach oben richtet, gleicht die Perspektive derjenigen, die man in einer gotischen Kathedrale beim Blick nach oben hat: Es dominieren die senkrechten Linien mit dem Himmel als ihrem gemeinsamen Fluchtpunkt.

Abb. 28: Gotische Kathedrale von Palma de Mallorca, vertikale Perspektive

Bei makrohistorischer Betrachtung kann die architektonische Formensprache, die von Manhattan ihren Ausgangspunkt genommen hat, als Gotik der Moderne verstanden werden. Man kann sogar noch einen Schritt weitergehen: Das moderne Ensemble von Bürotürmen bildet umfassender ab, was in der Symbolik der gotischen Kathedrale bereits angedeutet ist. Während die Kathedrale noch symbolisch eine ganze Stadt in einem einzigen Gebäude repräsentiert – die eschatologische Stadt, das Neue Jerusalem –, ist in der Gotik der Moderne die Stadt selbst oder zumindest ihr urbanes Zentrum zu einer neuen Art von Kathedrale geworden: einer Kathedrale des wirtschaftlichen Erfolgs, die zum Himmel strebt.

Interessant ist dabei, wie sehr sich die Struktur der modernen amerikanischen Stadt erneut von der Struktur des urbanen Raums in der Antike unterscheidet: Wer sich in den Straßenfluchten von Manhattan befindet, blickt nicht auf das Heiligtum als einen davon abgegrenzten anderen Raum, sondern erkennt das Heiligtum sozusagen von innen. Das Zentrum des geschäftlichen und finanziellen Lebens *ist* das Heiligtum.

Kann ein Ort als »pro-fan« interpretiert werden, der sich nicht in abgegrenzter Position gegenüber dem Heiligtum befindet, sondern der selbst die Formensprache des Heiligtums an sich gezogen hat? Es gibt gute Gründe dafür, diese Frage erneut mit »nein« zu beantworten.

Am Beispiel von Boston, das historisch die Mutterstadt der englischen Kolonien in der Neuen Welt gewesen ist,[7] lassen sich diese Überlegungen sogar noch weiterspinnen: Wenn man in Boston eine Perspektive einnehmen will, in der man auf das Ensemble von Bürotürmen als ein Gegenüber blickt, dann gelingt das am besten von der Seite des Atlantischen Ozeans her. Das moderne Zentrum von Boston ist so gebaut, dass man den eindrucksvollsten Blick auf die gesamte Skyline vom Schiff aus,

7 James E. McWilliams: *Building the Bay Colony. Local Economy and Culture in Early Massachusetts*, Charlottesville: University of Virginia Press 2007.

bei der Einfahrt in den Hafen gewinnt. Vom Meer aus gesehen, deutet sich in der Fassade der Stadt sogar eine Art überdimensioniertes Tor zum Heiligtum an.

Abb. 29: Blick auf die Skyline von Boston, von der Einfahrt zum Hafen aus gesehen

Wenn man die Struktur der antiken Stadt auf Boston anzuwenden versucht, ergibt sich somit der Befund, dass der eigentlich »pro-fane« Raum im Verhältnis zum Stadtzentrum von Boston der Atlantische Ozean ist. Definiert man die moderne Stadt als einen säkularen Raum, mag das abwegig erscheinen; liest man aber die Geografie der Neuen Welt aus der Perspektive der »Pilgrim Fathers«, könnte eine solche These durchaus plausibel erscheinen. Für die Glaubensflüchtlinge aus Europa war der Atlantische Ozean der Ort der Gottesferne, und von dort aus betraten sie eine Neue Welt, die sie entschlossen waren, als ein Heiliges Land zu gestalten – als *God's own country*.

Ein letztes Beispiel vermag den Bogen des Gedankengangs abzuschließen, den wir von der antiken Stadt aus abgeschritten sind: Das Ensemble von Bürotürmen, wie es in Manhattan vorgeprägt wurde, ist in vielen anderen Weltgegenden in immer neuen Varianten reproduziert worden. Aber nicht immer wurde dabei auch die amerikanische Struktur übernommen, nach der das Zentrum des zivilen Lebens – sozusagen das »Forum« der Stadt – räumlich in eins fällt mit der Kathedrale der Moderne, dem Ort der gotischen Formensprache, den himmelwärts aufstrebenden Linien.

Das moderne Schanghai[8] in der Volksrepublik China ist ein Beispiel dafür, dass sich auch die klassische Raumaufteilung der antiken Stadt mit einem klar geordneten Gegenüber von Forum und Heiligtum in einer modernen Stadtplanung rekonstruieren lässt.

In Schanghai liegt das Zentrum des zivilen Lebens auf der westlichen Seite des Huangpu-Flusses. Dort befindet sich die chinesische Altstadt, dort befinden sich die repräsentativen Bauten der europäischen Kolonialzeit, dort befindet sich ein Stück weiter der »Platz des Volkes« als das Forum des kommunistischen Schanghai, und dort befindet sich in jüngster Zeit die beliebte Flaniermeile direkt am Ufer des Flusses, wohin abends die Menschen in großen Massen strömen. Was macht diese Flaniermeile so attraktiv? Dass man von dort aus den besten Blick hat auf das, was auf der anderen Seite des Flusses liegt: das Ensemble von modernen Bürotürmen in Pudong, dem Finanzzentrum von Shanghai – eine der ehrgeizigsten Verwirklichungen der gotischen Moderne in Ostasien, im Abendlicht noch mit zusätzlicher Faszination ausgestattet durch einen dichten Lichterteppich aus animierten Leuchtreklamen.

8 Seng Kuan (Hg.): *Shanghai. Architecture & Urbanism for Modern China*, München: Prestel 2004.

Abb. 30: Menschen versammeln sich abends am Westufer des Huangpu-Flusses mit Blick auf die Bürotürme von Pudong auf der anderen Seite des Flusses.

Der Blick auf das gegenüberliegende Andere, das Heiligtum der modernen urbanen Formensprache, lässt das Zentrum des zivilen Lebens in Schanghai im ganz ursprünglichen Sinn des Wortes »profan« erscheinen.

Stadt und Religion – Dorf und Kirche. Die Dorfkirche von Groß Kölzig/Niederlausitz

Kristina Wiese und Heinz Nagler

Über mehrere Semester lang begleitete der Lehrstuhl Städtebau und Entwerfen mit Professor Heinz Nagler in den Jahren 2018/19 die Guardini Stiftung bei ihrem Projekt »Stadt und Religion« und versuchte, eine Einordnung dieser Beziehung aus einer universitären Perspektive vorzunehmen. Von der religiös vielfältig geprägten Studierendenschaft der BTU Cottbus wurden in diversen Seminaren Orte und Wege der Gläubigen verschiedener Religionen und Konfessionen in der Stadt kartiert, historische Gotteshäuser in ihrer räumlichen Symbolik analysiert und architektonische Konzepte zur räumlichen Übersetzung der Ökumene diskutiert.

Im Frühjahr 2019 erhielt der Lehrstuhl den Ruf an die deutsch-polnische Grenze, nach Groß Kölzig in der Niederlausitz, wo eine kleine Gemeinde unter Pfarrer Christoph Otto nach neuen Ideen zur Nutzung und Wiederbelebung ihrer historischen Dorfkirche innerhalb einer säkular geprägten Dorfgemeinschaft suchte. Die unter Denkmalschutz stehende Marienkirche wurde vor mehr als 670 Jahren erbaut und bildete damals das christliche Zentrum der ursprünglich wendisch-sorbischen Siedlung aus dem 12./13. Jahrhundert. Auch hier gilt, dass zum Erhalt des Denkmals Nutzungen nachgewiesen werden müssen. Dies bedeutet, nutzbare Schnittstellen zwischen Dorf- und Kirchengemeinde aufzuzeigen. Historische Forschungen und städtebauliche Analysen des Lehrstuhls vor Ort ergaben interessante Aufschlüsse darüber, in welcher offenbar friedlichen Koexistenz das Dorfleben von Sorben und Deutschen möglich gewesen sein musste und inwiefern die Ansiedlung der christlichen Missionare im 12. und 13. Jahrhundert vor allem durch den Bau der Marienkirche und den zugehörigen Kirchplatz das Bild des Ortes prägten.

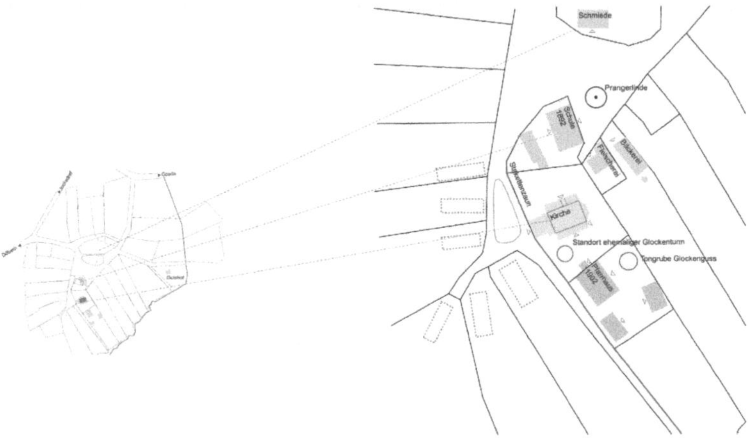

Abb. 31: Historische Entwicklung des Dorfes Groß Kölzig, Entwurf: Jasmin Schaddock/Nils Lampen

Neben dem typischen wendisch-sorbischen Dorfkern als »Rundling« mit Angerplatz gruppierte sich ein Annex mit einem zentral der Marienkirche vorgelagerten Kirchplatz. In der weiteren geschichtlichen Entwicklung des Ortes wurde die Kirche mehrfach umgestaltet und erweitert; zentrale öffentliche Funktionen wie die Dorfschule, Schmiede, Töpferei und Märkte gruppierten sich um den Anger als säkularen Mittelpunkt des Dorfes. Durch die deutschen Siedler bildete sich dagegen südöstlich der Kirche ein Ort des Sakralen mit Pfarrhaus, Kirchhof und Glockengießerei. Spannend ist hierbei sicherlich die räumliche Verknüpfung der beiden Dorfzentren, die von einer gewissen Souveränität der sorbischen und christlichen Gemeinde erzählen, jedoch auch wechselseitige Verbundenheiten nahelegen. Bei der Frage nach einer Wiederbelebung des Kirchenraumes spielt hinsichtlich dieser Erkenntnis auch die Beziehung der Freiräume beider »Dorfzentren« untereinander eine große Bedeutung. Zwar sind beide Freiräume – sorbischer Dorfanger und christlicher Kirchplatz – in ihrer Form und Funktion souverän, jedoch stehen sie bewusst auch durch Sichtbeziehungen im gegenseitigen Austausch und scheinen bewusst nicht klar räumlich voneinander getrennt.

Abb. 32: Blick auf den Kirchturm vom historischen Dorfplatz

Die Kirche selbst wurde nach bisherigen Erkenntnissen der Forschung als typische einschiffige Kirche aus einfachen Feldsteinen errichtet und erhielt 1690 zunächst einen hölzernen Fachwerkturm, der 1879 durch einen massiven, unverputzten Backsteinturm ersetzt wurde und bis heute stark prägend für das Ortsbild Groß Kölzigs ist. Groß Kölzig hatte sich bereits zwischen dem 13. und 16. Jahrhundert zu einem wichtigen Wallfahrtsort in der Region entwickelt, was den recht eindrucksvollen Kirchenbau für die kleine Gemeinde erklärt. Das Ziel der zahlreichen Pilger war die Kapelle zur Mutter Gottes in der Heide auf dem Marienberg, die von dort aus gut sichtbar über den Marktflecken als wichtigen Handelsort für die Region erstrahlte. Hierbei war für den Ort die Lage an einer der mittelalterlichen Heeresstraßen günstig.

Nach der Reformation wurde das Dorf durch den industriellen Bergbau in der Region – vor allem den Braunkohleabbau in der benachbarten Grube Conrad – geprägt. Infolge der Industrialisierung erfuhr Groß Kölzig eine Vervielfachung seiner Einwohnerschaft und zahlreiche Fabriken, Handwerksbetriebe und Läden trugen zum wirtschaftlichen Wachstum der Gemeinde bei. Nach der Wende und mit dem Ende des Tagebaus sah sich der Ort, wie viele Gemeinden der Lausitz, mit dem Schicksal der Abwanderung konfrontiert und stellt heute eine Auspendlergemeinde mit knapp 800 Einwohnerinnen und Einwohnern dar. Das verbleibende gemeinschaftliche Leben wird von Vereinen wie der Feuerwehr und der ortsansässigen Grundschule aufrechterhalten. Auch die religiöse Gemeindearbeit findet nach wie vor mit großer Bemühung engagierter Ehrenamtlicher im Dorf statt. Wie in vielen Gemeinden gelingt es ihnen jedoch nicht, mehr Menschen zum Besuch der Gotteshäuser zu bewegen, vor allem Kindern sei der sakrale Ort der Kirche nicht mehr ›geheuer‹. Genau aus diesem Grund erbat sich die Kirchengemeinde von den Studierenden Lösungsvorschläge zur Integration des Schulunterrichts in die Kirchenräume, um auf diese Weise eine gewisse Nähe und vielleicht sogar Neukonfiguration des sakralen Ortes herbeizuführen. Zudem wünscht sich die Leitung der Grundschule schon seit Langem zusätzliche Räumlichkeiten für die Zusammenkunft der Schülerinnen und Schüler zu Unterrichtszeiten, aber auch für besondere öffentliche Anlässe wie gemeinsame Feiern und Aufführungen. Die Marienkirche bietet mit ihren vormals vier Gutsherren zugesprochenen Logen einen außergewöhnlichen räumlichen Komplex, der die Überlagerung von säkularer und sakraler Nutzung schon aus historischer Selbstverständlichkeit in sich trägt.

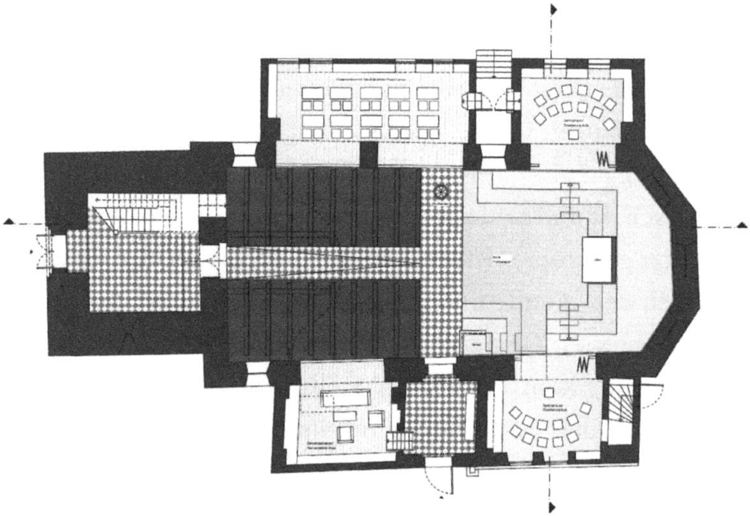

Abb. 33: Grundriss des Erdgeschosses der Marienkirche in Groß Kölzig mit den vier von außen erschlossenen Gutsherrenlogen als mögliche Klassenzimmer, Entwurf: Lisa Rodig/Anna Docter/Katharina Kanold, auf Basis der Planung von Seemann Architekten, Berlin

Die Probleme der sinkenden Besuchszahlen in ländlichen Kirchengemeinden sind vielerorts dieselben, führen aber zunehmend zu spannenden Diskussionen über das »Heilige« des Ortes und zu der Fragestellung, inwiefern in sakrale Orte baulich eingegriffen werden darf, um den Raum als Ort für die Gemeinschaft zu erhalten. Wie weit darf ein solcher Umnutzungsprozess gehen? Muss ein Denkmal nicht genutzt werden können, um sein Fortbestehen zu sichern? In diversen Pilotprojekten – viele von ihnen betreffen Kirchenbauten der Nachkriegsmoderne in Nordrhein-Westfalen – wurden die Grenzen des Machbaren ausgelotet und neu verhandelt. So wurden Kirchen zu Wohnräumen, Hotels oder sogar Sportstätten umgebaut und konnten so zumindest vor dem Abriss bewahrt werden. Im Rahmen des Seminars interessierten wir uns mehr für den kleinen Eingriff, d. h. subtile Überlagerungen, auch durch temporäre und nicht-permanente Eingriffe. Einen wichtigen Beitrag zu dieser Haltung der Um- und Weiternutzung von Kirchen vor allem in ländlichen Gebieten lieferte dazu das Projekt »Querdenker« aus dem Jahr 2017 der Internationalen Bauausstellung Thüringen, das die Bürgerinnen und Bürger dazu aufrief, 500 Ideen für 500 weitestgehend leerstehende Kirchen und Kapellen in Thüringen einzusenden. Es entstand ein breit gefächertes Ideenarchiv, von der Gartenkirche bis zur Herberge, das auch online publiziert wurde, um die Ideen für eine breite Öffentlichkeit zugänglich zu machen.

Um die spezifischen Anliegen und Wünsche der Gemeinde in Groß Kölzig zu sammeln und um den Ort in seiner Komplexität verstehen und analysieren zu können, war es wichtig, den Hauptteil des Seminares als Workshop vor Ort abzuhalten. Eine Gruppe von 15 Studierenden – mit fünf unterschiedlichen Religionshintergründen – erarbeitete so die Ergebnisse in enger Zusammenarbeit mit Vertreterinnen und Vertretern der Kirchengemeinde und der Dorfgemeinschaft, die diesen in kleiner Runde auch präsentiert wurden. Die Ansätze der Studierenden sind so vielfältig ausgefallen wie die Gruppe selbst, jedoch ergaben sich interessante Überschneidungen, die für ähnliche Situationen in dörflichen Gemeinden relevant sein dürften. Noch wichtiger, als das Gebäude selbst zu analysieren, war es, die städtebauliche Einbindung zu verstehen. Die Kirche funktioniert immer als Ensemble mit ihren Nebengebäuden und den Außenräumen, die im städtischen oder dörflichen Gefüge eine nahezu ebenso große Relevanz haben wie das Bauwerk selbst.

Abb. 34: Integration des Schulgartens in den Pfarrhof, Entwurf: Duygu Belgen/Ferhat Celik/Özgün Kirtay

Eine Erkenntnis der Entwurfsphase war das Herausarbeiten der Frei- und Zwischenräume des sakralen Ensembles als neuen zugänglichen Raum für die Gemeinde, und zwar mit niedrigschwelligem Zugang. Wäre es beispielsweise denkbar, den Garten mit Sitzstufen als Klassenraum im Freien zwischen Kirche und Dorfmuseum zu nutzen? Welche neuen Gemeindemitglieder würden sich in einem Kräutergartenprojekt nach Vorbild eines Klostergartens engagieren, zumal die Dorfschule keinen Schulgarten besitzt? Die benötigten Mittel hierzu sind überschaubar, und vor allem die schnelle und weitgehende Sichtbarkeit in der Gemeinde wurde durchweg positiv bewertet.

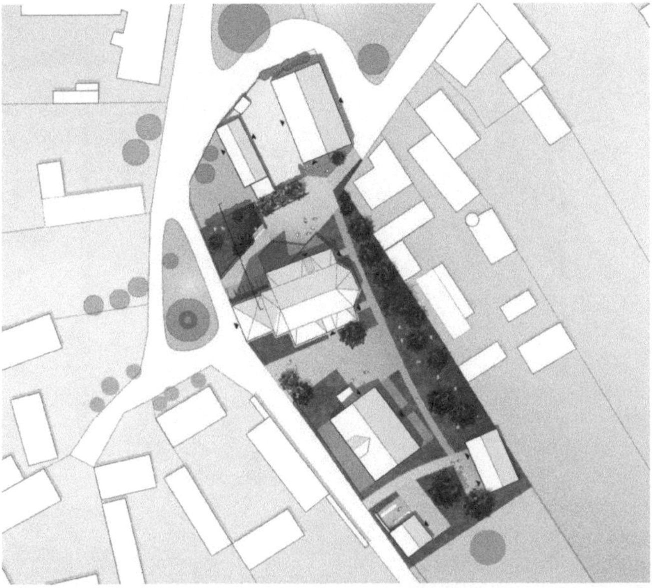

Abb. 35 und 36: Neugestaltung des Ensembles aus Kirche und Pfarrhof, Entwurf: Jasmin Schaddock/Nils Lampen

Abb. 37: Neubespielung des Kircheninnenraumes durch temporäre Ausstellungen, Entwurf: Tetiana Kozhukarenko/Kyrilo Maikhopar

Neben der Neucodierung des Ensembles mit seinen verschiedenen Freiraumkategorien wurde auch eine Neustrukturierung des Kircheninnenraumes vorgeschlagen. Hier ging es vor allem darum, mit maßvollen baulichen Eingriffen am Denkmal weiterzuarbeiten und es durch Nutzung zu erhalten. Die Vorschläge für eine Anreicherung der Nutzung reichten von Konzerten und Ausstellungen bis hin zu einer Aula für die Schülerinnen und Schüler, die aktuell in dieser Form nicht vorhanden ist. Alle Vorschläge bezogen sich in erster Linie auf den offenen Bereich des Altarraumes, um das historische Gestühl weitestgehend zu erhalten. Als besonders spannender Vorschlag wurde die Arbeit mit temporären textilen Installationen gewertet, die hinsichtlich des Denkmalschutzes sehr einfach und reversibel umzusetzen wären. Durch eine Neuausrichtung des Vorhangsystems ließe sich der Raum sowohl zum Gottesdienst als auch für Konzerte, Schulveranstaltungen oder sogar Ausstellungen nutzen. Ein großes Anliegen war zudem die Schaffung eines neuen Lichtkonzepts, das es ermöglichen soll, dem Raum je nach Nutzung eine andere Atmosphäre zu verleihen. Zwar ist die Umsetzung der studentischen Entwürfe bislang nicht erfolgt, jedoch stehen die Chancen gut, dass bei gesicherter Finanzierung die Innenraumumgestaltung noch realisiert werden kann.

Allen Entwürfen gemein war die durchaus überraschende Bereitschaft, sich binnen kürzester Zeit auf diesen in seinem Kontext stark überlagerten Raum einzulassen, ihn zu analysieren und entwurflich neu auszurichten. Über regionale und vermeintliche religiöse Barrieren hinweg wurde eine Sprache gefunden, den Kirchenraum in eine zeitgemäße und dem Ort angemessene Nutzung zu überführen, die auch die Gemeindemitglieder begeistern konnte. Neben den konzeptionellen Impulsen ist vor allem das Schaffen von Bildern für eine Zukunftsvision von Bedeutung, um das Projekt kommunikativ weitervermitteln und im besten Fall sogar umsetzen zu können. Erst durch das Erstellen einfacher Modelle und die Visualisierung konnten Ideen zwischen Fachleuten und Menschen ohne Fachkenntnisse konstruktiv diskutiert und veranschaulicht werden. Der Raum bietet erweiterte Nutzungsmöglichkeiten, schafft Nähe und damit die Grundlage für Kommunikation und Verständnis. So kann der Funke der Begeisterung weitergetragen und der Raum selbst hoffentlich bald seiner neuen Bestimmung zugeführt werden.

Abb. 38: Neugestaltung des Kircheninnenraumes durch eine textile Installation, Entwurf: Katarzyna Cichecka/Elsa Krause

WEGMARKEN DER POSTSÄKULAREN STADT

»Wisst ihr nicht, dass ihr Gottes Tempel seid?« Bauliche Präsenz von Kirche im Stadtquartier zwischen Abwicklung und Entwicklung

Jakob Johannes Koch

Abb. 39: Straßenschild Gottesdienst der 1980er-Jahre

Das waren noch Zeiten, als an ausnahmslos allen Einfallstraßen der (westdeutschen) Städte und Stadtteile Schilder mit den Gottesdienstzeiten der Heiligen Messen und Abendmahlsfeiern aufgestellt waren und als die Gottesdienste von Menschen förmlich überquollen: Zwölf Millionen Menschen besuchten im Jahr 1957 deutschlandweit regelmäßig die katholischen Sonntagsgottesdienste. Das Gottesdienstschild auf dem Foto aus den 1980er-Jahren weist fünf über den ganzen Tag verteilte Sonntagsmessen in einem einzigen Stadtteil aus – davon können die Gläubigen in den meisten Stadtquartieren und davon kann vor allem die Kirchenleitung heute nur noch wie von einer surrealen Vision träumen.

Abb. 40: Gott ist schon weg!

Das sind vielleicht Zeiten, in denen Jahr für Jahr jeweils mehrere Hunderttausend Menschen aus den Kirchen austreten – Tendenz stark steigend. Beide Kirchen verloren 2019 jeweils mehr als 270 000 Mitglieder. Das ist rechnerisch so, als ob jedes Jahr ein kleineres katholisches Bistum und zugleich eine kleinere evangelische Gliedkirche komplett von der Landkarte verschwänden. Deutlich mehr als neun Millionen Gottesdienstbesucher hat allein in Deutschland die katholische Kirche zwischen 1957 und 2019 verloren. Gleichzeitig geht auch die Zahl der Ordensmitglieder in Deutschland seit Jahren erheblich zurück. Insbesondere bei den Frauengemeinschaften ist die Situation mit einer Schrumpfung von derzeit etwa 1000 Schwestern pro Jahr dramatisch (nur noch 15 % der Ordensschwestern in

Deutschland sind jünger als 65 Jahre). Viele – auch teilweise sehr geschichtsträchtige und bedeutende – Ordensniederlassungen wie z. B. die Klöster Weingarten oder St. Michaelsberg müssen geschlossen werden. Dieser stetige Schwund hat viele Ursachen: altersdemografische, strukturwandelbedingte, soziokulturelle und seitens der Kirche hausgemachte.

Es liegt auf der Hand, dass sich die skizzierte Entwicklung auch deutlich in der kirchlichen Baukultur abbildet – und dies besonders prägnant im urbanen Weichbild. Stand 2020 hat die katholische Kirche in Deutschland 581 Kirchengebäude und Kapellen aufgegeben. Von diesen formell profanierten Gotteshäusern wurden 162 abgerissen und 209 verkauft. Freilich erfolgten auch 18 Abrisse katholischer Kirchen aufgrund staatlicher Zwangsenteignung zu montanindustriellen Zwecken – so etwa der spektakuläre Abriss des sogenannten Immerather Doms Anfang 2018 durch die RWE; überdies wurden bundesweit insgesamt neun Kirchen zwecks Baus von Talsperren geflutet.

Das alles sieht nicht nach Entwicklung, sondern eher nach Abwicklung aus. Aber trifft dieser augenscheinliche Eindruck substanziell wirklich zu? Ist es gerechtfertigt, das Gottesdienst-Straßenschild durchzustreichen und darunter zu schreiben »Gott ist schon weg!«?

In Kontinuität zum jüdischen Glauben kennt der Gottesglauben des Christentums keine feste Wohnstatt von Gottes physischer Präsenz, sondern Gott ist dort gegenwärtig, »wo zwei oder drei in meinem Namen versammelt sind«. So sagt es Jesus in der Überlieferung des Matthäusevangeliums (Mt 18,20). Im Namen Jesu bedeutet: in der Verwirklichung des Liebesgebots Jesu, das den Kern der Menschwerdung Gottes ausmacht. Insofern kann der Apostel Paulus mahnen: »Wisst ihr nicht, dass ihr Gottes Tempel seid?« (1 Kor 3,16). Folgerichtig kritisiert Paulus die heidnische und polytheistische Vorstellung der Ortsgebundenheit der Gottheit: »Der Höchste wohnt nicht in dem, was von Menschenhand gemacht ist« (Apg 7,48). Ist es in diesem Sinne nicht ein Missverständnis, wenn man behauptet: »Gott ist schon weg!«, nur weil 581 katholische Kirchen geschlossen wurden?

Wenn nun der Eindruck entstünde, von der paulinischen Theologie her seien Kirchengebäude überflüssig, ja, sogar unchristlich, dann gilt es zu bedenken, dass Paulus von Tarsus ein Scharnier zwischen Judentum und frühem Christentum bildete und es zu seiner Zeit noch keinen spezifisch christlich profilierten bildtheologischen Diskurs gab. Dieser hebt erst nach der Konstantinischen Wende an, als sich das Christentum mit seinem frühen Bildprogramm öffentlich zu zeigen beginnt. Und dann meldet sich im Zuge des ersten Bilderstreits der große Johannes von Damaskus zu Wort und legt dar, wie jede geistige Vorstellung des Menschen als leibgeistigem Wesen nach physischer Realisation drängt und wie mithin auch der christliche Gottesdienst gegenständlicher Bilder und umbauter Räume bedarf:

> »Überall stellen wir seine [sc. Christi] Gestalt sinnenhaft dar, und heiligen den ersten Sinn, denn der erste der Sinne ist das Sehen, wie wir das Hören in den Worten heiligen. Denn die Ikone ist eine Erinnerung; und was den Gebildeten das Buch ist, ist den Ungebildeten die Ikone; und was das Wort dem Hören ist, ist dem Sehen die Ikone; wir vereinigen uns mit ihr im Geiste.«[1]

1 Johannes von Damaskus: *De Imaginibus Oratio I*, Kap. 17, Sp. 1248 C, Urtextausgabe von Jacques-Paul Migne, Patrologia Graeca Bd. 94, Paris 1867. Deutsche Übersetzung zitiert nach Theodor Nikolaou, Die Ikonenverehrung als Beispiel ostkirchlicher Theologie und Frömmigkeit nach Johannes von Damaskos, in: Ostkirchliche Studien Bd. 25, Würzburg 1976, 151 f.

Kurz gesprochen: Die Menschen glauben nun einmal, was sie sehen. Mit dem Apostel Thomas glauben sie dem, was sie im Wortsinn be-greifen können. Das heißt, der Glaube kommt nicht nur vom Hören, sondern auch vom Sehen und Begreifen – nicht umsonst lauten im Johannesevangelium die ersten Worte, die Jesus über die Lippen kommen: »Kommt und seht« (Joh 1,39).

Auch in der zweiten Dekade des 21. Jahrhunderts sehnen sich viele, sehr viele Menschen nach einer religiösen Präsenz und Repräsentation, die berührt und die etwas vom liebevollen Gott widerspiegelt – und zwar nicht nur in irgendeiner virtuellen Wolke, sondern ganz konkret. Ich war vor einigen Jahren in Michigan und erlebte dort eine katholische Pfarrgemeinde, in der an einem ganz gewöhnlichen Sonntag mehr als zweitausend Leute die Sonntagsmesse besuchten. Anschließend fragte ich den Pfarrer, wo das Geheimnis für diese hohe Bindekraft seiner Pfarrei liege. Er antwortete lapidar: »social work and perfect liturgy«. Aber immerhin, noch gehen normalerweise auch in Deutschland jeden Sonntag durchschnittlich zwei Millionen Menschen in die katholische Messe – ungleich mehr, als alle sonntäglichen Sport-Großereignisse bundesweit insgesamt an Publikum aufweisen können.

Vor wenigen Jahren hat die Studie *Religiöse und kirchliche Orientierungen in den Sinus-Milieus* valide dargestellt, dass selbst kirchlich Sozialisierte heute zugeben, dass ihnen kirchlich hochbedeutsame Formulierungen wie »eingeborener Sohn«, »gezeugt, nicht geschaffen« oder »eines Wesens mit dem Vater« nichts oder nichts mehr sagen. »Bewundert werden allerdings die großartigen Kathedralen und der ganze hochkulturelle Fundus der Kirche«, so die Studie. Die Menschen haben also diese tiefe Sehnsucht nach Unterbrechung, nach Alteritätserfahrung, ja nach Transzendenz; sie suchen eine Epiphanie der wirkmächtigen Zeichen. Und sie finden diese Epiphanien auch nach wie vor – auch in einer sehr säkularisierten Stadt wie Berlin, in der sich 23,4 % der Einwohner keiner Religions- oder Weltanschauungsgemeinschaft zugehörig fühlen und immerhin 30,2 % dazu bewusst keine Angaben machen.

Mit Hilfe von Photoshop habe ich ein kleines Experiment durchgeführt. Zu sehen ist das Bild eines der interessantesten, facettenreichsten Bezirke Berlins, eines Bezirks, der unter allen Stadtteilen von den meisten Mythen umrankt ist:

Abb. 41: Berühmter Berliner Ortsteil, digital bearbeitetes Foto

Merkwürdig, es scheint, dass wir von der Silhouette her den abgebildeten Stadtbezirk gar nicht kennen – das »Mythische« lässt sich an diesem Bild überhaupt nicht ablesen. Im Gegenteil: Das hier gezeigte Stadtbild wirkt ausgesprochen langweilig, lieblos und auswechselbar. Wenn ich nun hinzufüge: Das ist Berlin-Kreuzberg, dann wirkt es unglaubhaft. Und diese Skepsis ist ganz berechtigt, denn etwas Wesentliches fehlt. Was genau fehlt denn? Welche für europäische Weichbilder so typische Landmarken fehlen? Richtig, es sind die Kirchtürme. Füge ich auf dem Foto nun die katholische Bonifatius-Kirche und die evangelische Heilig-Kreuz-Kirche wieder ein, die ich zuvor herausgeschnitten habe, dann erkennen wir nach einer Millisekunde Kreuzberg, wie es charakteristischer nicht sein könnte.

Abb. 42: Kreuzberg mit Kirchtürmen

Die »Finde-den-Fehler«-Bilder kennen wir aus Rätselbüchern und Jugendzeitschriften, und dort sind sie reichlich banal. Wenn man aber dieses Spiel mit Kirchtürmen macht, ist es durchaus nicht so banal, wie es zunächst scheinen mag. Denn die Kirchtürme triggern ja bewusste und unterbewusste Gefühle in uns – sehr komplexe Gefühle, die für die einen geistige Heimat markieren, aber für andere vielleicht nicht nur positiv sind. Kirchtürme sind Identitätsanker, verleihen im Wortsinn Kontur, aber sie setzen auch Behauptungen in den Raum, Dominanzbehauptungen und Sakralitätsbehauptungen. Wenn die mittlere Traufhöhe der übrigen Stadtsilhouette bei knapp 20 Metern liegt, dann ist bereits die schiere Höhe eines 40 bis mehr als 150 Meter aufragenden Kirchturms überwältigend. Die Kirche hat sich über Jahrhunderte dieses Erhabenheits- und Überwältigungsmonopol bauplanungsrechtlich gesichert – auch schon zu Zeiten, in denen es noch längst keine formale Bauleitplanung gab: Denn in den Himmelsraum hinein durfte ausschließlich die Kirche bauen; selbst die Rathäuser stolzer, freier Städte mussten in der Höhe deutlich unter den Kirchen bleiben. Dieses Quasi-Gesetz war sogar strafbewehrt: Bauherren, die höher als erlaubt bauten, wurden zum Rückbau gezwungen. In München wird noch heute jedes Hochhaus daran gemessen, ob es in der Höhe unter den Türmen der Marienkirche bleibt, selbst wenn es weit draußen vor der Stadt steht. Die »Causa Köln« im Jahr 2004, als dem Dom wegen zu hoch geplanter umstehender Hochhäuser der UNESCO-Welterbe-Status aberkannt werden sollte, haben wir ebenfalls noch in Erinnerung. Aber auch in der horizontalen Stadtfläche besetzen die Gotteshäuser die 1A-Lagen, sind Dreh- und Angelpunkte des urbanen Weichbilds und Soziotops.

Ein ganz tiefes Verlangen hat die Menschen getrieben, ihrem Gott mit dem »Gotteshaus« die Ehre zu geben. Dieser Glaube war noch in der zweiten Hälfte des 20. Jahrhunderts, selbst in den zunächst dürftigen Nachkriegsjahren, so groß, dass sehr viele Menschen ihre Kraft und Energie und auch viel Spendengeld in den Bau eines Hauses setzten, das weder dem Überleben noch dem Wetterschutz dient. Immer war solch ein Gebäude Luxus, gerade bei den konstruktiv zum Teil sehr aufwendigen Kirchen der unmittelbaren Nachkriegszeit. Freilich fließen Kraft, Energie und Geld auch in die Überwältigungsarchitektur von Hotellobbys, Kaufhäusern oder Oval-Offices in Bankenzentralen, die offensichtlich als quasisakrale Surrogate mit den Kirchen bezüglich öffentlicher Dominanz und Deutungshoheit konkurrieren wollen. Die entscheidende Frage ist dabei, ob das, was mit der optisch-visuellen Behauptung suggeriert wird, wahr und einlösbar ist. Dass Banken- und Kaufhausarchitektur zum Geldausgeben animieren will, ist klar. Aber wozu will und kann Kirchenarchitektur animieren? Wie jedes weltliche Gebäude auch sollen Kirchengebäude menschendienlich, funktional und gastfreundlich-offen sein. Aber darüber hinaus sollen sie transfunktionale »Theo-Ästhetik« aufweisen, d. h. »über das rein Zweckhafte hinaus eine Aussage machen, die den Menschen in seiner Eigentlichkeit berührt«[2], wie es der große Architekt Alexander von Branca, dessen 100. Geburtstages wir 2019 gedacht haben, einmal formuliert hat.

Die Kulturanthropologin Johanna Rolshoven vertritt zu Recht die These: »Raum und Wohnen sind als lebensweltliches Grundthema zu bezeichnen, an denen sich nahezu alle Aktivitäten des Menschen ablesen lassen.«[3] Wenn man heute die Innenräume gerade der sogenannten »Betonkirchen« der Nachkriegsmoderne betrachtet, dann fragt man sich mit Rolshoven: Was würde ein kirchlich nicht Gebundener, kirchlich nicht Sozialisierter wohl an diesem Kirchenraum »ablesen«, wenn er sieht, wie »wohnlich« bzw. »unwohnlich« sich die jeweilige Gemeinde dort »eingerichtet« hat? Ist da der Kern des christlichen Glaubens noch ablesbar? Oder ist da mitunter nur ein

---

2 Alexander von Branca: *Facetten eines Lebens* [Autobiografie], Bad Tölz: Urfeld 2001, 97.

3 Johanna Rolshoven: »Wohnbewegungen. Dynamik und Komplexität alltäglicher Lebenspraxen«, in: Johannes Moser u. a. (Hg.), *Wissenschaft als Leidenschaft* (GS Elisabeth Katschnig-Fasch), München: Herbert Utz 2013, 45.

changierender Aktionismus ablesbar nach dem Motto *avanti dilettanti*?

Dass heute in den Städten vornehmlich genau die »Betonkirchen« geschlossen und teilweise abgerissen werden – hat das nicht vielleicht etwas mit der gerade genannten Überlegung Johanna Rolshovens und den sich daraus ergebenden ungelösten Fragen zu tun? Vor allem sehr groß dimensionierte Kirchenräume von Meistern moderner Kirchenarchitektur wie Dominikus Böhm, Albert Bosslet, Alexander von Branca, Hans Herkommer, Clemens Holzmeister, Hans Schilling, Rudolf Schwarz oder Martin Weber erleiden das Schicksal der Profanierung. Auf dem nachstehenden Foto sehen wir den Abriss der Konviktskirche St. Fidelis von Hans Herkommer in Sigmaringen, gebaut 1931, abgebrochen 2016.

Abb. 43: Konviktskirche Sigmaringen

Hatte Kardinal Joachim Meisner recht, wenn er zum Thema »Kirchenschließung« sagte: »Nur Blinde verkaufen ihre Leuchttürme«?[4] Aussagen wie diese haben gleichwohl nicht eben dazu beigetragen, die emotional hoch befrachtete Thematik »Kirchenschließung« zu versachlichen und zu befriedigen. Demgegenüber hat der von mir sehr geschätzte Sozialphilosoph Josef Pieper einmal gesagt, Klugheit bestehe darin, »zu sehen, was ist«. Dies sollte auch beim Thema Kirchenschließung die unbedingte Maxime sein. Es ist Fakt, dass bei einer Reduktion des Gottesdienstbesuchs auf nur noch ein Fünftel der Referenzquote von 1957 heute sehr viele Gottesdiensträume nicht mehr benötigt werden. Zugleich ist Fakt, dass die Sistierung, d. h. *in situ* der liturgischen Nutzungsbeendigung belassene Schließung und fortdauernde Erhaltung einer Kirche teuer ist: Bei einer Stadtkirche mittlerer Kubatur kostet die Sistierung um die 5000 Euro monatlich; das entspricht dem Arbeitgeber-Brutto einer Vollzeitstelle im pastoralen Dienst oder im sozialen Dienst der Caritas. Da kann man sich doch nicht erlauben, erst einmal jahrelange Diskussionen zu führen, während das Geld wie bei einer Sanduhr durchläuft, wenn an anderer Stelle dringend pastorale Mitarbeiter benötigt werden.

Gerade bei den sogenannten »Betonkirchen« der unmittelbaren Nachkriegsjahre sind die Baulasten aufgrund konstruktiver Mängel besonders hoch. Betonsanierungen gehören zu den teuersten Sanierungen überhaupt in der Denkmalpflege, denn auch die Betonkirchen unterliegen größtenteils dem Denkmalschutz. Auf der ideellen Ebene ist es zugleich so, dass die im Zuge der Liturgiereform des 20. Jahrhunderts veränderte Theologie des Kir-

4 Joachim Meisner, Predigt am 25.08.2006 zur Wiedereröffnung des Altenberger Doms nach dessen Renovierung 1994 bis 2006, zitiert nach: »Der alte Dom in neuem Glanz«, Kölner Stadtanzeiger vom 26.08.2006.

chenbaus und die damit verbundene veränderte Ästhetik nicht von allen verstanden wurden bzw. dass die Generation, von der sie verstanden wurden, ausstirbt. Man fühlt sich meist in jener Kirche wohl, in der man von Kindesbeinen an aufgewachsen ist – andere Personen hingegen tun sich oft schwerer, diese Identifikation mit dem Gebäude nachzuempfinden. Viele der Nachkriegskirchen wurden leider auch mit der Zeit verschlimmbessert. Wenn die Kirchen noch in dem Zustand wären, wie sie vom Architekten seinerzeit gewollt waren, dann bestünde heute jene deutlich spürbare, weit verbreitete Abneigung sicherlich nicht in diesem Maße.

Die wirtschaftlichen Belastungen, die mit dem Erhalt von Kirchengebäuden verbunden sind, sind zunehmend schwerer zu tragen. Angesichts der aufgezeigten komplexen Gemengelage haben sich die deutschen Bischöfe bereits im Jahr 2003 auf gemeinsame Leitlinien verständigt, niedergelegt in der Arbeitshilfe der Deutschen Bischofskonferenz »Umnutzung von Kirchen«[5]. Wie in der Arbeitshilfe steht, wäre das Allerschönste, dass weiterhin eine kultisch-liturgische, d. h. gottesdienstliche Nachnutzung stattfinden kann. Nichtchristliche Religionsgemeinschaften dürfen katholische Kirchen gemäß dieser Leitlinie nicht kultisch nachnutzen, aber das heißt im Umkehrschluss natürlich, dass andere christliche Religionsgemeinschaften – seien es orthodoxe Kirchen oder eben andere christliche, aber nicht römisch-katholische Kirchen – die katholischen Sakralräume sehr wohl nachnutzen können. So wird z. B. die ehemals katholische Kirche Heilige Dreifaltigkeit in Braunschweig, 1966 nach

5 Sekretariat der Deutschen Bischofskonferenz (Hg.): *Umnutzung von Kirchen* (Arbeitshilfen des Sekretariates der Deutschen Bischofskonferenz 175), Bonn 2005.

einem Entwurf von Wolfgang Tschirschwitz erbaut, seit 2016 von der syrisch-orthodoxen Gemeinde genutzt.

Die Arbeitshilfe der Deutschen Bischofskonferenz erstellt folgendes Nutzungs-Ranking: An erster Stelle steht fraglos immer die gottesdienstliche Weiternutzung. Die zweite von den Bischöfen priorisierte Möglichkeit ist eine kulturelle Nachnutzung, etwa als Bibliothek (Beispiel: Umnutzung der Kirche des Steyler Missionshauses Ingolstadt in die Bibliothek der Wirtschaftswissenschaftlichen Fakultät der KU Eichstätt-Ingolstadt, 1989)

Abb. 44: Umnutzung der Kirche des Steyler Missionshauses

oder als Ausstellungsraum (Beispiel: Umnutzung der Pfarrkirche St. Ursula in Hürth-Kalscheuren in die Kunstgalerie *Böhm Chapel*, 2006).

Abb. 45: Umnutzung der Kirche St. Ursula

Erst wenn solche kulturellen Nachnutzungen nicht infrage kommen, geraten sonstige kommerzielle Nutzungen in den Blick, die aber, wie in der Arbeitshilfe steht, sehr strengen Prüfungskriterien unterliegen, so z. B., ob es eine Nutzung ist, die sich mit den religiösen und ethischen Zielen der katholischen Kirche vereinbaren lässt. Es dürfen mithin keine Formen von Kommerzialität sein, bei denen etwa Mitarbeiterinnen und Mitarbeiter ausgebeutet oder sonstige ethische oder religiöse Ziele der katholischen Kirche konterkariert werden; die Frage, ob beispielsweise ein Restaurant den Zielen der Kirche entgegensteht, kann auch nur so beantwortet werden. Geht es um eine Restaurantkette, von der man weiß, dass sie ihre Mitarbeiter ausbeutet oder Lebensmittel bekanntermaßen nach ökologisch ausbeuterischen Kriterien bezieht, dann sagen die zuständigen Bischöfe nein, auch wenn die Restaurantkette ansonsten gutes Essen anbietet und ein schönes Ambiente aufweist. Aber ist es ein mit christlich tolerabler Unternehmenskultur geführtes seriöses Restaurant, steht dem nichts entgegen. Dies aber – so bitte ich zu beachten – immer im Kontext des soeben dargelegten Prioritäten-Rankings. Hier das Restaurant *Palace St. George* in der ehemaligen St.-Barbara-/St.-George-Kapelle in Mönchengladbach-Rheindahlen:

Abb. 46: Umnutzung der St.-Barbara-/St.-George-Kapelle in Mönchengladbach-Rheindahlen

Wenn es um die kommerzielle Nachnutzung von Kirchen geht, dann will ich Ihnen natürlich das prominente Beispiel der sog. »Kletterkirche« in Mönchengladbach-Waldhausen, Diözese Aachen, nicht vorenthalten. Allein schon die flotte Bezeichnung »Kletterkirche« polarisiert ja reichlich. Bei den einen weckt sie heitere Neugier, bei den anderen Befremden, ja Zorn und Ablehnung. Jenseits von Emotionen will ich daher kurz über die Fakten informieren. Die ehemalige Pfarrkirche St. Peter wurde 1933 nach Plänen des bedeutenden österreichischen Architekten Clemens Holzmeister erbaut. Im Vorfeld der Umwidmung zur Kletterkirche gab es konzertierte bürgerschaftliche Interventionen, die das verhindern wollten, ja, es gab öffentlichkeitswirksame Auftritte von Kommunalpolitikern, die sich gegen den Kletterfrevel wandten. Im Endergebnis wurde die Kirche dann nicht verkauft, sondern an die »Kletterkirche Mönchengladbach GmbH« für die Dauer von zehn Jahren vermietet. Genutzt wird das Gebäude seit 2010 von Sportkletterern und Boulderern für Trainings und Wettkämpfe an sieben Tagen in der Woche, neun Stunden täglich. Die neuen Einbauten (Kletterwände) sind in Trockenbauweise mit autarkem Tragwerk allesamt reversibel.

Abb. 47: »Kletterkirche« in Mönchengladbach-Waldhausen

Am Beispiel St. Peter/»Kletterkirche« kann man die merkwürdige und über diesen speziellen Fall hinausgehende Beobachtung machen, dass Kirchengebäude zwar als stadtbildprägende, das Stadtbild nach allgemeinem Bekunden aufwertende Marker säkular sehr wertgeschätzt werden, dass sich aber die Kommunen mit Fragen der Kirchenum- und -nachnutzung nur äußerst ungern selbst belasten. Den Städten steht finanziell das Wasser bis zum Hals und sie engagieren sich daher allenfalls minimal bei solchen Fragen; es sei denn, es passt gerade in eine kommunalpolitische Situation, wenn etwa Wahlen anstehen. Dann kann es eben passieren, dass sich eine Stadtratsfraktion damit brüstet, sich gegen den Abriss einer Kirche »erfolgreich« eingesetzt zu haben, wie das etwa in Bochum, Essen oder Dortmund geschehen ist. Aber jenseits solchen Wahlkampfengagements ist ein kommunalpolitisches Interesse am Erhalt von Kirchengebäuden nicht in wünschenswertem Maß vorhanden.

Es wäre natürlich schön, wenn die Kommunen und auch die für Bauwesen, Baukultur und Denkmalpflege zuständigen politischen Instanzen auf Landesebene erkennen würden, dass die Umnutzungs- und Nachnutzungsfrage von Gotteshäusern nicht nur ein Problem der Kirche selbst ist, sondern das Problem der Gesamtgesellschaft, d. h. des Gemeinwesens, des Stadtraumes, des »Lebensraumes Stadt«. Dieser Aspekt müsste noch viel stärker gesehen werden – und optimistisch wollen wir davon ausgehen, dass es bestimmt noch dahin kommen wird. Wenn Sie als Beispiel Bochum heranziehen, so gewinnt man dort nach langer und aufreibender Diskussion endlich den Eindruck, dass die Kommune sich generell für die Situation der liturgisch nicht mehr benötigten Kirchen in der Stadt interessiert und sich für den Bauerhalt zumindest punktuell einsetzt.

Bezogen auf die urbane bauliche Präsenz der Kirche wird die bisher sehr kleingliedrige Binnendiversifizierung des Stadtbildes derzeit einer größeren Makrodimension zugeführt. Wir hatten ja zu bestimmten Zeiten eine Überversorgung mit Gotteshäusern, wo letztlich mehr oder weniger flächendeckend für je 1.500 Kirchenmitglieder jeweils eine eigene Pfarrkirche vorhanden war. Dies ist schon rein personell heute nicht mehr leistbar, gerade wenn es um die Rekrutierung von Kirchenpflegern oder ehrenamtlichen Aufsichtspersonen geht. Die Binnengliederung wird mithin etwas gröber werden. Aber gleichzeitig wird doch auch die Mobilität viel größer. Man ist gerne bereit, für schöne Ereignisse weit zu fahren; man fährt ja am Wochenende »mal so eben« 60 bis 70 Kilometer, um eine Veranstaltung mit gleichgesinnten Menschen zu erleben. Wo eine solch große Mobilität ohne Weiteres möglich ist, da kann man es doch auch jemandem, dem die Kirche ein wirkliches Anliegen ist und der Kontakt mit Gleichgesinnten sucht, zumuten, einmal fünf Kilometer oder ein wenig weiter zu fahren. Das Prinzip heißt also: eine etwas gröbere Binnenstruktur, ohne die Präsenz vor Ort aufzugeben. Denn in etlichen Städten wie z. B. Essen, Hildesheim, Köln, Münster, Stuttgart oder Trier bestand bislang zweifellos eine erhebliche Überversorgung mit Gotteshäusern. Sie finden dort in bestimmten Quartieren vier, fünf katholische Kirchen im Abstand von maximal 500 Metern nebeneinander. Wenn dort künftig nur noch eine Kirche im Quartier »bespielt« wird, ist die christliche Präsenz dennoch weiterhin vorhanden. Mit Papst Franziskus sollte man sich bewusst machen: »Kirchengebäude haben keinen absoluten Wert. Zwar gilt es, Kirchengüter zu bewahren, aber sie sollen dem Gemeinwohl und besonders den Armen dienen.«[6]

---

6 Papst Franziskus, Ansprache bei der Konferenz »Wohnt Gott nicht mehr hier? Stilllegung von Gotteshäusern und ganzheitliche kirchliche Kulturgutpflege« des Päpstlichen Rates für die Kultur mit Delegierten

Unbestritten ist also, dass die kultische *und* die soziale Präsenz von Kirchen untrennbar miteinander verbunden sind. Wenn aber künftig eine der beiden Präsenzweisen der Kirche wegfällt, hängt die andere in der Luft. Gleichwohl gilt dies nur für jene Quartiere, in denen nach Schließung einer Kirche gar kein anderes Gotteshaus mehr vorhanden ist. Handelt es sich jedoch um ein Stadtquartier, wo nach Schließung von drei Kirchen immer noch zwei weitere mit ihren angegliederten sozialen Infrastrukturen wie Kindergärten, Seniorenheimen, offenen Jugendtreffs etc. vorhanden sind, dann relativiert sich dieses Problem etwas. So oder so aber zieht die Profanierung eines Kirchengebäudes eminent stadtplanerische Implikationen nach sich. Ein Stadtquartier verliert unter Umständen das Herzstück seiner über Jahrhunderte gewachsenen Identität. Wohin wird es führen, wenn beispielsweise in einer Stadt wie Saarbrücken ab dem Jahr 2020 die derzeit 29 Pfarreien und Pfarreiengemeinschaften des Stadtdekanats zu einer einzigen Großpfarrei mit über 75.000 Katholiken fusionieren? Wird da die kultische und soziale Präsenz der Kirche noch in jedem Quartier angemessen wahrzunehmen sein?

Aber: Wem will man die Schuld an den Sachzwängen geben? Was den guten Willen betrifft, so sind sich die Kirchenverantwortlichen doch hundertprozentig einig: Alle wollen Kirchen erhalten, alle wollen Kultur erhalten, alle wollen kirchlich-soziales Engagement vor Ort erhalten, alle wollen ein humanes Miteinander der Menschen im Lebensraum Stadt unterstützen und nachhaltig sichern. Aber sie sind gegenüber den Sachzwängen oft machtlos. Bevor man eine nachhaltige Stadtplanung betrei-

---

der Bischofskonferenzen Europas, Kanadas, der Vereinigten Staaten und Australiens, 29. bis 30. November 2018 an der Päpstlichen Universität Gregoriana in Rom, zitiert nach: Katholische Nachrichtenagentur KNA, 30.11.2018.

ben kann, muss die materielle Basis abgesichert sein. Und dafür braucht man zunächst – auch wenn diese stereotype Aussage banal klingt – finanzielle Planungssicherheit. Angesichts dessen müssten dringend neue Wege einer Church-Public-Partnership beschritten werden:

- zum Beispiel eine Verknüpfung der Problematik stadtbildprägender aufzugebender Kirchen mit den Landesstiftungen »Baukultur«,
- die Umwandlung vieler profanierter Kirchen in eine gemeinsame Stiftung nach dem Vorbild des National Churches Trust im Vereinigten Königreich,
- die öffentliche finanzielle Unterstützung von Machbarkeitsstudien für Kirchenumnutzungsprojekte wie z. B. Architektenwettbewerbe oder die Ermäßigung des Umsatzsteuersatzes auf denkmalpflegerische Leistungen in und an gegenwärtigen oder ehemaligen Sakralbauten (wobei es sich nicht um eine auf Gewerke bezogene, sondern um eine objektbezogene Ermäßigung handeln sollte, um Abgrenzungsprobleme zu vermeiden),
- des Weiteren die Modifizierung des Baurechts bei Kirchenumnutzungsvorhaben hinsichtlich Arbeitsstättenverordnung, Stellplatzverpflichtung, Brandschutz usw., die Vermittlung zinsgünstiger Darlehen der Kreditanstalt für Wiederaufbau an Kirchengemeinden,
- die optimierte Maßnahmenkoordination bei Förderanträgen für eine mögliche Förderung durch die Europäische Union usw.
- Außerdem müssten die Denkmalbehörden die Erschwernisse aus der Unterschutzstellung für die kirchlichen Denkmaleigentümer vermindern.

Es geht zunächst einmal um sehr nüchterne materielle und rechtliche Aspekte und Faktoren, die den stadtplanerischen Aspekten vorgelagert sind.

Als Gesamtperspektive für liturgisch nicht mehr ausgelastete Kirchenräume sollten wir einen Blick in die Kirchengeschichte werfen – ganz im Sinne der Maxime »Zukunft braucht Herkunft«: Über viele Jahrhunderte war es doch so, dass sich das dreifache Liebesgebot Jesu Christi in der Realpräsenz Gottes (Gott schenkt seine Liebe stets vorgängig-initiativ), Communio (die Menschen geben die Liebe untereinander weiter) und Heiligung (als Liebesantwort übergibt der Mensch seine Lebensvollzüge der Führung Gottes) in einer multiplen Nutzung ein- und desselben Kirchengebäudes konkretisiert hat: Neben Sakramentsfeiern fanden lange Zeit auch diakonische Akte wie Armenspeisung und Krankenpflege ihren Ort im Kirchenraum, sehr oft tatsächlich in ein und demselben Raum. Nachstehend das berühmte Beispiel der Kirche Santa Maria in Trastevere, in der Obdachlose, Ausländer ohne Papiere, Straßenkinder und Arme im Kirchenraum von den Ehrenamtlichen der Gemeinschaft Sant'Egidio verköstigt werden.

Erst spät, nämlich nach dem Tridentinischen Konzil, fand eine zunehmende räumliche Trennung statt. Es spricht überhaupt nichts dagegen, heute an diese multiple Nutzungsweise von Kirchen anzuknüpfen und z. B. den Andachtsraum in einem der großen Kirchenschiffe der 1950er- und 1960er-Jahre entsprechend so zu verkleinern, dass der Chorraum als liturgischer Raum erhalten bleibt, während der Rest des Gebäudes als Sozialstation, Gemeindezentrum, Kindergarten oder Kolumbarium zur Urnenbestattung dient. Denkbar sind hierbei auch Kooperationen mit anderen Trägern, um Kosten zu senken.

Abb. 48: Armenspeisung Sant'Egidio

Seit mehr als zehn Jahren ist das Konzept der Grabeskirche bzw. des Kolumbariums das beliebteste Umnutzungs- und Teilumnutzungsmodell. Referenzprojekte sind etwa die Grabeskirche St. Josef Aachen (Planung: Büro Ulrich Hahn, 2006), das Kolumbarium Allerheiligenkirche in Erfurt (Planung: Spangenberg Braun Architekten, 2007), die Grabeskirche Liebfrauen in Dortmund (Planung: Volker Staab, 2010), die Grabeskirche St. Bartholomäus in Köln-Ehrenfeld (Planung: Hans Peter Kissler, 2016), das Kolumbarium St. Barbara Kamp-Lintfort (Planung: Hermanns Architekten, 2017) sowie das Kolumbarium St. Barbara in Marl (Planung: AM Architekten, 2020). Die Beliebtheit des Kolumbarium-Konzeptes rührt daher, dass hierbei ein Verkauf und eine Komplettprofanierung nicht zwingend erforderlich sind. Das Gebäude verbleibt in der Regel im Kirchenbesitz; die besondere Nachnutzungsweise entspricht einer zeitgenössisch sich weiterentwickelnden christlichen Sepulkralkultur, die personalisiertes Totengedenken mit der sehr nachgefragten Bestattungsform der Kremation verbindet. Auch kann in der teilumgenutzten Kirche trotzdem weiterhin ein Ort für die Gottesdienste der Hinterbliebenen und der Ortsgemeinde verbleiben, etwa indem nur im Kirchenschiff die Urnen bestattet werden, im Chorraum bzw. in der Apsis aber weiterhin liturgische Prinzipalstücke und Gemeindebestuhlung für die Feier von Liturgien vorhanden sind. So wird die alte »Memoria«-Tradition wiederbelebt, dass die Lebenden am Grab der Verstorbenen die Eucharistie feiern und sich darin quasi die Liturgie »aller Heiligen«, also der Lebenden wie der Verstorbenen, verbindet.

Abb. 49: St. Johannes Telgte vor Umnutzung innen

Eine aktuelle *best practice* für gelungene Teilumnutzung nicht als »Haus der Toten«, sondern als multipel genutztes »Haus der Lebenden« einer weiterhin sehr lebendigen Territorialpfarrei ist die

Johanneskirche in Telgte im Bistum Münster. Dieses architektonisch bedeutende Kirchengebäude (Architekt: Ludwig Tiepelmann, 1969) konnte durch konzertierte Initiativen der Kirchengemeinde und der Bürgerschaft vor dem Abriss bewahrt werden.

2016/17 hat man in das Kirchenschiff, wo früher die Kirchenbänke standen, multifunktionale modulare Räume mit verschiebbaren Wänden eingefügt:

Abb. 50: St. Johannes Telgte, multifunktionale Räume

Die eingefügten Module beinhalten sowohl einen Andachtsraum als auch Gruppenräume für die verschiedenen Interessen- und Aktionsgruppen der Kirchengemeinde. Auch der nahe Kindergarten nutzt die Räume bedarfsweise.

Abb. 51: St. Johannes Telgte, Andachts- und Gruppenraum

Ein Mittelgang mit einer verglasten Decke sorgt für Transparenz und einen Blick zur originalen Decke des Kirchenraums:

Abb. 52: St. Johannes Telgte, verglaster Mittelgang

Die eigentliche Vierung – die zentrale Achse des Gebäudes – ist frei. Sie erschließt nicht nur die Räume, sondern wird auch als Erweiterungsfläche für den Andachtsraum genutzt:

Abb. 53: St. Johannes Telgte, Vierung

Hier hat man also auf sehr überzeugende Weise die Präsenz von Kirche in der Stadt trotz des Schwundes der Gläubigen, trotz reduzierter Gottesdienstnachfrage und trotz Verringerung der sonstigen pfarrlichen Aktivitäten weiterhin an zentraler Stelle erhalten. Das verdient unbedingt breite Nachahmung. Die gelungene, von der kirchlichen und gesellschaftlichen Basis her angeregte Umnutzung wurde 2017 zu Recht mit dem Rheinisch-Westfälischen Staatspreis für Denkmalpflege ausgezeichnet.

Ein weiteres Beispiel für eine vorbildliche Teilumnutzung ist die Kirche St. Maria Empfängnis in Neersen/Niederrhein: Eine Hälfte der Kirche wurde abgetrennt und mit Geschossdecken versehen. In diesem Teil sind im Erdgeschoss ein Pfarrsaal und im Obergeschoss ein Raum der Pfarrcaritas sowie die Katholische Öffentliche Bücherei der Gemeinde untergebracht. Zu nennen wäre des Weiteren St. Marien in Düren, wo unter der Orgelempore mit durchaus moderatem Aufwand ein Pfarrsaal eingefügt wurde. Auch im Süden Deutschlands wird die Teilumnutzung von Kirchen erfolgreich praktiziert, so in St. Joseph in Augsburg-Oberhausen: Hier wurde der Ostchor der Kirche umgebaut und dient nun der kleiner gewordenen Gemeinde weiterhin als Kirchen- und Versammlungsraum, während im großen Hauptschiff der Kirche heute das Magazin des Diözesanarchivs untergebracht ist.

Die Teilumnutzung ermöglicht es den Pfarreien, genuin gemeindliche Vollzüge aus den externen umstehenden Gebäuden wie Pfarrheim, Jugendheim, Kindergarten, Büchereigebäude, Caritas-Sozialstation usw. zu emigrieren und in das Gotteshaus zu implementieren. Anschließend können dann die leeren Gebäude verkauft oder vermietet werden, was die Umnutzungskosten wieder einspielt und im Vermietungsfall ab einem zu erwartenden Break-even-Point Gewinne generieren wird.

Neben den zahlreichen Umnutzungs- und Teilumnutzungsprojekten darf im Übrigen nicht übersehen werden, dass seit 1995 in Deutschland 75 katholische Gotteshäuser und mehr als 650 sonstige öffentliche Gebäude wie Schulen, Bibliotheken, Krankenhäuser oder Seniorenwohnheime neu erbaut worden sind – etliche davon preisgekrönte Architekturen. Herausragende Beispiele für neue Gotteshäuser der letzten Jahre sind etwa das Pfarrzentrum St. Franziskus in Regensburg-Burgweinting (Entwurf: Ulrich und Ilse Königs, 2004), das Pfarrzentrum St. Nikolaus in München-Neuried (Entwurf: Andreas Meck, 2008), die Kirche St. Marien in Schillig an der Nordsee (Entwurf: Ulrich und Ilse Königs, 2012), die Kirche am Campus in Vechta (Entwurf: Ulrich Tilgner und Thomas Gratz Architekten, 2014), die Neue Propsteikirche St. Trinitatis in Leipzig (Entwurf: Schulz & Schulz, 2015), die Christkönigskapelle der Jugendbildungsstätte »Haus Altenberg« bei Odenthal (Entwurf: Gernot Schulz, 2017), die Pfarrkirche St. Josef in Holzkirchen (Entwurf: Eberhard Wimmer, 2018), die Pfarrkirche Sel. Rupert Mayer in Poing (Entwurf: Meck Architekten, 2018) oder die neue St.-Jakobus-Kirche in München-Neuperlach (Entwurf: Andreas Hlawaczek, 2019).

In der zweiten Kategorie der sonstigen Kirchengebäude können exemplarisch genannt werden: die Diözesanbibliothek Münster (Entwurf: Max Dudler, 2005), das Museum Kolumba Köln (Entwurf: Peter Zumthor, 2007), das Bischöfliche Jugendamt Don Bosco Mainz (Entwurf: Angela Fritsch, 2011), das neue Hauptgebäude des Bischöflichen Ordinariats Rottenburg (Entwurf: Lederer Ragnarsdótti Oei, 2013), die diözesane Kindertagesstätte St. Benedikt in Ebersberg (Entwurf: Macro Architekten München, 2011), das diözesane Zentrum St. Nikolaus in Limburg (Entwurf: Michael Frielinghaus Architekten, 2013), das Otgerus-Haus in Stadtlohn (Entwurf: e4architekten, 2017), das Haus der Kirchenmusik Eichstätt (Entwurf: Seibold & Seibold Architekten, 2018) sowie das Ellen-Ammann-Seminarhaus der Katholischen Stiftungshochschule München (Entwurf: Ferdinand Heide, 2020).

Man sieht: Die Kirche ist durchaus nicht im Abbruch, sondern vielfach auch im Aufbruch begriffen, denn die neuen mineralischen Steine würden ja nicht errichtet, wenn es nicht auch viele lebendige Steine gäbe, die gemeinsam die Kirche bilden. Es geht folglich nicht um Abwicklung, sondern um Entwicklung, d. h. um organisch modulierbare Prozesse. Das schöne Wortspiel, dass die Baulast zur Baulust wird, ist in Bezug auf

Kirchenumnutzung sicherlich übertrieben und könnte sogar als zynisch empfunden werden. Aber es dürfte doch deutlich geworden sein, dass geistliche, soziale und bauliche Präsenz der Kirche im Stadtquartier nach wie vor oder sogar wieder ganz neu eine Synthese eingehen können, und zwar nicht trotz des scheinbar belastenden Bauerbes, sondern ermöglichend *mit* dem neu erschlossenen, neu gewidmeten Bauerbe – ganz im Sinne des Apostelworts: »Der Tempel Gottes, das seid *ihr*«.

Die Heilige-Geist-Kirche – eine Kirche im Kiez

Katrin Rebiger

Berliner wohnen – fast immer – in Berlin. Was allerdings wirklich für Berliner zählt, ist der eigene Kiez. Er stiftet Identität und gibt seinen Bewohnern das Gefühl von Zugehörigkeit und Heimat. Berliner wohnen, wenn man sie fragt, trotz aller Bezirksreformen in SO 36 oder am Boxi, sind Kreuzberger, Friedrichshainer oder Moabiter. Es gibt berühmte und weniger berühmte Kieze, schillernde und vergessene Namen, historisch gewachsene und frisch aus der Erde gestampfte Viertel. Als Berlin zu Beginn des letzten Jahrhunderts wuchs und massenhaft Arbeits- und Wohnquartiere entstanden, gab es auch einen regelrechten Kirchenbauboom. Kirchen schossen wie Pilze aus dem Boden. Gemeindegebiete, sogenannte Parochien (unterste kirchliche Verwaltungs- und Seelsorgebezirke mit einem eigenen Pfarrer), wurden am Reißbrett entworfen, das heißt den neuen Straßenzügen gemäß festgelegt oder an bereits Vorhandenes angepasst. Stadtplaner und Architekten knüpften mit ihren Entwürfen daran an, dass Kirchen seit Jahrhunderten nicht nur rein optisch die Mitte eines fest definierten Sozial- und Gemeinwesens bildeten. Weil die aufkommende Sozialdemokratie ein ernstzunehmendes Gegenüber darstellte, wollte man kirchlicherseits mit den Bauten ein Zeichen setzen.

In Berlin entstanden Kiezkirchen: rote Backsteinkirchen mit mindestens tausend Plätzen, hohen Türmen und großzügigen Gemeindehäusern. Orte, an denen Armenküchen und Kinderhorte betrieben wurden und man sich in Diakoniestationen nicht nur um Kranke, sondern auch um die Integration der neu Zugezogenen kümmerte.

Abb. 54: Innenansicht der Heilige-Geist-Kirche 1906, Blick vom Altar in den Turm (Archivaufnahme)

Fast hundert Jahre später begann sich die Bevölkerungsstruktur in Berlin erneut stark zu verändern – besonders in den Innenstadtkiezen. Die Kieze wurden als *das* positive Kennzeichen Berlins neu entdeckt und als Zentren von Urbanität, Lebensqualität und Identität gesehen, als überschaubare Quartiere für Nachbarschaftspflege und Integration angepriesen. Die Bevölkerung wuchs, aber die Mitgliederzahlen der Großkirchen gingen massiv zurück. Viele Kirchengebäude standen zwar noch, doch der rote Backstein war inzwischen angegraut und schmutzig, mancher Wohnturm höher als der Kirchturm gewachsen und von den tausend Plätzen warteten viele seit Jahren vergeblich auf ihre Benutzung. Für so manchen Zeitgenossen stellte sich die Frage: Brauchen wir noch Kirchen im Kiez?

Als Pfarrerin denke ich, dass wir Kirchen in einer ausdifferenzierten, postmodernen Großstadt, die sich einerseits als säkular und andererseits als multireligiös bezeichnet, brauchen. Kirchen sind keine historischen Relikte, keine Orte musealisierten Glaubens. Sie können allein schon aufgrund ihrer Präsenz im Kiez, wenn sie denn öffentlich zugänglich sind, Konzentration ermöglichen, Ruhe, Geborgenheit und Beheimatung bieten. Als nichtkommerzieller Raum zwischen Gemeinwesen und Gemeindewesen ermöglichen sie im besten Falle Begegnung und Interaktion, sind Kontaktstelle und Treffpunkt für viele Bewohner.

Ein Beispiel: Moabit. Mitten in Berlin. Ein Ortsteil, der von mehreren Wasserstraßen umschlossen ist. Eine künstliche Insel, die bis in die 1980er-Jahre als Arbeiterviertel galt und heute eher sozial und religiös gemischt ist. Der Anteil der Einwohner mit Migrationshintergrund liegt bei etwa 44 %. Aufgrund seiner historischen Bausubstanz zählt Moabit eigentlich zu den gut erhaltenen Gründerzeitvierteln Berlins. Jedoch zerschneiden einige breite, stark befahrene Straßen das Quartier wie eine Torte. Bis weit in die 2000er-Jahre hinein galt Moabit eher als verschlafen und unattraktiv. Im nördlichen Bereich befindet sich der Stephankiez, der sich vom Stephanplatz sternförmig ausdehnt. In seiner unmittelbaren Nähe liegen das Kriminalgericht, der Hauptbahnhof und die zukünftige Europacity.

Abb. 55: Straßenansicht 1925 (Archivaufnahme)

Im Stephankiez steht an einer Straßenkreuzung die evangelische Heilige-Geist-Kirche. Unübersehbar. Roter Backstein. Ein repräsentativer Eckbau von den Architekten Paulus und Dinklage entworfen und 1906 als sechseckiges Kirchenschiff mit einem etwa 75 Meter hohen bleistiftartigen Turm erbaut. Auf der dem Turm gegenüberliegenden Seite ist ein paar Jahre später architektonisch geschickt – einem geöffneten Mantel ähnlich – das vierstöckige Gemeindehaus hinzugefügt worden. Beide Bauten haben als einziges Kirchenensemble Moabits den Zweiten Weltkrieg fast unbeschadet überstanden. Ein auf kleinem Grundriss beeindruckend kompakter Baukörper.

Abb. 56: Straßenansicht 2016

Alles wirkt konzentriert, massiv, verschlossen. Eine Kiezburg, umrankt von wildem Wein, mit Fialtürmchen, kleinen Höfen, schmiedeeisernen Toren, wie aus ferner Zeit ... im Dornröschenschlaf.

Im Herbst 2009 beschlossen die Gemeindeleitung und die neue Pfarrerin, das zu ändern. Man wollte sich nicht mehr vom enormen Sanierungsstau der Immobilie, von den kontinuierlich zurückgehenden Mitgliederzahlen oder der fehlenden Diversität im Gemeindeleben bestimmen, geschweige denn vom äußeren Eindruck des Gebäudes bedrücken lassen. Gemeinsam entwickelte die Leitung ein Dreipunkteprogramm: 1. Öffnung, 2. Gebäudebewirtschaftung, 3. Attraktivität.

Zeitnah wurden ein Konzept erarbeitet, das Architekturbüro LSW (Frithjof Stockburger) gefunden, ein Finanzierungsplan aufgestellt, Firmen beauftragt und innerhalb eines halben Jahres mit dem Umbau begonnen.

Abb. 57: Innenansicht, Bauphase 2010

Die Idee der Nutzungserweiterung der Kirche zog den Einbau einer modernen Heizung für das komplette Bauensemble, neue Fenster und freie Flächen für lichte Räume unter den Emporen, Barrierefreiheit (Außenhublift, Innenrampe, barrierefreies WC, Induktionsschleife) und Familienfreundlichkeit (Wickelraum, Spielraum ...) nach sich. Außerdem wurden die Küsterei, das heißt das Gemeindebüro, und drei Arbeitsplätze für Mitarbeitende in die Kirche versetzt.

Abb. 58: Innenansicht, Blick auf die Küsterei 2011

Abb. 59: Innenansicht, Blick in den Gruppenraum 2011

So entstanden u. a. im Gemeindehaus neue Wohn- und Gewerberäume.

Abb. 60: Gemeindehaus, Diakoniebüro und Pfarramt 2014

Die Sanierung der Gemeinderäume folgte vier Jahre später.

Abb. 61: Gemeindehaus, Kindergarten 2012

Binnen Kürze war durch das zielorientierte und konzentrierte Zusammenspiel aller Beteiligten in einem komplett unter Denkmalschutz stehenden Gebäude ein zeitgemäßer Kirchenraum geschaffen worden.

Und erst dann begann der weitaus anstrengendere, herausfordernde Teil des Prozesses, nämlich die Annahme des Gebäudes durch die Gemeinde, durch das Gemeinwesen und durch den Kiez. Die Außenhaut, also die Ansicht im Stadtraum, zeigte sich weiterhin unverändert, doch das Innere war behutsam verändert und um einige Nutzungsmöglichkeiten erweitert worden. Nun galt es, das Ganze mit Leben zu füllen. Der Kiez, die Menschen sollten einziehen, den Raum beleben und erleben, die Kirche als ihren Ort begreifen. Dass in der ersten Bauphase ein kleiner Bagger durch das Portal ein- und ausfuhr, machte immerhin die Ersten neugierig, aber das reichte nicht. Es brauchte einen sehr langen Atem, viel Geduld, Hartnäckigkeit, Experimentierfreude, kritische und konstruktive Reflexion, personelle Kontinuität, Überzeugungs- und Motivationskraft, gute Freunde, mutige Förderer und vor allem Vertrauen in die eigene Idee von der Kiezkirche.

Zehn Jahre später ist die Heilige-Geist-Kirche im Kiez angekommen. Heute gibt es hier nicht nur eine sehr lebendige evangelische Gemeinde, die sich als Teil einer multireligiösen, generationsübergreifenden Gemeinschaft versteht, sondern auch einen Ort gelebter Willkommenskultur und Diversität.

Abb. 62: Innenraum 2011, Blick vom Altar in den Turm

Die Kirche ist jeden Tag geöffnet. Haupt- und Ehrenamtliche versuchen, zuverlässig vor Ort zu sein. Die Gemeinde versteht sich als Gastgeberin, die für ein großartiges Haus Verantwortung trägt. Durch ihre klare Positionierung als Kiezkirche hat sie Partnerinnen und Partner im religiösen Bereich wie im politischen Gemeinwesen gefunden, u. a.

- im Refo-Konvent, einer sogenannten Start-up-Kirche, einem »dritten Ort«, der neben den klassischen Gemeinden und den Werken & Anstalten der Kirche für eine neue Idee geistlichen Lebens in der Evangelischen Kirche steht,

- im Verein KulturLeben, den man als Lebensmitteltafel für das Lebensmittel Kultur beschreiben könnte, ein Verein, der u. a. ganz besondere Inklusionsprojekte wie das Orchester »Utopia« vorantreibt;
- in den vielen jungen Chören & Musikern aus Berlin und dem Umland, die hier gerne konzertieren,
- im Quartiersmanagement, im KiTa-Netzwerk, im Bürgerverein BürSte,
- in der Ökumene und im Zentrum für interreligiösen Dialog (ZID),
- in Schulen und Kindergärten, die sich für interreligiöse Führungen oder Kirchenraum-Entdeckertouren anmelden,
- in den unterschiedlichsten Fachhochschulen oder Gemeinden, die sich für die Nutzungserweiterung im architektonisch-gestalterischen oder theologisch-gemeindepädagogischen Sinne interessieren usw.

Die Gemeinde hat aus ihrer christlichen Überzeugung heraus den Anspruch, denen eine Heimat zu geben, die das wollen und die ihre christlichen und demokratischen Grundwerte teilen. Um einen lebendigen und zeitgemäßen Ort der Begegnung zu schaffen, schaut sie dabei natürlich auch über ihre Stadtteilgrenzen hinaus und versucht, den Wandel und die Innovationen der Großstadt positiv aufzunehmen. In erster Linie aber bleibt sie ein Teil des Stephankiezes, eine Kiezkirche in Moabit – mitten in Berlin.

Islam im städtischen Raum

Ulrike Freitag

Wie verortet sich Religion in einer Stadt? Welcher Zeichen bedarf es, um die Anwesenheit von Christen, Muslimen oder anderen Religionsangehörigen zu erkennen? Die konventionelle Antwort lautet, dies würde durch Sakralbauten, also Kirchen, Moscheen, Synagogen, Tempel usw. angezeigt. Auch wenn diese Aussage natürlich nicht falsch ist, so lässt doch ein genauerer Blick erkennen, dass man weiter differenzieren sollte, nicht zuletzt deshalb, weil sich die Vorstellungen von Sakralität im Islam von jenen im Christentum unterscheiden. Zudem gibt es über die offensichtlichen Sakralbauten hinaus eine Reihe weiterer architektonischer wie auch anderer Zeichen in Städten, die auf den Islam als prägende Kraft verweisen.

1. Konzeptionelle Grundlagen

Eine zentrale Schwierigkeit bei der Frage nach religiösen Einrichtungen stellt der Religionsbegriff selbst dar, der im Kontext der europäischen Neuzeit entstand und insofern eine sehr spezifische Perspektive reflektiert.[1] Während die Institution der Kirche im Sinne einer mehr oder minder hierarchisch organisierten Einrichtung als zentraler Ort der christlichen religiösen Sphäre gelten kann, lässt sich eine entsprechende muslimische Institution nicht ohne Weiteres aufweisen. Bis heute gibt es auch unter muslimischen Gelehrten Debatten darüber, inwieweit der Islam ein »diskursives Feld« sei, innerhalb dessen über die Auslegung

1 Jonathan Z. Smith: »Religion, Religions, Religious«, in: Mark C. Taylor (Hg.), *Critical Terms for Religious Studies*, Chicago/London: University of Chicago Press 1998, 269–284.

des Korans als Heilige Schrift und die Überlieferung gerungen werde, oder ob der Islam nicht eine deutlich breitere, praktisch alle kulturellen Äußerungen umfassende Bedeutung habe.[2] Die Frage nach islamischen Zeichen in Städten lässt sich also nicht trennen von der Frage nach dem, was der Islam eigentlich ist und was man als »islamisch« bezeichnen kann.

Trotz der Feststellung, dass die Trennung von säkularem und religiösem Raum im Islam auch heute noch problematischer ist als in westlichen Kontexten, lassen sich durchaus auch im muslimischen Kontext Institutionen und staatliches Handeln ausmachen, die zwar auf islamischen Normen basieren, nicht jedoch primär durch die Religion bestimmt sind. Dies kann man insbesondere am Osmanischen Reich aufzeigen, das vom späten 13. bis ins frühe 20. Jahrhundert hinein große Teile Südosteuropas und des Vorderen Orients bis hin nach Nordafrika beherrschte. Im Bereich des Rechts bedeutete dies beispielsweise, dass eigene, nicht auf dem islamischen Recht basierende und diesem gelegentlich auch widersprechende Gesetze erlassen wurden, selbst wenn die Religion, neben der Zugehörigkeit zum Herrschaftsapparat, als zentrale soziale Kategorie bestehen blieb.[3] Dennoch schreibt sich die grundsätzliche Problematik des Verhältnisses von säkularem und religiösem Raum trotz formaler Anpassungen in modernen muslimischen Staaten fort. So besagen viele Verfassungen von Staaten mit muslimischer Mehrheitsbevölkerung, dass der Islam die Staatsreligion sei und die Scharia – also die islamische Ethik und entsprechende Normativität – eine wichtige oder sogar die

2 Beispielhaft für diese Positionen sind Talal Asad: »The Idea of an Anthropology of Islam«, in: *Qui Parle* 17/2 (2009), 1–30, sowie Shahab Ahmad: *What is Islam*, Princeton/Oxford: Princeton University Press 2016.

3 Gudrun Krämer: *Geschichte des Islam*, München: C. H. Beck 2005, 206–207; Suraiya Faroqhi: *Kultur und Alltag im Osmanischen Reich*, München: C. H. Beck 1995, 51–52.

entscheidende, wenn nicht einzige Quelle des Rechts darstelle.[4] Das Osmanische Reich mit seiner offeneren, auch säkulares Recht einbeziehenden Regelung stellt daher einen wichtigen Referenzrahmen für die weitere Diskussion dar.

Was kann man hieraus für die Sichtbarkeit der Religion in muslimischen Kontexten schließen? Letztlich erhalten Räume, selbst dort, wo sie baulich hervorstechen, ihren sakralen Charakter vor allem durch bestimmte religiöse Praktiken. Dies bedeutet etwa im Hinblick auf Moscheen, dass sie (zumindest ihrer ursprünglichen Funktion nach) nichts anderes sind als Gebetsplätze, die auch für andere soziale Belange – Beratungen, den Empfang von Gästen, als Marktplatz, Schule oder auch als Aufenthaltsraum – genutzt werden können. Insofern sind Moscheen zumindest grundsätzlich nur während der Gebetszeiten, also temporär, sakrale Räume. Ähnlich wie im Christentum, das von verwandten Voraussetzungen ausging, haben sich so Vorstellungen des Sakralen etabliert, ohne dass sich allerdings ein den christlichen Kirchen vergleichbares festes Weiheritual entwickelt hätte. Eine zusätzliche sakrale Aura entsteht, wenn die Moscheen Schreine beinhalten oder in der unmittelbaren Nähe eines solchen gebaut wurden. So ist die Große Moschee von Mekka um die Kaaba herum entstanden, welche als das von Abraham errichtete »Haus Gottes« durchaus als Schrein bezeichnet werden kann. Die Prophetenmoschee in Medina wiederum enthält das Grabmal des Propheten. Schreine können jedoch auch eigenständige Heiligengräber sein.

Auch jenseits der Moscheen und Schreine gibt es vielfältige städtische Einrichtungen – zum Beispiel Schulen, Krankenhäu-

4 Vgl. beispielsweise Art. 2 der ägyptischen Verfassung von 2014 oder Art. 2-1-A der irakischen Verfassung von 2005.

ser oder Wasserspeier –, die durch ihre Assoziation mit religiösen Geboten als religiös konnotiert gelten können. Ihre rechtliche Konstitution als religiöse Stiftungen (s. u.) und die entsprechende Markierung durch Inschriften müssen ebenfalls als sichtbare Zeichen der Religion im städtischen (und ländlichen) Raum geltenierungen

2. Architektonische Markierungen in der Stadt

Gerade im städtischen Raum haben sich regional unterschiedliche architektonische Konventionen entwickelt, um Gebetsstätten zu markieren. Dies gilt insbesondere für die Freitagsmoscheen, in denen alle Gläubigen einer Gemeinde, mindestens aber vierzig Männer das freitägliche Mittagsgebet gemeinschaftlich abhalten sollen. Aus diesem Grund tragen sie auch die Bezeichnung *masdschid dschamiʿ* (wörtlich etwa: »Moschee für alle« oder Freitagsmoschee). Die Existenz einer Freitagsmoschee war, neben dem Vorhandensein eines Richters und gewisser Verwaltungs- sowie Marktstrukturen, immer auch ein zentrales Merkmal für die Definition von Städten.[5]

Moscheen

Die täglichen fünf Gebete werden unter der Woche – und mit Ausnahme des Mittagsgebets auch freitags – nur dann in der Freitagsmoschee abgehalten, wenn diese leicht zu erreichen ist.

5 Eugen Wirth: *Die orientalische Stadt im islamischen Vorderasien und Nordafrika*, Mainz: Philipp von Zabern Verlag 2000, 245. Es gibt verschiedene Rechtsmeinungen über die vorgeschriebene Mindestanzahl der Teilnehmer. Zu Moscheen siehe auch Barbara Finster: »Moschee«, in: Ralf Elger und Friederike Stolleis (Hg.), *Kleines Islam-Lexikon. Geschichte – Alltag – Kultur*, 6., aktualisierte und erweiterte Auflage, München: Bundeszentrale für politische Bildung 2018, https://www.bpb.de/nachschlagen/lexika/islam-lexikon/21550/moschee (Zugriff am 04.08.2019).

Sie können auch in kleineren, oft sehr unscheinbaren Gebetsräumen, in den Wohnhäusern oder an den Arbeitsstätten stattfinden. Hier erkennt man dann nur an den Schuhen vor dem jeweiligen Raum, dass es sich um einen temporären Gebetsraum handelt.

Aufgrund der größeren Ansammlungen beim Freitagsgebet hat es sich etabliert, dass Freitagsmoscheen über eine große Halle und oft auch einen Hof verfügen, um alle Gläubigen aufzunehmen. Insbesondere die nach Mekka ausgerichteten Gebetsnischen (*mihrab*) und die Kanzel (*minbar*), aber auch das ganze Gebäude bilden eine Aura des Sakralen aus, welche sich mit ritueller Reinheit verbindet.

Abb. 63: mihrab und minbar in der Schafi'i Moschee von Jidda

Diese Aura des Sakralen wird durch das Gebot verstärkt, die Schuhe beim Betreten auszuziehen und vor dem Gebet rituelle Waschungen (*wudu'*) durchzuführen, weshalb alle Moscheen über Wasserbecken und Waschgelegenheiten verfügen.

Abb. 64: Wasserbecken im Hof der Jama Masjid in Delhi

Ebenso haben sich bestimmte Segen verheißende Riten beim Bau von Moscheen (wie auch anderer Gebäude) entwickelt. So wird z. B. in Ägypten das Blut eines frisch geschlachteten Lammes in die Fundamente geschüttet.

Die Architektur von Bauten, die als Moscheen errichtet werden, reflektiert – regional stark unterschiedliche – Vorstellungen von Geometrie, die mit Sakralität verbunden sind. Dabei knüpfen sie häufig an vorislamische Heiligtümer an. Die Damaszener Umayyaden-Moschee ist hierfür ein gutes Beispiel: Wo sie steht, befand sich zuvor eine christliche Basilika mit dem Grab Johannes des Täufers. Diese ersetzte einen römischen Jupitertempel, der wiederum an die Stelle eines phönizischen Baal-Hadad-Tempels getreten war. Die Verwendung von Spolien (also Überresten) der früheren Bauwerke in der Umayyaden-Moschee zeugt noch heute von dieser Geschichte.

Abb. 65: Grab von Johannes dem Täufer in der Umayyaden-Moschee, Damaskus

Im Gegensatz zu den kleineren Gebetsräumen sind Freitagsmoscheen (und andere größere Moscheen) durch Minarette und Kuppeln im Stadtbild erkenntlich, selbst wenn diese kein verbindlicher Bestandteil religiöser Architektur sind. Sie finden sich nicht nur an zentralen, sondern oft auch erhobenen Orten der Stadt und bilden häufig das Zentrum eines ganzen Konglomerats religiös konnotierter Gebäude (s. u.). Der konkrete Stil ist in der Regel an der Umgebung orientiert. Oft handelt es sich um repräsentative, von Herrschern, Gouverneuren oder einflussreichen lokalen Persönlichkeiten gestiftete Bauwerke. Eine weitere enge Verbindung zur politischen Macht erhielten die Freitagsmoscheen dadurch, dass in der dem Gebet vorausgehenden Freitagspredigt der Name des Herrschers genannt wurde und die Predigt nicht selten dazu diente, wichtige Dekrete an die Bevölkerung zu kommunizieren.[6] Unterhalten wurden diese Moscheen – ebenso wie andere Institutionen, auf die noch eigens eingegangen werden muss – häufig durch Stiftungen der Toten Hand (*waqf*, Pl. *auqaf*). Über das Konzept der Wohltätigkeit sind diese Stiftungen ihrerseits – ebenso wie im jüdischen und christlichen Glauben – unmittelbar religiös konnotiert.

In einem nichtmuslimischen Umfeld gewinnen Moscheen eine andere Art symbolischer Bedeutung. Sie sind ein Zeichen dafür, dass die Muslime angekommen sind, dass sie nicht mehr auf improvisierte Gebetsräume zurückgreifen müssen, sondern eigene repräsentative Räumlichkeiten in einer anders geprägten Umgebung besitzen. Deren Funktion als soziale und kulturelle Zentren ist häufig noch wichtiger als in den Herkunftsländern. Dass Moscheebauten jedoch leicht zu einem politischen Zankapfel werden können, weil sie sowohl von der Mehrheitsgesellschaft als auch den Bauherren leicht instrumentalisiert werden können, zeigen seit Langem die Debatten über Moscheebauten etwa in Deutschland.[7]

Gestiftete Einrichtungen konnten auf Erträge aus Mietshäusern, Werkstätten, Ladenzeilen, aber auch Ländereien oder

---

6 Vgl. Arent J. Wensinck: »Khuṭba«, in: Peri Bearman u. a. (Hg.), *Encyclopaedia of Islam*, 2.. Auflage, Leiden: Brill 1986, http://dx.doi.org/10.1163/1573-3912_islam_SIM_4352 (Zugriff am 07.08.2019).

7 Hierzu schon vor den jüngeren westlichen Islamdebatten Michael Gilsenan: *Recognizing Islam*, London/New York: I. B. Tauris 1992 [1982], 192–195; zu politischen Kontroversen auch Nilüfer Göle: *Europäischer Islam*, Berlin: Klaus Wagenbach 2016 [2015]; zum Streit um die Kölner Moschee Franz Sommerfeld (Hg.): *Der Moscheestreit*, Köln: Kiwi Taschenbuch 2008.

Ähnlichem zurückgreifen, die ihrerseits einer frommen Stiftung überantwortet waren. Die Rechtsform der frommen Stiftung, bei der Grundstücke auf Dauer gestiftet und dem Fiskus entzogen werden, bildete die eigentliche institutionelle Rahmung öffentlicher Bautätigkeit.[8] Diese Form der Unterhaltung bedeutet auch, dass sich sakrale Bauwerke auf Straßenebene oft nicht leicht erkennen lassen, da Ladenzeilen und Werkstätten häufig unmittelbar an deren Mauern errichtet werden.

Abb. 66: Moschee in Rabat

8 Dazu ausführlicher Faroqhi: *Kultur und Alltag im Osmanischen Reich*, 149–154.

Dennoch finden sich in den meisten Städten muslimischer Länder auch jenseits von Moscheen Gebäude und Grundstücke, die zum Unterhalt religiöser Einrichtungen dienen.

Die folgende Diskussion religiös konnotierter Einrichtungen fokussiert bewusst auf ehemals osmanische Städte. Auch hier gibt es durchaus unterschiedliche Traditionen und entsprechende Differenzen, etwa zwischen ehemals byzantinisch beherrschten Regionen in Südosteuropa und Anatolien und solchen, die wie die arabischen Provinzen des Reichs schon lange unter islamischer Herrschaft standen. Dennoch hat die lang anhaltende osmanische Herrschaft in weiten Teilen des Reichs gemeinsame Institutionen geschaffen, welche die Städte nachhaltig geprägt haben. Dabei ist freilich zu berücksichtigen, dass viele der besprochenen Institutionen ältere islamische (und christliche sowie vorislamische) Wurzeln haben.

Die Dynastie der Osmanen etablierte sich im frühen 14. Jahrhundert in Westanatolien und expandierte ab der zweiten Hälfte des Jahrhunderts in Anatolien und Südosteuropa. Die Eroberung Konstantinopels 1453 legte das Fundament zur Etablierung eines Reiches, das auf dem Höhepunkt seiner Macht im 16. und 17. Jahrhundert weite Teile Südosteuropas und des Vorderen Orients bis hin nach Tunesien und Algerien beherrschte.

Religiöse Gebäudekomplexe und Infrastrukturen

Sowohl bei der Gründung neuer Städte, deren grundlegende Infrastruktur durch Stiftungen geschaffen wurde, als auch bei der Markierung osmanischer Herrschaft in bereits bestehenden Städten spielten religiöse Gebäudekomplexe vor allem in Anatolien und in Südosteuropa eine maßgebliche Rolle. Neben den bereits diskutierten Freitagsmoscheen, an die häufig Mausoleen der Stifter angrenzten, umfassten diese Gebäudekomplexe – die

Külliye- oder Imaret-Komplexe – unterschiedliche zusätzliche Einrichtungen. Typisch sind religiöse Schulen, Krankenhäuser, Unterkünfte (anfänglich häufig für islamische Mystiker, die die Eroberungen als Missionare begleiteten, später eher für Schüler, Reisende oder Pilger) und Suppenküchen zur Versorgung derjenigen, die die Einrichtungen nutzten oder in ihnen arbeiteten, wie auch zur Armenspeisung.[9]

Ein besonders prominentes Beispiel für einen solchen Külliye-Komplex ist der sich an die Istanbuler Süleymaniye-Moschee anschließende Gebäudekomplex. Neben der Moschee findet man aufwendige Mausoleen, die 1550 bis 1557 für den Sultan Süleyman I. (Süleyman den Prächtigen, der von 1520–1566 herrschte) und seine Frau Haseki Hürrem Sultan errichtet worden waren. Des Weiteren umfasst der Komplex eine Koranschule, vier sogenannte Medresen, an denen die vier sunnitischen Rechtsschulen gelehrt wurden, sowie eine weitere Schule für das Studium der prophetischen Überlieferung (Hadith). Dies unterstreicht die Bedeutung, die das islamische Recht gerade unter Süleyman im Kontext der Reichskonsolidierung erhielt. Man kann während seiner Herrschaft durchaus von dem Versuch sprechen, eine islamische Orthodoxie zu institutionalisieren, was sich in diesem Komplex auch architektonisch manifestiert. Ein Krankenhaus, ein Gästehaus, Bäder und Brunnen ergänzten die Anlage, auf deren Gelände auch der Architekt begraben liegt. Nicht nur die Bauten und Inschriften, auch die Benennung und die Eröffnungszeremonie reflektierten den Machtanspruch, den der Erbauer mit dieser Anlage verband.[10]

---

9 Amy Singer: »The Last Imaret? An Imperial Ottoman Firman from 1308/1890«, in: Eyal Ginio und Elie Podeh (Hg.), *The Ottoman Empire and its Heritage. The Ottoman Middle East*, Leiden: Brill 2014, 221–237.

10 Gülru Necipoğlu-Kafadar: »The Süleymaniye Complex in Istanbul. An Interpretation«, in: *Muqarnas* III (1985), 92–117.

Abb. 67: In der ehemaligen Suppenküche der Külliye Süleymaniye

Zudem wirkte die Istanbuler Süleymaniye stilbildend: Die sogenannte Takiyya Sulaymaniyya in Damaskus wurde nach Plänen des auch für die Istanbuler Süleymaniye verantwortlichen Baumeisters Sinan 1554 bis 1555 erbaut; die Aufsicht führten Architekten, die aus der Hauptstadt des Reichs entsandt worden waren. Da Damaskus Ausgangspunkt einer der wichtigsten Pilgerkarawanen nach Mekka war, deren Schutz erheblich zur Legitimation des osmanischen Sultans beitrug, verwundert es nicht, dass man hier neben der Moschee vor allem eine große Karawanserei findet, zusätzlich zu einer Suppenküche und einem Hospiz. Später wurde der Komplex noch um eine Medrese ergänzt.[11]

Während Armen-, Waisen- und Krankenhäuser offensichtliche karitative Funktionen haben, kann man diese Funktion bei den Badehäusern vor allem darüber rekonstruieren, dass sie (nicht nur rituelle) Reinigung ermöglichten. Auch Bibliotheken, die kei-

11 Çiğdem Kafescioğlu: »›In the Image of Rūm‹. Ottoman Architectural Patronage in Sixteenth-Century Aleppo and Damascus«, in: *Muqarnas* 16 (1999), 70–96, hier S. 86 f.

neswegs nur der religiösen Literatur vorbehalten waren, konnten mithilfe von Stiftungen eingerichtet und unterhalten werden.

Die Versorgung mit Trinkwasser durch Aquädukte und Zisternen, die oft in städtischen Brunnen und Wasserspeiern für die Wohnbevölkerung und Passanten mündeten, galt ebenfalls als gottgefälliges Werk, denn nach dem Koran wird aus Wasser Leben geschaffen. Entsprechend unternahm das Osmanische Reich auch in dieser Hinsicht große Anstrengungen, insbesondere im Blick auf die Versorgung der Hauptstadt, aber auch beispielsweise der Großen Moschee von Mekka oder der Altstadt von Jerusalem. Wie die Moscheen und Külliyen wurden auch solche Wasserwerke nach ihren Spendern, also vor allem Sultanen, Gouverneuren und Mitgliedern der osmanischen Dynastie, benannt.[12]

Abb. 68: Osmanischer Brunnen in Kyrenia

12 Zum Thema der Wasserinfrastrukturen vgl. Nicola Verderame: *Monuments to Charity. Water Infrastructures in the Hamidian Period* (unveröffentlichte PhD-Dissertation, FU Berlin, 2018).

Jenseits solcher städtebaulichen Aspekte gibt es natürlich zahlreiche weitere Hinweise auf das Vorhandensein von Gläubigen in der Stadt. Dazu gehört – wie auch in christlichen Städten –, dass Häuser mit Koranversen oder Segenswünschen verziert werden. Heiligenbilder hingegen wird man aufgrund des Bilderverbots nicht finden. Allerdings gibt es in den Kleinstädten und Dörfern Ägyptens den Brauch, die Häuser von Mekkapilgern mit Reisebildern zu verzieren.

3. Die religiöse Sprache des Alltags

Bereits eingangs wurde auf die große Bedeutung der religiösen Praxis verwiesen und darauf, dass religiös konnotierte Räume häufig nur eine temporäre Funktion haben, die an eine bestimmte Zeremonie wie etwa das Gebet gebunden ist. Ein offensichtliches Beispiel dafür sind die bereits beschriebenen Gebetsräume. Diese finden sich nicht nur improvisiert dort, wo es keine regulären Moscheen gibt. Vielmehr ist gerade an muslimischen Feiertagen häufig zu beobachten, dass die Moscheen nicht ausreichen, um alle Gläubigen zu fassen, sodass diese auf den Plätzen oder Straßen davor mit ihren Gebetsteppichen, Matten und anderen Textilien einen Raum markieren, der für die Dauer des Gebets vom restlichen städtischen Raum abgegrenzt ist.

Diese Art von öffentlichem Gebet kann natürlich in Konfliktfällen auch politisch eingesetzt werden und als Quasidemonstration dienen. So fanden beispielsweise im Kontext des sogenannten Arabischen Frühlings 2011 Gebete auf dem Tahrir-Platz in Kairo statt. Und auch muslimische Minderheiten können auf diese Weise ihre Präsenz wirkungsvoll demonstrieren. 2016 etwa beteten muslimische Studierende der Technischen Universität Berlin demonstrativ vor der Universität, nachdem diese die

Nutzung der zuvor als Gebetsraum fungierenden Turnhalle zu diesem Zweck verboten hatte.[13]

Auch die sogenannten Maulid-Feiern anlässlich des Geburtstags des Propheten oder von Heiligen werden – regional sehr unterschiedlich – im öffentlichen Raum abgehalten. Während man in Kairo bei solchen Anlässen beispielsweise Zelte auf Straßen und Plätzen findet, in denen religiöse Zeremonien, etwa die Rezitation von Gebeten und Hymnen, abgehalten werden, finden anderswo große Umzüge mit Musik statt, für die unter Umständen ganze Straßenzüge abgesperrt werden.

In schiitischen Regionen, etwa im Iran oder in bestimmten Teilen Pakistans, organisieren einzelne Stadtviertel derartige Prozessionen während der Muharram-Feierlichkeiten, die der Erinnerung an den Tod des Prophetenenkels Husain in der Schlacht von Kerbela im Jahr 680 dienen. Rivalitäten zwischen den Bewohnern dieser Viertel drücken sich dann im Anspruch auf bestimmte Prozessionsrouten aus. Diese symbolische Inanspruchnahme des städtischen Raums kann zu ernsthaften Konflikten bis hin zu bewaffneten Auseinandersetzungen führen, bei denen nicht selten Tote zu beklagen sind.[14]

Darüber hinaus gibt es verschiedene weitere Hinweise, wie das Religiöse in den Städten sichtbar wird. Hierzu gehört – sehr sichtbar – die Kleidung von Frauen und – seltener – von Männern sowie bei Männern bestimmte Arten der Barttracht.

---

13 https://www.focus.de/politik/deutschland/radikalisierung-an-der-tu-berlin-proteste-nach-schliessung-von-turnhallen-gebetsraum_id_5561158.html (Zugriff am 07.08.2019).

14 Hierzu Reza Masoudi-Nejad: *The Rite of Urban Passage*, New York/Oxford: Berghahn 2018.

Abb. 69: Verkauf islamischer Kopfbedeckungen für Frauen in Istanbul

Mindestens ebenso wichtig ist aber die Art der Bewegung im öffentlichen Raum. Der Anthropologe Michael Gilsenan hat einmal formuliert, dass Frauen häufig unsichtbar blieben, obwohl sie die Straßen frequentierten. Sie seien, so beschreibt er es, zwar im wörtlichen Sinne sichtbar, aber sie würden in dem Sinne nicht gesehen, dass Männer und Frauen unterschiedliche Teile der Straße benutzten und es vermieden, sich gegenseitig anzuschauen. Es lohnt sich, auch seine Begründung für dieses Phänomen zu erwähnen: Frauen »seien öffentlich ›nicht anwesend‹, gerade weil sie so wichtig seien« – wichtig nämlich für bestimmte Vorstellungen von Ehre, Familie usw., die auf einem Keuschheitsideal basieren, dem zufolge die Frau geschützt und damit öffentlich nicht sichtbar sein sollte.[15] Was hier deutlich wird, ist, dass und wie zumindest in sozial stärker geschlossenen Einheiten (etwa traditionellen Stadtvierteln) der Islam und isla-

15 Gilsenan, *Recognizing Islam*, 172.

mische Vorstellungen von öffentlich und privat, von Ehre und Moral die Nutzung des städtischen Raumes prägen.[16] Dabei ist jedoch festzuhalten, dass dieses Ideal keineswegs durchgängig in der sozialen Praxis umgesetzt, sondern vor allem von bestimmten höfischen und »gutbürgerlichen« Kreisen verfolgt wurde.

4. Schlussbetrachtung

Zusammenfassend lässt sich festhalten, dass es neben Moscheen eine Vielzahl architektonischer Marker im städtischen Raum gibt, die religiös konnotiert sind. Dabei kann es sich um Institutionen – etwa öffentliche Badehäuser – ebenso handeln wie um Einrichtungen der Infrastruktur (z. B. Wasserleitungen). Gleichermaßen wichtig scheinen allerdings praxeologische Zeichen zu sein, die sich besonders prominent an Kleidung und Verhalten im öffentlichen Raum ablesen lassen.

Es versteht sich von selbst, dass das Beschriebene dem historischen Wandel unterworfen ist. In den meisten muslimischen Ländern werden die religiösen Stiftungen heute vom Staat verwaltet und oft auch vernachlässigt. Gleichzeitig treten staatliche und private Angebote im Bereich städtischer Infrastruktur (z. B. Bildungs- und Gesundheitsinstitutionen) in Konkurrenz zu oder an die Stelle von Einrichtungen, die über das Instrument der Stiftungen organisiert werden. Und auch im Bereich der Wertvorstellungen und der Nutzung und Gestaltung des städtischen Raums gibt es vielfältige Veränderungen, die teils auf urbanistische, teils auf gesellschaftliche und politische Veränderungen zurückzuführen sind. Insofern kann diese Bestandsaufnahme, die vor allem durch den historischen Rückblick geprägt ist, keine zeitlose Allgemeingültigkeit für sich beanspruchen.

---

16 Hier ist weiterführend die Studie von Stefan Maneval: *New Islamic Urbanism*, London: UCL Press 2019 zu nennen.

Städtische Formen des islamischen Gesetzes. Traditionelle Strukturen und soziale Werte der mittelalterlichen Medina

Håkan Forsell

Einleitung

Die älteste Form der arabisch-islamischen Stadtstrukturen, wie wir sie im Nahen Osten und in Nordafrika finden, hat vielfach starke Gefühle und Reaktionen hervorgerufen, nicht zuletzt in westlicher Betrachtung. Der »orientalistische« Blick der Kolonialzeit ist schwer abzulegen und findet sich noch immer in Populärkultur und politischen Stereotypen. Bei westlichen Gelehrten wurde die Struktur der islamischen Stadt auch in der Nachkriegszeit noch weitgehend und ganz grundsätzlich unter negativen Gesichtspunkten gesehen. Aus ihrer Perspektive hatte die islamische Stadt die Ordnung der antiken Stadt (das alte Erbe, auf dem einst die islamische Urbanisierung basierte, wie etwa in Aleppo oder Damaskus) verloren oder verfälscht. Die Marktgassen, das Handwerksviertel (*suq*), die Karawanen- und die Khan-Häuser wurden als Degenerationserscheinungen der römischen und hellenistischen städtischen Umgebung mit ihren Straßen, Säulen, Basiliken und Plätzen betrachtet.[1] Der französische Historiker Roger Le Tourneau schrieb 1957: »Nichts ist einer muslimischen Stadt im Maghreb fremder als die geradlinigen Alleen einer römischen oder modernen Stadt. [...] Das Luftbild einer muslimischen Stadt lässt uns an ein Gewirr denken

1 Gustave von Grunebaum: »Die islamische Stadt«, in: *Saeculum* 6 (1955), 138–153.

oder an ein Labyrinth [...] es gibt eine außergewöhnlich hohe Zahl von Sackgassen und selten sind die Straßen gerade.«[2]

Die traditionelle islamische Stadt verfügte nicht über die städtischen Institutionen, die sich ungefähr zeitgleich in den mittelalterlichen Städten Europas entwickelt hatten. Deshalb konnte man vermuten, dass die islamische Stadt keine rechtliche oder institutionelle Einheit bildete, sondern lediglich eine Ansammlung von Menschen mit widersprüchlichen Interessen. Die Stadt war de facto eine Nicht-Stadt, eine inkonsistente und anorganische Versammlung von Vierteln.[3] Dieser Betrachtung zufolge wäre die muslimische Kultur geprägt von einer »antistädtischen« Haltung. Zugleich aber hätte die islamische Stadt etwas »Zeitloses«, weil sie häufig dieselben wiederkehrenden Formen und Institutionen aufwies: Moschee, Markt, Handelsplatz, Mauern und Stadttore, Zitadelle. Die westliche Sicht auf die ältere islamische Stadtform in der *Medina* sah in ihr daher auch etwas Ungebrochenes, eine Gesellschaft, die sich in einem erstaunlich langen Zeitraum – von der ersten Moschee bis zur westlichen Kolonialisierung – nicht wirklich veränderte.[4]

1.

Dieser Diskurs verlor allerdings in dem Moment an Einfluss, als weite Regionen Nordafrikas und im Nahen Osten nach dem Zweiten Weltkrieg entkolonialisiert wurden und Unabhängigkeit erlangten. Geografische Studien interessierten sich nun

---

2 Roger Le Tourneau: *Les villes musulmanes de l'Afrique du Nord*, Vol. I, Alger: La maison des livres 1957, 20 (Übers. H. F.).

3 Vgl. Jean Sauvaget: *Alep. Essai sur le développement d'une grande ville syrienne des origines au milieu du XIXe siècle*, Paris: P. Geuthner 1941.

4 Vgl. André Raymond: »Islamic City, Arab City. Orientalist Myths and Recent Views«, in: *British Journal of Middle Eastern Studies* 21 (1994/1), 3–18.

stärker für die räumlichen Beziehungen und verfolgten die städtische Entwicklung aus neuen Perspektiven und mit größerer Objektivität. Auch das vermeintliche »Schweigen« des islamischen Rechts in Bezug auf die legale Stellung der Stadt erwies sich als nicht richtig. Vergleiche, die nach einer Entsprechung zu den speziellen Stadtgesetzen des europäischen Mittelalters Ausschau hielten – ein Forschungsansatz, der auf Max Webers Studien zu den Idealtypen städtischer Gesellschaften zurückging –, hatten die tiefgreifende Beziehung zwischen dem Gesetz und der Stadt übersehen, die in der islamischen Jurisprudenz besteht. Die Stadt als gebaute Form und als gelebte soziale Umgebung wurzelte vielmehr unmittelbar in der Religion; die »islamische Stadt«, oder wie André Raymond vorschlägt: »die traditionelle arabische Stadt«, basierte somit weitgehend auf den Vorgaben einer religiös motivierten Gesetzgebung. Trotz verschiedener regionaler und lokaler Unterschiede versammelten die älteren Stadtbezirke ähnliche Aktivitäten in sich wie Handel, Kult und Bildung, für die sie auch jeweils dauerhafte Institutionen besaßen. Einen weiteren Faktor, der die Verwandtschaft städtischer Strukturen in der islamischen Welt begründete, obwohl sich diese schließlich über Tausende von Kilometern in Ost-West-Richtung ausdehnte, bildeten die ähnlichen klimatischen Bedingungen in den Regionen. Dies bedeutete, dass eine ganze Reihe von Traditionen und Vorgaben existierte, die weitergegeben wurden und eine Korrespondenz zwischen den sozialen und kulturellen Werten sowie der gebauten Umgebung schufen.

2.

Ähnlich wie das Judentum entwickelte sich der Islam zu einer »städtischen« Religion; das ritualisierte Alltagsleben benötigte verschiedene formale Institutionen wie Moschee, Bad, Schule etc. Und genau wie im formalisierten Judentum stand dieses städtische Element in einer Spannung zu der früheren nomadischen Lebensweise, die kennzeichnend war für jene Stämme, die ursprünglich den Islam hervorgebracht und die Ausbreitung dieser Religion betrieben hatten. Der mittelalterliche Philosoph und Historiker Ibn Chaldūn erachtete den Nomadismus mit seiner zyklischen Energie als unverzichtbar für die städtische Entwicklung und die Revitalisierung der Gesellschaft. Zwangsläufig bildeten sich bauliche Manifestationen der religiösen Gemeinschaft und ihrer Werte aus. Das islamische Gesetz verfügt über einen Kernbestand an religiösen und sozialen Praktiken, Werten und Traditionen – am besten vergleichbar vielleicht mit den Ordensregeln im Christentum, mit dem Unterschied freilich, dass diese Regeln nicht nur für eine spirituelle Gruppe galten, sondern für alle Mitglieder. Die Ordensregeln erstrecken sich also gewissermaßen auf die ganze Gemeinschaft der Gläubigen. Städte, die unter islamischem Brauch und Gesetz errichtet wurden, hatten keine »res publica«, insofern es keine Bürgerrechte gab, die ihren eigenen Platz unabhängig von den Autoritäten errungen hatten. Notwendig war allein die Befolgung des religiös vorgeschriebenen Weges. Der *waqf* war die einzige »öffentliche« Institution, da er Einrichtungen für die Gemeinschaft hervorbringen konnte, die nicht im Laufe der Zeit verzichtbar wurden, weshalb er in der Art einer öffentlichen Dienstleistung fungieren konnte (er sorgte beispielsweise für den Bau von Wasser- und Abwassersystemen, häufiger aber für Moscheen und Schulen). Das Fehlen einer umfassenden Planung wurde in den älteren islamischen Städten ersetzt durch ein Bewusstsein für genau definierte individuelle und soziale

Verpflichtungen, die vorgegeben wurden von den religiösen Konventionen.[5]

Ziel dieses Artikels ist es, zu analysieren, wie sich religiöse, kulturelle und soziale Werte einer Gesellschaft auf die Bauformen auswirken: Welche Hauptprinzipien lassen sich identifizieren, die dem Bau älterer islamischer Städte zugrunde liegen? Betrachtet werden soll insbesondere, inwiefern die traditionelle islamische Gemeinschaft durch Wohnbau, Ausdehnung und Verdichtung ihre alltägliche Form erlangt hat, die letztlich auf der Deutung und den gängigen Praktiken des islamischen Rechtssystems (*shariʿa*) basiert. Konkrete Beispiele beziehen sich hauptsächlich auf die mittelalterlichen Medinas von Fès und Tunis im Maghreb.

3.

Wenn man untersuchen will, wie die Rechtsprechung den Bau von Städten beeinflusst, sind die traditionellen islamischen Gesellschaften besonders interessant. Es gibt nämlich eine direkte Verbindung und Motivierung von der religiösen Gesetzgebung – *shariʿa* – hin zum physischen Organisieren einer Gesellschaft, d. h. eine Art von Übersetzung der Werte in räumliche Beziehungen und Hierarchien. Die Entwicklung des islamischen Rechts vollzog sich schrittweise und erreichte während der zweiten Hälfte des dritten islamischen Jahrhunderts, um 900 n. u. Z., ihr Reifestadium. Die Rechtsquellen, auf die sich alle Rechtsschulen der Sunni-Tradition einigen können, sind dabei der Koran, die *sunna* (die Worte und Taten des Propheten), die *idschmāʿ* (Ansichten, die auf dem Konsens einer Mehrheit ge-

---

5 Vgl. Stefano Bianca: *Urban Form in the Arab World – Past and Present*, Zürich: vdf 2000, 32.

lehrter Muslime beruhen) und der *qiyās* (ein Urteil basierend auf dem Analogieschluss).[6]

Als Ausgangspunkt könnte man festhalten, dass das islamische Recht ausgesprochen »nachbarlich« organisiert ist. Es behandelt Themen wie Koexistenz, Gesellschaft und Einstellungen im Hinblick auf das Zusammenleben.[7] Im Koran gibt es einige Passagen, die die Bedeutung der sozialen Solidarität unter den Muslimen betonen, wie »Und haltet euch allesamt fest am Seile Allahs und seid nicht zwieträchtig ...« (Sure 3: 103, Ahmadiyya-Übersetzung) oder auch den Rat Mohammeds, die Gläubigen sollten zusammenstehen »wie Steine in der Mauer«. Die »guten Nachbarn« bildeten daher in den älteren städtischen Umgebungen eine Form der Solidarität aus, die sich gleichsam materialisierte.[8] Der Koran betont die Wichtigkeit, ein »guter Nachbar« zu sein (Sure 4: 40), und es gibt auch eine Hadith, in welcher der Prophet sagt, dass derjenige »kein Gläubiger ist, der seinen Magen füllt, während der Nachbar hungrig bleibt.« (Al-Adab Al-Mufrad Buch 6, Hadith 112)

Auch Bauprojekte bezogen insofern die konkreten Beziehungen und Abhängigkeiten zwischen den Menschen ein, ebenso wie umgekehrt die Bauvorschriften einen direkten Einfluss auf das soziale Leben in der Nachbarschaft hatten. In der islamischen Jurisprudenz (*fiqh*) gibt es auch eine Art von wechselseitiger Dienstbarkeit der Nachbarn – z. B. in Bezug auf die Verteilung des Wassers –, nicht zuletzt aber auch die Verpflichtung,

---

6 Vgl. Besim Hakim: »Law and the City«, in: Salma K. Jayyusi u. a. (Hg.), *The City in the Islamic World*, Leiden/Boston: Brill 2008, 71–92, hier S. 79.

7 Hisham Mortada: *Traditional Islamic Principles of Built Environment*, New York: Routledge 2003.

8 Bianca: *Urban Form in the Arab World – Past and Present*, 75.

dem Nachbarn die Nutzung von Mauern für Bauvorhaben zu gestatten. In der Sammlung *Das Buch der Mauern* heißt es, dass die »vierte Wand dem Nachbarn als ein Geschenk« gegeben werden solle.[9] Statt eine weitere angrenzende Mauer zu bauen, solle zur Befestigung der Stützbalken die Wand des Nachbarn dienen. Zu dieser Praxis ermutigt auch der Prophet im Koran: »Ein Nachbar soll seinem Nachbarn nicht verbieten, Holzbalken in seine Wand einzulassen.«[10]

So war beispielsweise im mittelalterlichen Tunis die gängige Lösung zur Vergrößerung des Hauses der Bau eines Raumes über der Straße, *sabat*. Um die Konstruktion an einem anderen Gebäude zu befestigen, galt es, die Erlaubnis des Nachbarn einzuholen, wobei in diesem konkreten Fall nichts den Nachbarn ausdrücklich zur Zustimmung verpflichtete. Es ging hier eher um pragmatische Erwägungen und darum, wie der Besitzer des Erweiterungsanschlusses die zukünftigen Beziehungen zu seinem Nachbarn einschätzte. Diese »nachbarliche« Sorgfaltspflicht korrespondierte mit dem Fehlen einer institutionellen Kontrolle. Die älteren Medinas in Tunis und Fès dehnten sich unter den streng pragmatischen Gesichtspunkten der örtlichen Bauweise aus. In einigen allgemeineren Prinzipien der *fiqh* geht es darum, die Dynamik des Entscheidungsprozesses (wie etwas umgesetzt wird) als maßgebliche Grundlage für die Realisierung der Bauform zu betonen. Die Entscheidungen sollen in Übereinstimmung mit den Regeln der *fiqh* getroffen werden, welche

---

9 Vgl. Juan Eduardo Campo: *The Other Sides of Paradise. Explorations into the Religious Meanings of Domestic Space in Islam*, Columbia, S. C.: University of South Carolina Press 1991.

10 Zitiert nach: Abu Hurairah, in: Hakim, »Law and the City«, 83; siehe auch: Simon O'Meara: *Space and Muslim Urban Life. At the Limits of the Labyrinth of Fe*, London/New York: Routledge 2007.

sich wiederum auf den islamischen Werten des Koran und der Hadith gründet.[11]

Die Bauweisen in der Medina waren in diesem Sinne das Resultat religiöser und soziokultureller Konventionen. So weit wie möglich sollte das System sich selbst regulieren und nicht verschiedenen Entscheidungsprozessen unterworfen werden.

4.

Ebenso wie die Familie als eine sich selbst tragende Institution die Basis der gesamten sozio-kulturellen Struktur bildet, ist die einzelne Wohneinheit das wichtigste Element älterer islamischer Stadtformen. Das Haus (*dar*) bildete weit mehr als nur eine Wohneinheit, es war etwas Eigenständiges, etwas, das »in sich selbst zentriert« war. Die Familie oder der Clan waren ein Haus, und *dar* bildete die Schutzhülle, das Territorium, das es zu verteidigen galt, es war der »unverletzliche Körper«. Dies ist nicht nur symbolisch, sondern ganz konkret physisch zu verstehen. Das Territorium des Hauses war der »Körper« der Familie und benötigte dementsprechend eine architektonische »Außenhaut« oder »Hülle«.[12]

Simulieren wir den Bauprozess eines Hauses, stoßen wir auf bestimmte Kernelemente (ich rekurriere hier auf Feldstudien, die wir vor allem in Tunis durchgeführt haben): Es gibt unbedingt eine *skifa*, einen Vorraum oder Empfangsbereich, der dazu dient, den direkten Zutritt in das Haus zu verwehren; dann einen *wust al-dar*, einen offenen Hof in der Mitte des Hauses, so wie es ihn in vollentwickelter Form bereits in den sumerischen Häusern 2000 v. u. Z. gab; ein *majin*, eine Zisterne, um das Re-

11 Hakim: »Law and the City«, 84.
12 Bianca: *Urban Form in the Arab World – Past and Present*, 72 f.

genwasser von den Dächern zu sammeln; sowie ein *ophal*, einen Säulenkorridor. Das Haus weist auch eine Hierarchie von Räumen auf: einfachere Räume und einen größeren, besonders in den Häusern der Mittelklasse.[13]

Aus städtebaulicher Sicht kann man bemerken, wie wichtig die Übergangszonen zwischen »drinnen« und »draußen« waren. Fremde sollten keinen direkten Einblick in Privathäuser gewinnen; es gab bestimmte Winkel, die dem Auge beim Blick von der Straße in das Haus vergönnt oder aber untersagt waren. Für Außenstehende, die nicht der Familie angehören, verbietet der Koran den Besuch des Hauses (Sure 24: 27–28). Kommt es dennoch dazu, sind strenge räumliche und soziale Regeln zu beachten. Die räumliche Ordnung der Geschlechter ist klar: Männliche Besucher, die nicht Teil des Clans oder der Familie sind, haben bei einem Besuch im Eingangsraum auf die Begleitung durch ein männliches Familienmitglied zu warten. Die Frauen dagegen haben ihren Platz im Innern des Hauses, ihnen oblag für gewöhnlich eine »häusliche Perspektive« auf die Stadt.[14] So war es außerhalb der Familie stehenden Männern untersagt, Wohnräume zu betreten, während Terrassen und Dächer den Bereich markierten, der Frauen und Kindern vorbehalten war.

Von außen gesehen war das Wohnen patriarchalisch organisiert, oft verbunden mit männlichen Vorfahren, die mit diesem Haus assoziiert wurden. Von innen gesehen herrschte ein matriarchalisches Regiment, mit der Mutter oder Großmutter im Zentrum des Hauses. Jedes mögliche »Eindringen« musste abgewehrt werden: Die Fenster waren verhangen mit dünnem Stoff oder bedeckt von verzierten Holzläden. Innerhalb der Eingangs-

13 Hakim: »Law and the City«, 82.
14 Bianca: *Urban Form in the Arab World – Past and Present*, 54.

öffnung wurde zusätzlich ein kleineres Tor errichtet, um einem möglichen Eindringen die Wucht zu nehmen. Das traditionelle Haus war komplett nach innen orientiert, denn dort ist der Ort, an dem Werte geschaffen werden. Äußerlich sollte nichts Auffälliges oder Erstaunliches die Aufmerksamkeit erregen, wie in der *shari'a* vorgeschrieben.[15]

Etwa ein Drittel der gesetzlichen Verordnungen des Korans bezieht sich auf die Familie und richtige Familienbeziehungen. Die Regelungen zielen auf eine Stärkung der familiären Bindungen, auch im Blick auf die »Großfamilie«. Das Zusammenleben eben dieser Großfamilie war auch der Hauptgrund, warum das traditionelle arabisch-muslimische Haus nie ganz fertig werden konnte. Wenn die Familie wuchs oder sich ihre Zusammensetzung änderte, musste das Haus entsprechend angepasst, erweitert oder modifiziert werden.[16] In der Großfamilie war es normal, dass drei oder vier Generationen im selben *dar* lebten. Die familiären Beziehungen kamen durch Blutsverwandtschaft, Zugehörigkeit und Pflegschaft zustande.

Wichtige Familien banden neu hinzukommende ärmere Familien in ihr Haus und ihre Nachbarschaft ein, was sich als notwendig für den Prozess der Urbanisierung und Integration erwies. Im mittelalterlichen Tunis und Fès war dieser Klientelismus Teil eines größeren funktionalen Netzwerks von Handel und Herstellung. Als strategischem Ort kam dem Haus in dieser Hinsicht im traditionellen städtischen Umfeld eine außerordentliche Bedeutung zu.

Die Vorstellung, die traditionelle Gesellschaft sei stärker durch eine Harmonie der sozioökonomischen Bedingungen als

---

15 Ebd., 73.
16 Mortada: *Traditional Islamic Principles of Built Environment*, 34.

durch ihre Trennung in Kategorien gekennzeichnet gewesen, ist völlig falsch. André Raymond schreibt: »Die ›traditionelle‹ Gesellschaft war charakterisiert durch ihre stark ausgeprägte Ungleichheit [...].«[17] Es halten sich nach wie vor Mythen, wonach die traditionelle islamische Gesellschaft aus einem homogenen sozialen Körper bestehen soll. Doch das Gegenteil ist der Fall: Die Medinas waren hoch segregierte und hierarchische Räume.

5.

In der Medina konnte es durchaus geschehen, dass die Nachbarschaft die Straße gleichsam »verschluckte« und in einen Korridor mit Privatzugang verwandelte. Dieser Prozess korrespondiert damit, dass sich der Stadtraum hierarchisch und mit graduellen Abstufungen von Privatheit ausbildete. In den älteren städtischen Siedlungen islamischer Prägung ist das öffentliche Straßennetz oft auf ein Minimum von Arterien und Abzweigungen vom Zentrum hin zu den Stadttoren reduziert. Deshalb gibt es in der Stadt auch kaum »anonymes« Territorium. Familien, Clans oder auch Unternehmen hatten die Möglichkeit, die Kontrolle über »ihre« Gebiete zu übernehmen, und zwar sowohl in den Wohn- als auch den Marktvierteln. Um ein einfaches Beispiel zu geben: Wenn der älteste Sohn einer Familie heiratete, so musste er eine eigene Wohnstatt bekommen, jedoch so, dass diese sich an das Stammhaus anschloss. Um das zu ermöglichen, konnten Vereinbarungen mit den Nachbarn getroffen werden, um Wohnraum hinzuzufügen, eine Straße zu überbauen oder den Straßeneingang zu dieser Nachbarschaft ganz zu schließen und zu privatisieren – daher die oben erwähnten »verschluck-

17 Raymond: »Islamic City, Arab City. Orientalist Myths and Recent Views«, 14 f.

ten« Straßen. Das geschlossene Viertel von Tunis heißt *houma*. *Houma* besitzt keinen eigenen formalen und administrativen Status; die Stadträume existieren jedoch im Bewusstsein und in den Vorstellungen der Menschen, die sie durch ihre alltäglichen Routinen, ihre Gespräche und sozialen Beziehungen geschaffen haben.[18]

Diese privaten Identitäten von Territorien waren vorherrschend: »Quantitative« – also anonyme – Räume wurden definiert und geprägt, indem sie zu »qualitativen« Räumen – also familiären, privaten – wurden. Dies geschah durch ständige Verhandlungen, Erweiterungen, Überdachungen, Schließungen.

Es ist schwierig, in einer traditionellen islamischen Stadt überhaupt Wertschätzung für einen »anonymen« Teil aufzubringen, was einen fundamentalen Unterschied zu westlichen Städten markiert, wo im Laufe der Zeit die Anonymität selbst zu einem entscheidenden Charakteristikum des »Urbanen« avancierte. Durch die Übernahme öffentlicher Straßen konnte die Nachbarschaft den »öffentlichen« Raum der Stadt privatisieren und in Sackgassen (*cul-de-sacs*) verwandeln. Es gab hier eine Wertdifferenz: Der öffentliche Raum war »wertlos«, private und familiäre Räume hingegen »wertvoll«. Das Öffentliche hielt quantitative Räume bereit, das Private schuf qualitative Räume. Folglich ließ sich der öffentliche Straßenraum in der Medina ständig minimieren. Starke Familien – wie die Beldi in Tunis oder die Fassi in Fés – konnten in einer Medina noch bis weit ins 20. Jahrhundert hinein vollkommene Dominanz für sich beanspruchen. Man könnte in diesen Fällen von einer familiär

18 Vgl. Justin McGuinness: »Neighbourhood Notes: Texture and Streetscape in the Médina of Tunis«, in: Susan Slyomovics (Hg.), *The Walled Arab City in Literature, Architecture and History*, London/New York: Routledge 2001, 97–120, hier S. 107.

geprägten Urbanität sprechen, mit ausgedehnten Familien und Clans, die sich »Treppen« teilten.[19] So wurde die traditionelle Medina zu einem Ort der »Selbstverwaltung« auf verschiedenen Ebenen.

Zusammenfassung

Bis zur Mitte des 20. Jahrhunderts blickten westliche Historiker und Archäologen aus einer oft degradierenden Perspektive auf traditionelle islamische Stadtumgebungen (da nicht den Normen antiker oder mittelalterlicher europäischer Städte entsprechend) oder interpretierten sie als exotisch und zeitlos. Mit dem Aufkommen postkolonialer Perspektiven jedoch entstand ein breites Spektrum von Forschungen, welche die traditionelle islamische Stadt als ein Resultat der lokalen ökonomischen und geografischen Kultur (im Maghreb insbesondere im Zusammenhang mit dem Leben und Wohnen der Nomadenstämme) und der Aneignung des Islam als einer Religion mit bestimmten Lebens- und Handlungsregeln analysierten. Während seiner Ausdehnung nach Westen zwischen den Jahren 700 bis 1000 wurde der Islam zu einer weitverbreiteten städtischen Religion. Es waren die religiösen Institutionen der Städte, die das neue Bekenntnis bekundeten und im Laufe von Generationen das urbane Leben und die urbanen Kulturen etablierten. Das islamische Gesetz bestand aus einer Reihe von Ritualen, Werten und Traditionen, die während des Mittelalters, aber manchmal sogar bis in die 1960er-Jahre unter dem Einfluss »starker« Familien ein dichtes Gefüge von vernetzten und streng hierarchischen Stadt- und Wohnräumen schufen.

19 Liliana Villanueva: »Exkurs: Die Stadt im Islam«, in: *Islamisch geprägte städtische Plätze in Persien und Mittelasien* (unveröffentlichte Dissertation, Darmstadt 2009), 134.

In diesem Beitrag habe ich versucht, einige zentrale Verbindungen zwischen der Struktur der baulichen Stadtumgebung und den religiösen Regeln in den traditionellen islamischen Städten aufzuweisen. Dabei habe ich mich nicht auf die repräsentativen religiösen Bauten und Institutionen (Moscheen oder Schulen, *madras*) konzentriert, sondern auf Wohngebäude und häusliche Nachbarschaften. Das lokale architektonische Gefüge – die »Architektur ohne Architekten« – gehorcht den Regeln und Prinzipien religiöser Gesetzgebung und Schriftkultur. Das islamische Gesetz gab nicht nur grundlegende Bauformen vor, sondern auch, wie Nachbarn sich untereinander verhalten sollten. Die religiösen Texte enthielten darüber hinaus Anordnungen, die familiäre Beziehungen motivierten und schützten, somit unmittelbar Einfluss auf den gebauten Raum nahmen und die Dominanz des privaten, *qualitativen* Raums über den öffentlichen, *quantitativen* Raum bedingten.

Wohnbezirke und Nachbarschaften in Fès el Bali, Marokko oder in der Medina von Tunis waren in ihrer traditionellen Ausformung nicht Gegenstand eines lokalen oder zentralen Planens – die Stadtlandschaft entstand vielmehr weitgehend aus den religiös verankerten wechselseitigen Beziehungen von Individuen, Familien und Nachbarn und im Blick auf die sozialen und ökonomischen Beziehungen im städtischen Milieu.

Aus dem Englischen von Ludger Hagedorn

Jerusalems zerstörter Tempel und seine Stellvertreter. Stadt und Religion in Jerusalem – irdisch, himmlisch, politisch?

Angelika Neuwirth

Die Frage nach Heiligkeit – oder Heil-losigkeit – (in) der Stadt lädt ein zum Nachdenken über eine besondere Stadt, die den Titel »heilig« gleich in einem dreifachen Sinne für sich beansprucht: Jerusalem. In der Tat ist das, was an Jerusalem fasziniert, seine einzigartige »Convivencia« dreier Weltreligionen, die diesen Ort gleichzeitig als ihr Heiligtum reklamieren.

1. Das Kreuzfahrer-Erbe

Die Karte einer Stuttgarter Handschrift aus dem 13. Jahrhundert[1] spiegelt das Jerusalem-Bild der eben zu Ende gehenden Zeit der Kreuzzüge wider (Abb. 70). Sie legt dabei eine Besonderheit frei, die ich im Folgenden thematisieren möchte: die Permeabilität, ja, die »Hybridität« der Heiligkeit Jerusalems. Gemeint ist damit das Ineinandergreifen von Heiligtumsvorstellungen aus drei unterschiedlichen Religionskulturen, die sich dadurch zu einem Ensemble fügen, dass sie sich auf einen gemeinsamen Referenzpunkt beziehen: den jüdischen Tempel.

1 Siehe dazu Rehav Rubin: *Image and Reality. Jerusalem in Maps and Views*, Jerusalem: Hebrew University Magnes Press 1999, 28, Tafel 8.

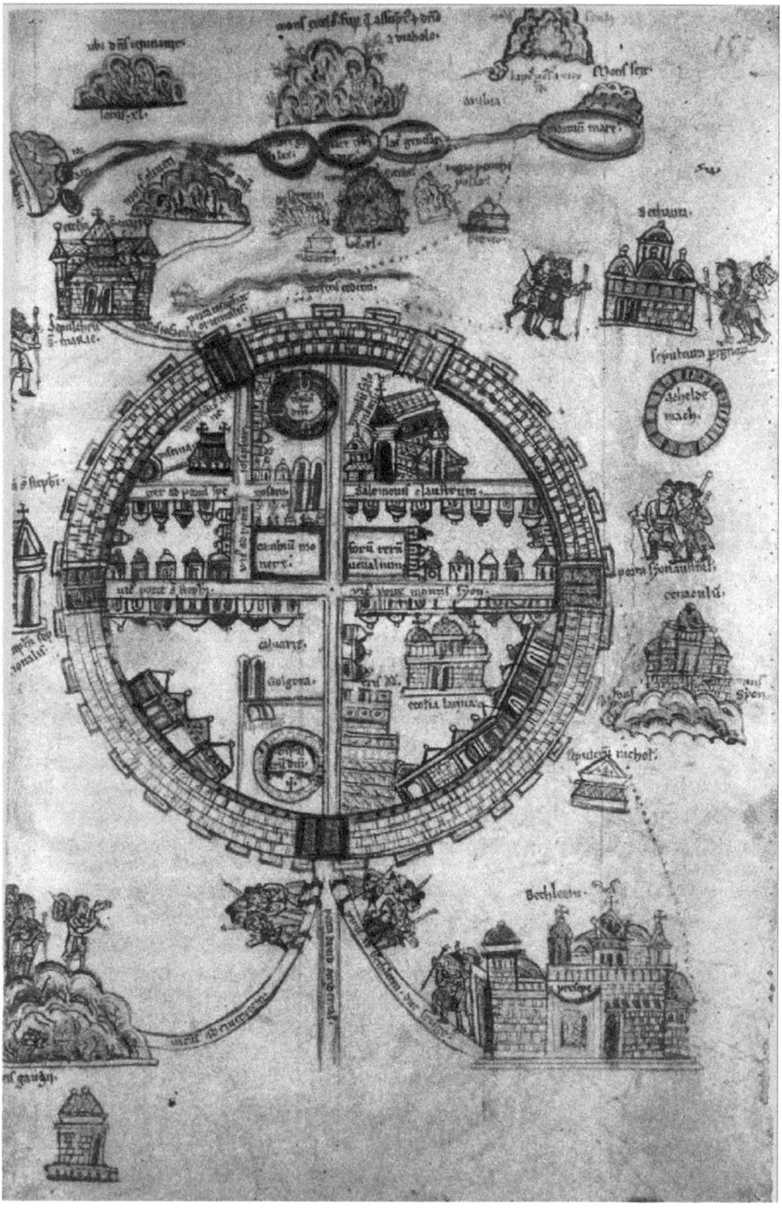

Abb. 70: Jerusalem-Karte aus der Zeit der Kreuzzüge (13. Jahrhundert)

Die Karte stellt einen breiteren Ausschnitt aus dem Heiligen Land dar, der aber um Jerusalem als sein Zentrum ausgelegt ist. Die Kreisform des Stadtbildes – seine symbolhaft stilisierte Form – ist eine Umsetzung der älteren quadratischen Form, mit welcher Illuminationen der Johannesoffenbarung das »Neue Jerusalem« darstellen (vgl. Abb. 71).[2]

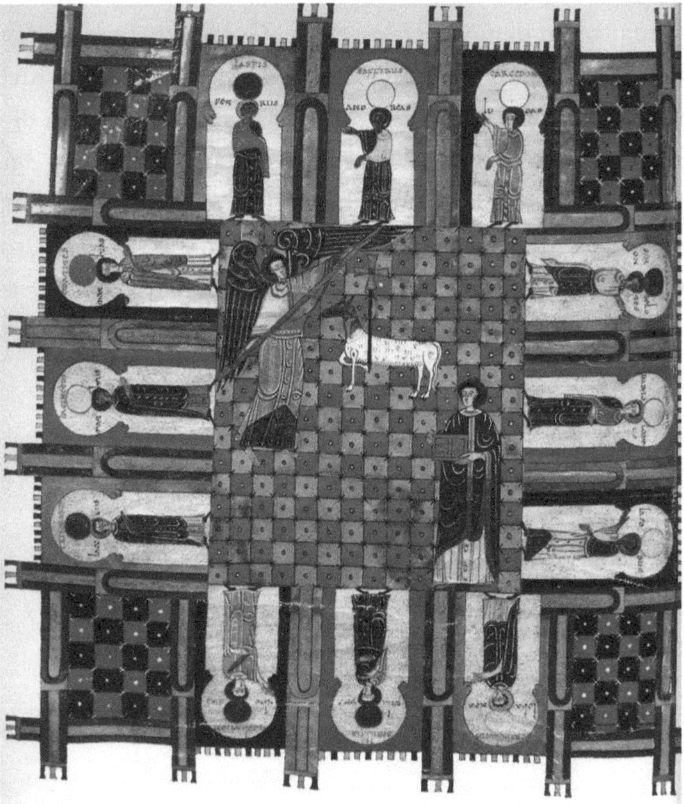

Abb. 71: Das »Neue Jerusalem« (1. Hälfte des 8. Jahrhunderts)

2 Am bekanntesten dürfte die Darstellung aus dem Beatus-Kommentar zur Apokalypse (1. Hälfte des 8. Jahrhunderts) sein; siehe Bianca Kühnel: »Geography and Geometry of Jerusalem«, in: Nitza Rosovsky (Hg.), *City of the Great King. Jerusalem from David to the Present*, Cambridge/Mass.: Harvard University Press 1996, 288–332.

Auch auf der Karte (Abb. 70) verweist die Schematisierung auf eine von den realen Gegebenheiten abweichende, apokalyptische Bedeutung der Stadt. Sie ist von einem Mauerring umgeben, der von fünf Toren durchbrochen wird, vier jeweils in die Himmelsrichtungen, zu den »Enden der Welt«, weisenden Toren und darüber hinaus von dem verschlossenen »Goldenen Tor«, durch welches – auch dies ein apokalyptisches Detail – laut Ezechiel (Ez 44,2) die ins Exil gegangene göttliche Präsenz wieder in die Stadt einkehren wird. Obwohl die schematische Vierteilung der Stadt der tatsächlichen (aus römischer Zeit bewahrten; vgl. Abb. 72) Gliederung durch zwei *cardines* und einen *decumanus*, also Hauptstraßen, welche die Stadt als Nord-Süd- bzw. West-Ost-Achse durchziehen, im Groben entspricht, ist doch das Kreuz als imaginierte Grundstruktur nicht zu übersehen.

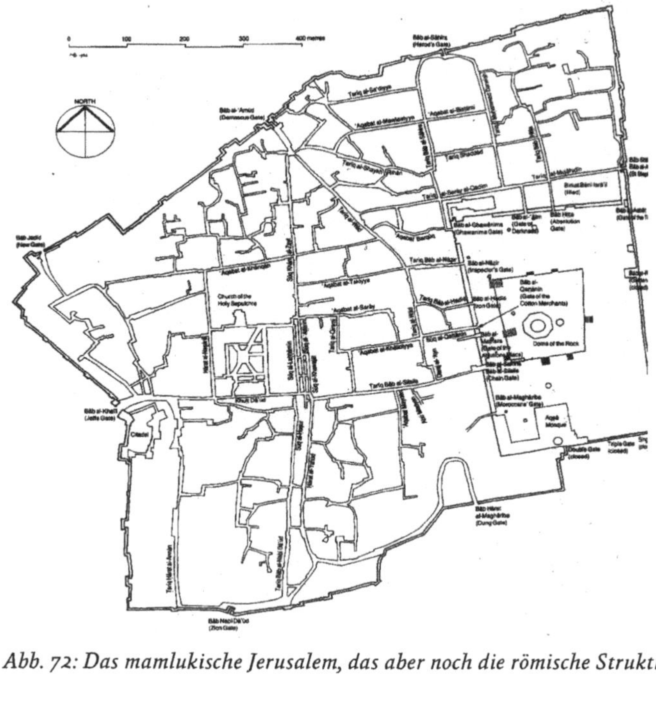

Abb. 72: Das mamlukische Jerusalem, das aber noch die römische Struktur reflektiert

Die Topografie Jerusalems wird hier durch lateinische Bildunterschriften erschlossen, die reale Orte, offenbar die wichtigsten Pilgerziele, in den Fokus rücken. Was wird darin angezeigt? Der obere Teil der nach Osten ausgerichteten Karte ist faktisch von islamischen Bauten besetzt, links vom Rundbau des Felsendoms und rechts von der Basilika der al-Aqsa-Moschee, die nun allerdings mit ihren neuen Namen auf biblische Tradition verweisen: Die al-Aqsa-Moschee heißt nun *Templum Salomonis*, der Felsendom *Templum Domini*. Diese Umdeutung von Heiligtümern ist Teil der besonderen Religionspolitik der Kreuzfahrer, die die muslimischen Bauten nicht nur weitgehend unverändert für ihre gottesdienstlichen Zwecke ›adoptierten‹, sondern den nun erweiterten Heiligtumsbereich programmatisch auch architektonisch absteckten, indem sie etwa Tempelbergtore und Kirchentüren identisch gestalteten.[3] Die Kreuzfahrer hoben damit den Anspruch auf die Einzigkeit des großen christlichen Heiligtums – der Anastasis-Kirche – auf. Nun gab es zwei Heiligtumsbereiche: den Tempelberg, der – unter vollständiger Ausblendung der 400-jährigen islamischen kultischen Nutzung – mit der alttestamentlichen Heilsgeschichte verbunden wurde, und den Ort der Passion und Auferstehung Jesu, die Anastasis.

3 So spiegelt das westliche Doppeltor des Tempelbergs, Bāb al-Silsila und Bāb al-Sakīna, mit seinem besonderen Sattelfries die Gestalt des ursprünglichen Eingangs zur Anastasis-Kirche wider. Weiterhin korrespondiert das Goldene Tor, das Osttor des Tempelbergs, mit dem Eingang zur Anastasis.

Abb. 73: Anastasis-Kirche

Die von den Kreuzfahrern als Grabeskirche bezeichnete byzantinische Kirche ist in der unteren Bildhälfte der Karte ganz analog zur al-Aqsa-Moschee mit Felsendom dargestellt: auch hier ein Ensemble aus Basilika und Rundbau, nun der Grabrotunde. Wir haben so eine Jerusalem-Karte vor uns, die nicht nur zur Instruktion von Pilgern und zur Demonstration der biblisch begründeten königlichen Würde der neuen Herrscher dient, sondern die vor allem – angezeigt durch ihre Analogdarstellung von Tempelberg und Anastasis-Komplex – als Verbildlichung eines gesamtbiblischen Heilsversprechens verstanden werden kann.

Es ist diese inklusive Religionspolitik der Kreuzfahrer, der sich die Prominenz Jerusalems in der damaligen ›westlichen Öffentlichkeit‹ verdankt. Denn den Jerusalem-Karten folgen bald zahlreiche neue Weltkarten (*mappae mundi*), die Jerusalem als

Mittelpunkt der gesamten Ökumene darstellen.[4] Ein Beispiel dafür ist die Ebstorfer Weltkarte.

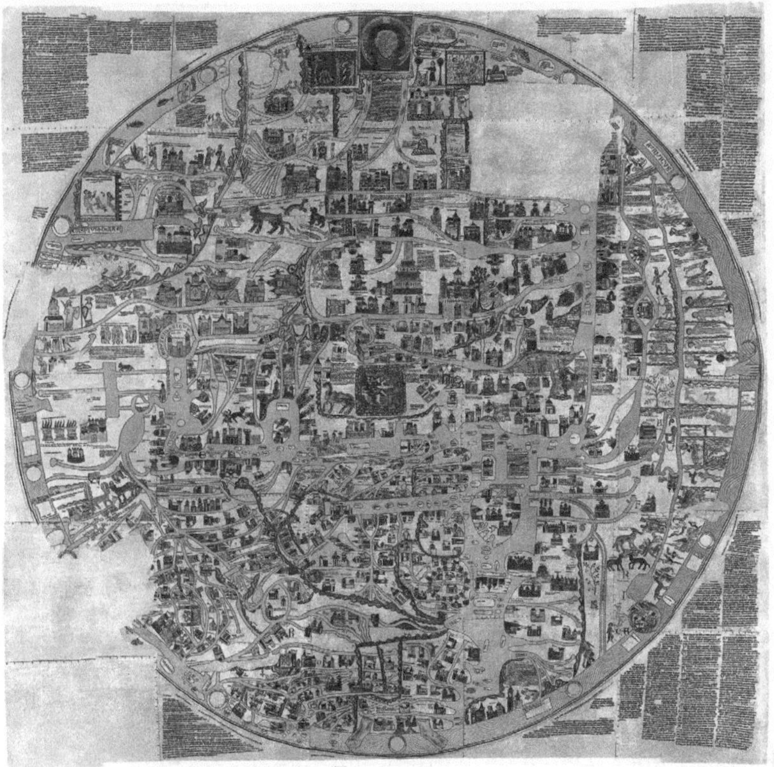

Abb. 74: Ebstorfer Weltkarte (13. Jahrhundert)

4 Siehe Michael Borgolte: »Christliche und muslimische Repräsentationen der Welt. Ein Versuch in interdisziplinärer Mediävistik«, in: Angelika Neuwirth und Günter Stock (Hg.), *Europa im Nahen Osten – der Nahe Osten in Europa*, Berlin: Akademie Verlag 2010, 131–188. Zu Abb. 74 vgl. Evelyn Edsony: »Das Bild der Welt im christlichen Okzident«, in: Evelyn Edsony u. a. (Hg.), *Der mittelalterliche Kosmos. Karten der christlichen und islamischen Welt*, Darmstadt: Primus Verlag 2005. Zur Kleeblatt-Karte (Abb. 75) vgl. Karljosef Kreter: *Heinrich Büntings Weltkarte 1584. »Die gantze Welt in ein' Kleeberblat«*, Stadtarchiv Hannover 2000.

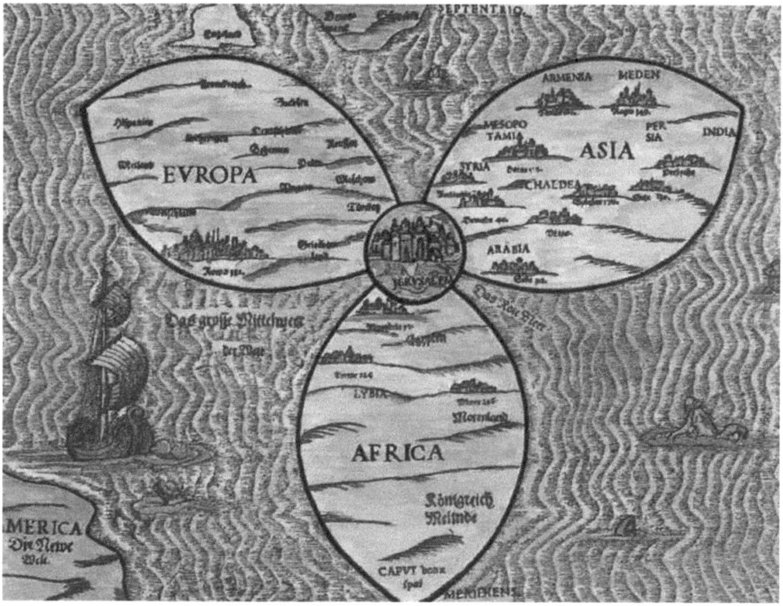

Abb. 75: Kleeblatt-Weltkarte von Heinrich Bünting (16. Jahrhundert)

Angesichts solcher Karten nimmt man die Vorstellung von einem insgesamt christlichen Jerusalem leicht für selbstverständlich. Da jedoch die Kreuzfahrerherrschaft in der langen Geschichte der Stadt politisch lediglich eine Episode war, war auch ihre christlich orientierte »Inklusionspolitik« nur von kurzer Dauer. Dennoch wurden mit diesem Zwischenspiel die Weichen für ein neues Miteinander der verschiedenen monotheistischen Gesellschaften gestellt.

Gewiss, zunächst sieht es nach einer Trennung aus: Nach dem Abzug der Kreuzfahrer kam der Tempelberg wieder außerhalb des christlichen Jerusalem zu liegen; die muslimischen Heiligtümer wurden wieder ihren alten Funktionen zugeführt und es entstand erstmalig – von Saladin (1138–1193) mitgestaltet – ein islamisches Jerusalem. Im Zuge der Wiederbesiedlung der entvölkerten Stadt wurden nordöstlich des Tempelberges monumentale Bauten errichtet oder restauriert, die heute das sogenannte Mamluken-Viertel ausmachen. Sie dienten als Pilger-Hospize, religiöse Hochschulen und Studienorte (»Medresen«) – oft gekoppelt an Mausoleen ihrer Stifter und karitative Einrichtungen[5] – und wurden von auswärtigen Frommen, Pilgern, Gelehrten und Mystikern rege in Anspruch genommen. Denn Saladins *djihād* hatte nicht nur reale Herrschaftsverhältnisse umgekehrt, sondern auch einen heroischen Jerusalem-Mythos gestiftet, der von nun an der Stadt eine universal-islamische Attraktivität verlieh. Das Konzept des »Heiligen Krieges« war von den Kreuzfahrern auf ihre muslimischen Gegner übergegangen.

Gleichzeitig stand die Stadt nun auch wieder Juden, rabbinischen wie karäischen, offen. Neben den byzantinischen Christen, die die Anastasis-Kirche zurückerhielten, waren nun seit dem 13. Jahrhundert auch wieder westliche lateinische Christen ansässig, die ihrerseits einen lebhaften Pilgerbetrieb entwickelten. Die Stadt wurde damit in dreifacher Hinsicht zu einem Anziehungspunkt für die monotheistische Ökumene.

Man mag in der Kreuzfahrer-Episode, die eine neue Zeit einläutete, einen tiefen Einschnitt in die Geschichte der bis dahin von orientalisch-christlichen und muslimischen Traditionen geprägten Stadt Jerusalem erkennen. Die Stadt war ab jetzt auch westlich-christlich geprägt. Aber auch die muslimischen Heiligtümer waren ja an ihrem Ort, dem jüdischen Tempelberg, nie selbstverständlich gewesen, sondern verdankten sich ihrerseits einer politischen Wende: der muslimischen Einnahme Jerusalems im Jahr 638. Auf sie folgte bald die Bereinigung des verwahrlost vorgefundenen Tempelberges, sodass schon in den

5 Siehe Michael Hamilton Burgoyne: *Mamluk Jerusalem. An Architectural Study*, Jerusalem: British School of Archaeology in Jerusalem by World of Islam Festival Trust 1987.

680er-Jahren mit dem Bau der beiden Moscheen begonnen werden konnte. Mit ihm wurde der »leere Raum« – der seit der Tempelzerstörung im Jahre 70 aus dem Stadtganzen ausgeschlossene Tempelberg – neu als Heiligtum gestaltet.

Diese Bebauung (der Felsendom wurde 691 fertiggestellt, die al-Aqsa-Moschee um 705) war die bedeutendste und nachhaltigste, wenn auch nicht die einzige Initiative, mit der man der »Leere« bzw. Verlassenheit des Areals, auf dem einmal das größte monotheistische Heiligtum der Antike gestanden hatte, zu begegnen versuchte. Denn die Frage, wie mit der Tatsache des zerstörten Tempels umzugehen sei, hatte sich in der Stadtgeschichte immer wieder gestellt. Sie zielte auf das Skandalon der Ruinenlandschaft des Tempelbergs, seine immerhin 600 Jahre andauernden Vernachlässigung, die erst durch seine Bebauung mit den muslimischen Kultbauten behoben wurde. Es lässt sich nämlich zeigen, dass auch noch der »abwesende Tempel«, seine Leerstelle, als zentrale Referenz hinter den sich sukzessiv herausbildenden neuen Heiligkeitsvorstellungen steht, welche die für Jerusalem bis heute charakteristische Hybridität des Heiligen ausmachen.

2. Vorgeschichte der hybriden Heiligtumsvorstellung

Die katastrophale Tempelzerstörung im Jahre 70 muss somit am Anfang unserer Rückschau stehen. Der Triumphbogen des Titus, der den römischen Sieg über die Provinz Iudaea feiert,[6] enthält an seiner Innenseite ein Relief von großer Eindrücklichkeit – gerade weil es die prätentiöse Dimension des römischen Projekts so deutlich zur Schau stellt. Es stellt den Triumphzug

6 Siehe zu dem Nachwirken des Ereignisses Martin Goodman: *Rome and Jerusalem. The Clash of Ancient Civilizations*, New York: Alfred A. Knopf 2007.

dar, auf dem wichtige Kultobjekte aus dem Tempel ausgestellt wurden wie die Menora, die goldenen Trompeten, die Schaufeln für das Beseitigen der Asche vom Altar und der Tisch für die Schaubrote – ganz so, als seien bei diesem Feldzug nicht nur die jüdischen Rebellen, sondern der jüdische Kult als solcher besiegt worden.

Abb. 76: Relief auf der linken Innenseite des Bogens (Rekonstruktion)

Was der Triumphbogen markiert, ist aber – aus der Rückschau gesehen – nicht das Ende des Kultes, sondern das Ende der von Rom vertretenen säkularen Ordnung oder, mit Guy Stroumsa gesprochen, das Ende der »Zivilreligion«, der *civic religion*.[7] Denn was auf dem Relief zusammen mit den menschlichen Geiseln in die Gefangenschaft verschleppt wird, ging gegen den Augenschein gerade nicht verloren. Es wurde vielmehr Teil der Kultsymbolik der nun entstehenden »kommunitären Religionen« Judentum und Christentum, die wenig später die südmittelmee-

7 Guy G. Stroumsa: *Das Ende des Opferkults. Die religiösen Mutationen der Spätantike*, Berlin: Verlag der Weltreligionen 2011, unterscheidet zwischen ziviler, staatlich verankerter und kommunitärer, auf Freiwilligkeit der individuellen Gläubigen basierender Religion; im Übergang von ersterer zu letzterer sieht er eine der entscheidenden »religiösen Mutationen« der Spätantike.

rischen römischen Provinzen überziehen sollten. Wieder einige Jahrhunderte später wird sich die sakrale Ordnung erneut gegen militärisch überlegene Gegner – zunächst lokale Pagane, dann auch (ost-)römische Armeen – behaupten und so dem Islam den Weg zur Gründung einer von der sakralen Ordnung geprägten politischen Entität bahnen. Zu Beginn des 7. Jahrhunderts war es zwar ein christlicher Herrscher, Herakleios, mit dem man sich auseinanderzusetzen hatte; er folgte jedoch einer (aus der Sicht der neuen Gemeinde) »imperialen« und somit mit der sakralen Ordnung unvereinbaren Ideologie.

Diese militärische Auseinandersetzung erfolgt nach einem über 20 Jahre währenden Krieg zwischen Byzanz und dem Sassanidenreich, der schließlich im Jahr 630 mit dem Zusammenbruch des Letzteren endete. Dieser Krieg war zugleich eine ideologische Auseinandersetzung, in der Jerusalem ein besonderer Platz zukam. Zwei Weltreiche stießen aufeinander; die zeitweilige Besetzung des byzantinischen Jerusalem 614 löste in der christlichen Welt einen Schock aus, der auch auf die neue muslimische Gemeinde überging. Für sie war es nicht das faktisch römisch geprägte Jerusalem – noch gut erkennbar auf der Madaba-Karte um 600[8] –, sondern die Imagination des spirituellen Jerusalem, der »Wiege der Prophetie«, der Gedanke an Zion als einem dem Sinai entsprechenden »Aufstiegsort«, die sie mit der Stadt verband.

---

8 Zur Madaba-Karte siehe Michele Piccirillo: *Chiese e mosaici di Madaba. Studium Biblicum Franciscanum (Collectio maior 34)*, Jerusalem: Franciscan Print. Press 1989 (arabische Edition: *Madaba. Kanaʿis wa fusayfasaʾ*, Jerusalem 1993).

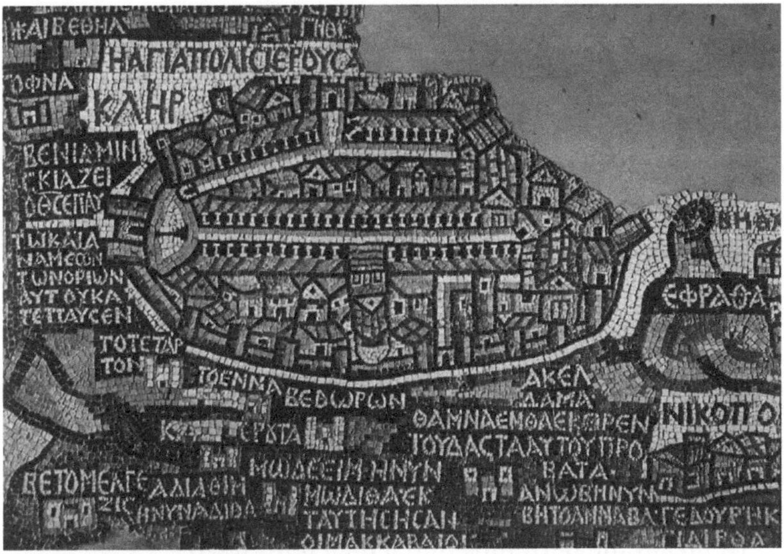

Abb. 77: Madaba-Karte (um 600)

Die Tatsache, dass das christliche Heiligtum, die Anastasis, den Tempel nicht *in situ* ersetzt hatte, sondern auf dem Terrain der hadrianischen paganen Tempelanlage erbaut worden war, also auf dem höchsten Punkt der Stadt, hielt den Tempelberg als Projektionsfläche für ein spirituelles Heiligtum der jungen Gemeinde frei.

Doch werfen wir zuvor noch einen Blick auf den Umgang der beiden älteren Religionen mit dem Tempelberg. Auch hier gab es spirituelle »Stellvertreter«. Zwar hatten die Byzantiner den historischen Tempel der Verwahrlosung und Tabuisierung überlassen, nicht jedoch ohne wichtige Tempeltraditionen in den neuen Tempel, die Anastasis-Kirche, zu überführen. Jüdischerseits hatte sich dagegen eine »Utopie des Tempels« herausgebildet. Denn in der synagogalen Lehre wurden weiterhin die Opfervorschriften gelehrt; zahlreiche Pijjutim, die die Liturgie ganzer Festtage füllen, beklagen die Zerstörung. Im täglichen

Gebet wird die Erwartung eines neuen David und der Wiedererrichtung des Tempels zum Ausdruck gebracht. So heißt es in der 14. und 15. Beracha des Achtzehnbittengebets:

> Nach Jerusalem, deiner Stadt, kehre in Barmherzigkeit zurück
> und nimm deinen Wohnsitz in ihr, wie du verheißen hast
> und erbaue sie bald, in unseren Tagen zu einem ewigen Bau.
> Und den Thron Davids richte bald in ihr auf.
> Gepriesen seist du, Herr, der Jerusalem aufbaut!
> Den Spross Davids, deines Knechts, lass eilends hervorsprießen
> und sein Horn werde erhöht durch dein Befreiungswerk.
> Denn auf die Befreiung durch dich hoffen wir.
> Gepriesen seist du, der das Horn der Befreiung sprießen lässt.[9]

Der Tempel konnte aber auch in einem transzendenten »oberen Jerusalem« gesucht werden, zu dem privilegierte Gerechte im ekstatischen Zustand aufsteigen durften.[10] Im christlichen Kontext ist dieses »himmlische Jerusalem« seit der Offenbarung des Johannes als Antipode der irdischen Stadt sogar fest etabliert. Das steinerne Gebäude des physischen Tempels trat damit hinter sein erhabeneres Bild als spiritueller Tempel zurück. Es ist vor allem diese Vorstellung, die sich im islamischen Konzept des *masdjid al-aqṣā* reflektieren wird.

Dem topografischen Ausschluss des Tempelberges aus dem urbanen Gewebe des byzantinischen Jerusalem entspricht theo-

9 Übersetzung von Michael Krupp: *Messias*, Tübingen: Theologischer Verlag 2018, 89.

10 Zu der sog. Hekhalot-Literatur siehe Peter Schäfer: *Die Ursprünge der jüdischen Mystik*, Berlin: Suhrkamp 2011.

logisch die Ablösung jüdischer Verheißungen im Blick auf den Tempel durch christliche: Der Tempel soll durch die Kirche ersetzt werden. Dies bedeutet mehr als einen schlichten Wechsel der Institution oder die Verlegung des Kultbaus. Vielmehr tritt die Kirche als neuer Tempel auch in einer allegorischen Verkörperung auf, die in der Folgezeit nicht zuletzt emotional eine massive Wirkung auf die Gläubigen haben wird: in Gestalt der Jungfrau Maria. Ihr wird von Justinian I. eine monumentale Kirche – die »Nea« – in unmittelbarer Nähe des unbebaut belassenen Tempelberges errichtet. Die Dedikation dieser tempelnahen Kirche an Maria bringt architektonisch eine »Tempel-Vertreter-Vorstellung« zum Ausdruck, die sich verbal in zeitgenössischen hochpathetischen Hymnen äußert, die Maria als »beseelten Tempel« (*empsychos naos*)[11] preisen und dies detailliert an die Ausstattung des Tempels zurückbinden. So wird Maria als »Stiftszelt Gottes und des Logos« (*skene tou theou kai logou*) vorgestellt, als »goldenes Tabernakel des Geistes« (*kibotos chrysotheisa tou pneumatos*) und »größer als das Allerheiligste« (*hagia hagion meizon*). Ja, sie »enthält« in sich als das »Allerheiligste den Logos« (*panton hagion hagiotaton logon*), ganz so, wie der israelitische Tempel die Schechina, die Einwohnung Gottes, »enthält«. Schon ältere Kirchenväter wie Ambrosius und Hieronymus (beide 4. Jahrhundert) hatten Maria zu einer Allegorie der Kirche als neuem Tempel erhoben, indem sie eine Verbindung zwischen ihrem Körper und dem verschlossenen, von Ezechiel thematisierten Osttor des Tempels herstellten: Wie das Tor erst »durch den Fürsten« geöffnet würde, so würde sich auch der Schoß Marias erst für den Messias öffnen.

---

11 Zum Hymnus Akathistos siehe Leena Mari Peltomaa: *The Image of the Virgin Mary in the Akathistos Hymn*, Leiden: Brill 2001. Die einschlägigen Verse finden sich übersetzt auf S. 18 f.

Zwei imaginierte Stellvertreter des Tempels also, die beide in einflussreiche Ideologien eingingen: auf der Seite des Judentums den – vom Thron Davids in Jerusalem beherrschten – Messianismus, auf der Seite des Christentums in eine auch in kämpferischem Kontext einsetzbare Mariologie.

Das ist der Stand der Dinge im 7. Jahrhundert, dem Jahrhundert des Koran.

3. Das spirituelle Jerusalem der mekkanischen Gemeinde

Dass dieses jüdisch-christlich umstrittene Jerusalem auch die koranische Gemeinde in Mekka beschäftigt hat, muss nicht erstaunen. Jerusalem war nicht nur Schauplatz biblischer Geschichte, sondern mit seinen von Konstantin und Justinian erbauten prächtigen Kirchen auch der unbestrittene symbolische Mittelpunkt des östlichen Christentums und ein vielbesuchtes Wallfahrtsziel.[12] Gerade im 7. Jahrhundert wurde seine Bedeutung als physischer Ort aber noch überstrahlt von einer ihm in der byzantinischen Reichseschatologie zugeschriebenen Bedeutung als Schauplatz entscheidender endzeitlicher Ereignisse. Sie schienen 614, als Jerusalem dem byzantinischen Reich durch die sassanidischen Perser entrissen wurde, unmittelbar bevorzustehen. Zeitgenössische Berichte sprechen von Massenermordungen christlicher Einwohner, dem Niederbrennen von Kirchen und der Verschleppung der Reliquie des Heiligen Kreuzes.[13]

12 S. dazu Lorenzo Perrone, »›The Mystery of Judaea‹ (Jerome, Ep. 46). The Holy City of Jerusalem between History and Symbol in Early Christian Thought«, in: Lee I. Levine (Hg.), *Jerusalem. Its Sanctity and Centrality to Judaism, Christianity, and Islam*, New York: Continuum 1999, 221–239.

13 Die wichtigsten Berichte hat James Howard-Johnston: *Witnesses to a World Crisis. Historians and Histories of the Middle East in the Seventh Century*, Oxford: Oxford University Press 2010, zugänglich gemacht. Auch wenn die Ausmaße der Katastrophe übertrieben dargestellt worden sind (s. Glen W. Bowersock: *The Crucible of Islam*, Cambridge, Mass/London:

Spätestens jetzt war die christliche Welt, in den Worten von Guy Stroumsa, »rife with expectations of the Endzeit, with its traditional imagery of cosmic war between the forces of light and darkness«[14]. In jüdischen Kreisen wiederum flammten messianische Hoffnungen auf, die in haggadischen Erzählungen und liturgischen Gesängen (Pijjutim)[15] ihren Ausdruck fanden.

Es ist diese aufgeheizte Atmosphäre, in die sich auch der Prophet Muhammad und seine Gemeinde einbringen. Wohl um das Jahr 614 herum erlebt er die berühmte »Nachtreise nach Jerusalem« (*al-isrāʾ*), eine visionäre Ortsversetzung nach dem Muster jüdischer und christlicher Seher. Es heißt in Q 17:1:

subḥāna lladhī asrā bi-ʿabdihi lailan
mina l-masdjidi l-ḥarāmi ilā l-masdjidi l-aqṣā
lladhī bāraknā ḥaulahu
li-nuriyahu min ayātinā
innahu huwa l-samīʿu lbaṣīr.

Gepriesen sei, der seinen Diener nachts ausziehen ließ
von der heiligen Gebetsstätte zur ferneren Gebetsstätte,
die wir ringsum gesegnet haben,
um ihm von unseren Zeichen zu zeigen.
Er ist der Hörende, der Sehende.

Harvard University Press 2017), so dürfte die Schockwirkung der Ereignisse doch real gewesen sein.

14 Guy G. Stroumsa: »False Prophet, False Messiah and the Religious Scene in Seventh-Century Jerusalem«, in: Markus Bockmuehl und James C. Paget (Hg.), *Redemption and Resistance. The Messianic Hopes of Jews and Christians in Antiquity*, London/New York: T & T Clark 2007, 289.

15 Siehe Günter Stemberger: »Jerusalem in the early seventh century: Hopes and Aspirations of Christians and Jews«, in: Levine (Hg.), *Jerusalem. Its Sanctity and Centrality to Judaism, Christianity, and Islam*, 260–272.

Das Ereignis kann als das Sicheinbringen der neuen Gemeinde in die Debatte um den Status Jerusalems verstanden werden.[16] Das Ziel dieser visionären Reise (*al-masdjid al-aqṣā*) – »das fernere (oder fernste) Heiligtum« – ist offenbar ein nicht-irdischer Ort, der aber lose mit dem Heiligen Land, »das wir ringsum gesegnet haben«, verbunden ist. Angesichts des bekannten Ranges Jerusalems als *axis mundi*,[17] konnte *al-masdjid al-aqṣā* als zwischen Himmel und Erde oszillierend vorgestellt werden. Muhammads visionäre Reise – die typologisch dem Aufstieg Moses zum Berg Sinai entspricht – markiert einen Wendepunkt in seiner prophetischen Erfahrung, der ihm den Blick auf ein nicht länger räumlich bestimmtes Heiligtum, ein *masdjid*, eröffnet. Dieser Begriff von Heiligtum als »einem Ort der Liturgie, wörtlich: einem Ort, an dem man sich niederwirft«, virtuell auch der Ort des Gottesdienstes des Engels, wird überhaupt erst im Kontext dieser visionären Reise geboren. Was für die Israeliten der Sinai ist, ist für die junge Gemeinde der Tempelberg: der symbolische Ort ihrer Erhebung zu einem von einem Propheten angeführten Gottesvolk. *Al-masdjid al-aqṣā* wird für die Folgezeit bis ins Jahr 2 der Hidschra das spirituelle Heiligtum der Gemeinde, anerkannt als ihre *qibla*, das Ziel ihrer täglichen Gebete.

4. Zur weiteren Entwicklung

Die weiteren Entwicklungen können hier nur angedeutet werden. Noch während der Wirkungszeit Muhammads (seit 622

16 Siehe zu dem islamischen Verhältnis zu Jerusalem Angelika Neuwirth: »The spiritual Meaning of Jerusalem in Islam«, in: Nitza Rosovsky (Hg.), *City of the Great King. Jerusalem from David to the Present*, Cambridge/Mass: Harvard University Press 1996, 93–116.

17 Vgl. Phillip Alexander: »Jerusalem as the Omphalos of the World. On the History of a Geographical Concept«, in: Levine (Hg.), *Jerusalem. Its Sanctity and Centrality to Judaism, Christianity, and Islam*, 104–116.

von Medina aus) rückte Mekka auf den ersten Platz. Die bereits vorislamisch praktizierte und mit verschiedenen Pilgerriten verbundene Wallfahrt nach Mekka wurde zur Religionspflicht. Dennoch bewahrte Jerusalem seine Stellung als der ursprüngliche »Zielort der Gebete«, als »die erste Qibla« (*ūlā al-qiblatain*) – eng verbunden mit der Erinnerung an Muhammads Auszeichnung durch die visionäre Reise zum Tempelberg. Auf diese Erinnerung gründet sich der historische Anspruch des Islam auf Teilhabe an der Heiligkeit Jerusalems.

Steht dieser Anspruch heute in Konkurrenz oder in einem Dialogverhältnis zu denjenigen der Christen und Juden? Wie kann sich der Islam gegenüber den beiden anderen, historisch tiefer in Jerusalem verwurzelten Religionen als Teil der heiligen Stadt behaupten?

Die Heiligkeit findet ihren Ausdruck auf zwei Ebenen: zum einen in der Ästhetik des Heiligtums, auf das sich die religiösen Zeichen im Raum beziehen, zum anderen im Medium der Liturgie. Der Islam ist in Jerusalem vor allem auditiv präsent. Alle drei hier beheimateten Religionen kennen sakrale Zeiten, die für Gebetspraktiken genutzt werden. Im Falle des Islam ist die Ankündigung dieser Zeiten eine öffentliche Handlung: Sie geschieht durch den *adhān*, den Gebetsruf. Dies ist zwar universal-islamisch üblich, aber nur hier schafft die ubiquitäre liturgische Praxis auch der anderen Religionen einen – so nicht bekannten – Resonanzraum. Der *adhān* nimmt vor Ort bekannte liturgische Basistexte der christlichen Tradition auf. Er lautet:

Gott ist groß; Gott ist groß; Gott ist groß.
Ich bekenne, dass kein Gott ist außer Gott.
Ich bekenne, dass Muhammad Gottes Gesandter ist.
Eilt zum Gebet! Eilt zum Gebet!

Eilt zum Gottesdienst! Eilt zum Gottesdienst!
Gott ist groß; Gott ist groß.
Kein Gott außer Gott!
O Gott, bete, gewähre Frieden und segne unseren
Herrn Muhammad und sein Haus und seine
Gefährten allesamt!

Der hymnische Ausruf am Anfang – das dreimalige *allāhu akbar* – ist in seiner Bedeutung schillernd. Im täglichen Gebet, das auf den *adhān* folgt, ist *allāhu akbar* eine Formel, durch die sich die Person, die sie ausspricht, gleichsam verwandelt: Sie tritt aus der Alltagswelt in einen Weihezustand ein. Die »Zauberkraft« dieser Formel ist auch modernen westlichen Autoren nicht entgangen; so setzt etwa Wilhelm Hauff in seinen Märchen die Formel *abracadabra* zur Verwandlung eines Menschen in ein Tier ein.[18] In Jerusalem, dem »Geburtsort der Liturgie«, lässt dieser Wortlaut ältere Einleitungsformeln anklingen: Das dreimalige *allāhu akbar* evoziert das Trishagion – eine der ältesten christlichen Hymnen –, das feierlich vor der Schriftlesung gesungen wird: *hagios ho theos, hagios ischyros, hagios athanatos*, »Heilig ist Gott, heilig und stark, heilig und unsterblich«. Es beschwört den himmlischen Gottesdienst der Engel herauf, die die irdischen Frommen mitvollziehen wollen. Eine Formel der Selbstverwandlung also, dem *allāhu akbar* nicht unähnlich.

Es folgt ein Glaubensbekenntnis, vertraut aus dem christlichen Kult: »Ich bekenne, dass kein Gott ist außer Gott«, christlich: »Ich glaube an einen Gott« (*pisteuo eis hena theon*). Darauf folgt die Anerkennung der zweiten Autorität, des Propheten

18 Die Formel ist allerdings älter, siehe schon »Abracadabra«, in: Johann Heinrich Zedler: *Grosses vollständiges Universal-Lexicon Aller Wissenschafften und Künste*, Band 1, Leipzig 1732, Sp. 156 f.

Muhammad, der den Platz der »zweiten Person« einnimmt (christlich: *kai eis hena kyrion Iesoun Christon*). Muhammads Würde beruht jedoch nicht auf einem göttlichen Status, sondern auf seiner Mission als Verkünder.

Erst dann wird der Ruf zum rituellen Gebet (*ṣalāh*) bzw. zum Gottesdienst (*falāḥ*) verlautbart. Es folgt ein doppeltes *allāhu akbar*, nun dem Austritt aus dem Weihezustand entsprechend, sodann das *tahlīl*, die Einheitsformel. Den Schluss bildet – und das ist charakteristisch für den *adhān* im Heiligen Land – ein Gebet über den Propheten, sein Haus und seine Gefährten, denen die Verbreitung seiner Botschaft zu verdanken ist – wie den Aposteln im Falle des örtlichen Heiligen, Jesus.

Ein Gebetsruf voller Echos also. Konzediert man, dass er Formeln widerhallen lässt, die aus der liturgischen Praxis Groß-Syriens stammen, für die Jerusalem ja steht, kann man den *adhān* – sofern man für liturgische Sprache aufgeschlossen ist – als kritische Auseinandersetzung mit der christlichen Tradition verstehen.

Der *adhān* unternimmt aber in einem anderen Kontext auch eine Korrektur jüdischer Prärogative. Dies vollzieht sich etwa an der Kotel, der Westmauer des Tempels: Am Schabbat-Ende beschließen die Frommen dort ihr Gebet mit einem Pijjut, bekannt als *En Ke-elohenu*, der Gott als »unseren Gott«, »unseren Herrn«, »unseren König«, »unseren Retter« preist. Mit ihrem wiederkehrenden Reim auf *-enu*, »unser«, bringt diese Hymne nicht nur den Gedanken der Einzigkeit Gottes zum Ausdruck, sondern betont auch die einzigartige Verbindung Gottes zu denjenigen, die ihn anrufen. Tageszeitlich ergibt es sich so, dass sich während des *En Ke-elohenu* vom nahestehenden Minarett der Ruf zum islamischen Spätabend-Gebet einschaltet, der mit seinem *allāhu akbar*, »Groß ist Gott«, der exklusiv binären Gott-

Verbundenheit im Pijjut respondiert. Nicht der Gott einer privilegierten Gruppe, die ihn als den ihren reklamiert, sondern der einzige Gott, der universal verehrt wird, ist angerufen. Diese Textfolge hat natürlich nichts mit einer Politik der Liturgie zu tun; sie reflektiert jedoch einen faktischen Dialog, den man – bei Offenheit für liturgische Sprache – mithören kann.

Alles in allem sind es aber nicht die Differenzen, sondern die von den einzelnen Religionsgemeinschaften geteilten Einstellungen, die zählen. Alt-Jerusalem ist noch immer eine Stadt, in der das Gebet omnipräsent ist. Christliche Gebete, im Kontext der verschiedenen monastischen Orden, werden zu bestimmten sakralen Zeiten abgehalten, frühmorgens, mittags, nachmittags, bei Sonnenuntergang, spätabends und nachts. Da fünf dieser Zeiten mit den offiziellen islamischen Gebetszeiten zusammenfallen, ist auf die individuellen *adhāns* als Ankündigungen nicht nur des islamischen, sondern auch des christlichen Gebets Verlass. Sie bringen über ihren pragmatischen Nutzen hinaus auch theologisch etwas Bedeutendes zum Ausdruck: die Bedeutung des islamischen Propheten.

5. Das »Haus«, der Tempel – als Referenzpunkt

Die andere Form der islamischen Selbstbehauptung in Jerusalem tritt hervor, wenn man das Heiligtum auf dem Tempelberg nicht nur ästhetisch, sondern auch theologisch in den Blick nimmt: das Verhältnis der islamischen Präsenz zum Jerusalemer Tempel, dem *bait*, der mit dem *masdjid al-aqṣā* einen Stellvertreter erhalten hatte. Erstmals seit der Antike ist damit der Tempelberg, ein substanzieller Teil der Stadt, wieder in die Stadtstruktur eingegliedert. Ein Vergleich des muslimischen Jerusalem (Abb. 78) mit der Darstellung der Madaba-Karte (Abb. 77) macht dies deutlich.

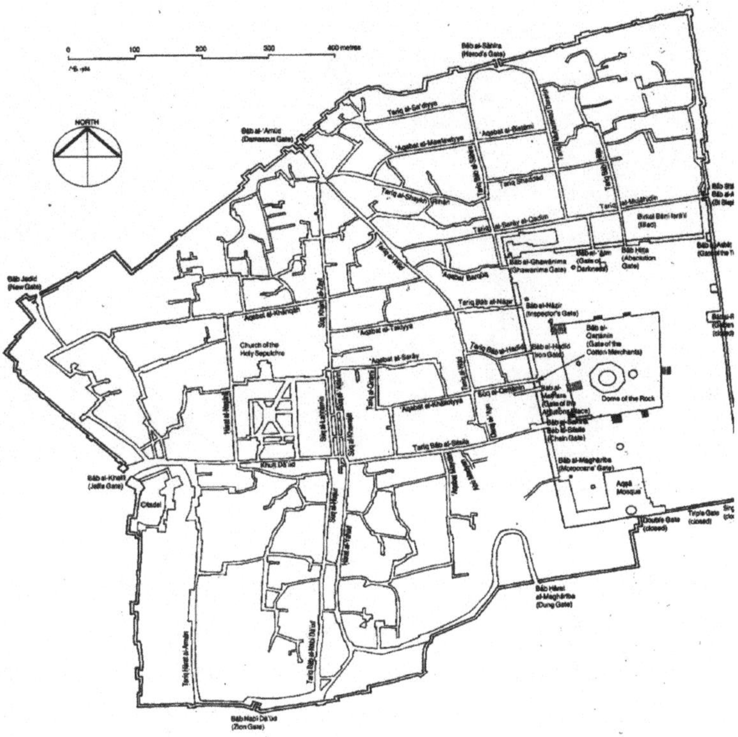

Abb. 78

Der weite, auch Sprachgrenzen überschreitende Begriff *bait* erweist sich dann als ein Schlüssel zum Verständnis auch des islamischen Jerusalem. Das Wort ist im Hebräischen und Arabischen gleichlautend. Es erscheint in einem koranischen Gebot, einem koranischen Basistext (Q 3:97), der sich häufig an den Wänden von Privathäusern im muslimischen Viertel findet. Er ist dort eingefügt in ein Text-Bild-Panel und wird über der Eingangstür des Hauses von Pilgern angebracht, die aus Mekka heimgekehrt sind. Der Vers lautet: *wa-li-llāhi ʿalā l-nāsi ḥidjdju l-baiti mani staṭāʿa ilaihi sabīlā*: »Die Menschen sind Gott gegenüber verpflichtet, die Wallfahrt zu dem Haus zu machen, wenn sie dazu imstande sind [...].«

Abb. 79: Haus eines aus Mekka heimgekehrten Pilgers mit einem Hadsch-Panel über dem Eingang

Obwohl *bait* sich hier auf die Kaaba (das quaderförmige Gebäude im Innenhof der Heiligen Moschee in Mekka) bezieht, die in der Mitte des Panels abgebildet ist, evoziert das arabische Wort *bait* doch zugleich das hebräische *bait* und damit den Jerusalemer Tempel. Und in der Tat ist auch eines der drei Bauwerke auf dem Panel ein Gebäude auf dem Jerusalemer Tempelberg, nämlich der Felsendom. Das verwundert deshalb nicht, weil der Auftrag zum Hadsch (also zur Pilgerfahrt) den Abschluss einer Entwicklung bildet, die in Jerusalem begonnen hatte. Das Bild, das es auch als Poster oder Teppich gibt, dokumentiert die im Islam erfolgte Ausdifferenzierung des Heiligtumsbegriffes: Sie zeigt meist mittig Mekka (Abb. 79), das rituelle Zentrum, daneben oder darüber Medina, den Gedächtnisort der muslimischen Staatsgründung, und des Weiteren Jerusalem, die Geburtsstätte des spirituellen, liturgischen Islam.

Abb. 80: Die »drei Heiligtümer« (Panel)

Am Ende steht nicht nur ein Tempel, sondern es stehen drei Tempel: die Kaaba, das *masdjid al-aqṣā* und Medina. Diese triadische Vorstellung geht auf den Propheten Muhammad selbst zurück, von dem folgender Ausspruch überliefert ist:

> *lā tushaddu l-riḥālu illā ilā thalāthati masādjida:*
> *ilā l-masdjidi l-ḥarāmi wa-masdjidī hādhā wa-l-masdjidi l-aqṣā*
>
> Nur zu drei Heiligtümern sollt ihre eure Reittiere satteln: zur Heiligen Moschee, zu meiner Mosche und zur ferneren Moschee, al-masdjid al-aqṣā.

Das Hadith lässt sich auf das Ende des 7. Jahrhunderts zurückverfolgen,[19] die Zeit der Erbauung des Felsendoms.

Die Kanonisierung von drei Heiligtümern ist als Entschärfung des Konkurrenzverhältnisses und Zeichen der Liberalisie-

19 Siehe dazu Meir J. Kister, »›You Shall Only Set out for Three Mosques‹. A Study of an Early Tradition«, in: Le Muséon 82 (1969), S. 173–196.

rung hoch anzuerkennen. Ein solcher Transfer von Heiligkeit, gerade im Kontext des Tempels, ist anderswo viel rigoroser vollzogen worden. In Jerusalem spiegelt er sich eindrücklich in den Festen der drei Religionen wider: Hier wird an nicht weniger als drei Anlässen des Tempels gedacht: Lange vor der Institutionalisierung des *ḥadjdj al-bait* und der Privilegierung des mekkanischen *bayt* wurde der erste und wohl älteste Tempel-Gedenktag festgesetzt, der jüdische 9. Av (Tishaʿ be-Av). Er dient dem Gedenken der Zerstörung des Jerusalemer Tempels – in byzantinischer Zeit übrigens die einzige Gelegenheit, zu der Juden die Stadt betreten durften, ein Tag der Klage, die in zahlreichen Pijjutim festgehalten ist. Er bildet die Kehrseite des christlichen Festes der feierlichen Aufrichtung (*hypsosis*) des Kreuzes, die an die Weihe der Anastasis, des »Neuen Tempels«, im Jahr 335 erinnert. Der seinem Anspruch nach in Nachfolge des Tempels errichtete Bau nahm zentrale Tempeltraditionen in sich auf, vor allem den Prototyp des Opfers: Abrahams Darbringung seines eigenen Sohnes. Der Zerstörung des einen Tempels entspricht der Aufbau des anderen. Die beiden Feiertage werden bis heute in nächster Nachbarschaft, zeitlich und örtlich, gefeiert. Gelegentlich fällt auch das Hadsch-Abschlussfest – ebenfalls ein Abraham-Gedenken – mit ihnen zusammen.

Der Jerusalemer islamische Tempelnachfolger nimmt an diesem antagonistischen Wettstreit nicht teil. Angesichts des einen Tempels im Judentum und des Neuen Tempels (der Kirche) im Christentum erscheint die Verdreifachung des Heiligtums auf unserem Hadsch-Panel wie ein Gegenprogramm. Die drei Manifestationen des Heiligen sind hier gewissermaßen aufgeteilt worden: die kultisch-rituelle Manifestation ist an Mekka gegangen, die politisch-identitätsgeschichtliche an Medina und die liturgisch-spirituelle an Jerusalem.

6. Das muslimische Heiligtum

Dieses dritte Heiligtum ist im 7. Jahrhundert endlich auch zum realen Ort geworden. Der Felsendom, der ikonografisch die Sprache der zu seiner Zeit dominanten byzantinischen Kultur spricht, ist im Innenraum mit Mosaiken ausgestattet, deren Nähe zu denen in den gleichzeitig erbauten Kirchen unverkennbar ist. (Er war ursprünglich auch außen mit Mosaiken verkleidet, deren verwitterte Reste in osmanischer Zeit jedoch durch Fliesen ersetzt wurden.) Der oktogonale Bau korrespondiert mit der Grabesrotunde; der Durchmesser des Tambours ist mit dem der Kuppel über dem Christus-Grab identisch. Zusammen mit der wenige Jahre nach dem Felsendom fertiggestellten basilikaförmigen al-Aqsa-Moschee bildet er zudem das justinianische Ensemble Grabesrotunde und Anastasis-Basilika ab.

Abb. 81: Mosaik-Ausgestaltung des Felsendom-Inneren

Zugleich hat der Felsendom eine eigene – inschriftlich festgehaltene – politische Agenda zu bieten: ein 280 Meter langes Inschriftenband, das fast gänzlich aus Koranversen besteht.[20] Es geht um die Positionierung der beiden Propheten, Muhammads und des lokalen Jesus – aus islamischer Sicht gleichfalls ein Prophet –, die einander auf Augenhöhe begegnen. Die Auszeichnung, die sie teilen, ist die, ein Gottesdiener zu sein; sie lässt sich im Koran für Jesus wie für Muhammad zahlreich belegen. Schwieriger ist es, Jesu besondere Nähe zur Transzendenz auch für Muhammad zu erweisen. Ein einziger Koranvers ist hier einschlägig, der daher auch drei Mal zitiert wird (Q 33:56): »Gott und seine Engel beten über dem Propheten. Ihr, die Ihr glaubt, betet über ihm und wünscht ihm Heil.«

Die umayyadische Tempelvorstellung ist offenbar weder historisch noch mythisch orientiert. Was der Bau nicht sein wollte, war das salomonische Heiligtum, das die Kreuzfahrer in ihm gesehen hatten. Noch galt er als der Thron Davids. Zwar gab es Spuren eines Throns auf dem Berg – erkennbar in der Gestalt des Felsens –, jedoch keinen für einen Messias. Vielmehr deutete man den Fels als den kosmischen Thron oder doch Fußschemel, von dem aus Gott nach der Vollendung seines Schöpfungswerks wieder zum Himmel aufgestiegen war – eine Vorstellung, die sich an Jes 66,1 anlehnt. Der Fels ist weder ein Ort historischer Erinnerung noch der eines utopischen Ereignisses, sondern ein protologisch wie auch eschatologisch konnotierter Ort, denn das Jüngste Gericht wird auf dem Ḥaram (dem »Heiligen Bezirk«, Temenos)

20 Zur Felsendom-Inschrift siehe Marcus Milwright: *The Dome of the Rock and its Umayyad Mosaic Inscriptions*, Edinburgh: Edinburgh University Press 2016. Vgl. zu der umayyadischen Baupolitik Amikam Elad: »Pilgrims and Pilgrimage to Jerusalem during the Early Muslim Period«, in: Levine (Hg.), *Jerusalem, Its Sanctity and Centrality to Judaism, Christianity and Islam*, 300–314.

verschiedentlich evoziert. Der Fels ist der »Nabel der Welt« (*omphalos mundi*), durchlässig zur unteren wie zur oberen Welt.

Abb. 82: Der Fels im Inneren des Felsendoms

Es überrascht daher nicht, dass die »Nachtreise des Propheten« (das in Q 17:1 erwähnte und oben zitierte *al-isrā'*) in der späteren Tradition mit dem Fels verbunden und als wunderbarer Aufstieg, als *mi'rādj* Muhammads in das himmlische Jerusalem verstanden wurde, wo er das Gebot der fünf täglichen Gebete für seine Gemeinde in Empfang nahm. In dieser vor allem ikonografisch, aber auch durch allegorische Deutungen weit verbreiteten Erzählung ist der Prophet und damit der Islam untrennbar mit Jerusalem verbunden – aber eben nicht mit der für eine privilegierte Religion reservierten Tempelgeschichte, sondern (wie in der Spätantike nicht anders zu erwarten) mit der ästhetischen Essenz des Tempelkults, den Aufstiegsgesängen der zum Tempel pilgernden Frommen.

In der volkstümlichen Vorstellung ist Muhammad ein zweiter Mose. Nicht anders als Mose vollzog er einen Aufstieg, nicht anders als Mose brachte er Gebote von seinem Aufstieg mit, nicht jedoch eingraviert in Steintafeln, sondern in Form des Auftrags zu einer frommen »Aufführung«, dem Gebet – gleichsam als liturgische Gesetzgebung. Muhammads Jerusalemer Vermächtnis ist typisch spätantiker Art: der Aufruf zur liturgischen Feier, der bis auf den heutigen Tag akustisch verlautbart wird, feierlich und fünf Mal am Tag.

Abb. 83: Die Himmelsreise des Propheten (mi'rādj)

MYTHOS STADT

Jerusalem und Babylon – und Berlin? Anmerkungen einer Zeitgenossin zu theologischen Stadtmythologien

Eva Harasta

1. Einleitung

Wie kommt man dazu, von Berlin zu sprechen, als könnte man das große, hochdifferenzierte Gebilde, das sich mit diesem Namen verbindet, überblicken? Mit dem Namen ist eine Vorstellung verknüpft, die über die je individuelle Erfahrung hinausgeht, eine Idee von Berlin, die das eigene Wohnviertel übersteigt. Man lebt nicht nur in einem Stadtteil (ob nun Friedrichshain, Charlottenburg, Lichtenberg oder Neukölln), sondern auch in Berlin, man verortet sich auch in der Idee der Stadt als ganzer.

Wie diese Idee einer Stadt entsteht, durch was eine Stadt symbolisiert wird, ist Gegenstand der folgenden Überlegungen. Berlin, Wien oder Köln werden alltäglich symbolisch in Gebrauch genommen, sind aber komplexe Ideen, die zudem ständig weiterbelebt, weitergedeutet und weitergeschrieben werden. Bezieht man den Fortschreibungsprozess ein, legt sich statt des Ausdrucks Symbol eher der Ausdruck »Stadtmythologie« nahe. Mit ihm gerät auch besser in den Blick, dass die Vorstellung von einer Stadt zugleich Narrative und Verweise auf andere Symbolkomplexe berührt und einbezieht. Ein differenziertes und komplexes Symbol wie Berlin ist als eine Art Muster und Zusammenhang von städtischen Symbolisierungsprozessen zu betrachten: als eine Stadtmythologie. Um ein vorstellbares Gebilde zu werden, eine Art Ganzes, ist die Stadt darauf angewiesen, dass ihre Geschichten erzählt und weitergesponnen werden, dass also ihre spezifische Mythologie immer wieder neu realisiert wird.

Ich nähere mich dem Thema als systematische Theologin. Mit der Analyse, Begleitung und Pflege von Symbolisierungsprozessen und -mustern hat die dogmatische Theologie schon lange Erfahrung. Sie mag sogar von sich behaupten, Expertin in diesen Dingen zu sein, auch wenn ihre Symbolkompetenz für religiöse Zwecke erarbeitet wurde und nicht für eine säkulare Symbolisierung wie den städtischen Komplex. Aber nicht nur formal verspricht ein theologischer Zugriff auf die Mythologisierung der Stadt konstruktiv zu sein, sondern auch inhaltlich. Denn das jahrtausendealte religiös-symbolische Repertoire hat auch selbst Motive zu Stadtmythologien und Stadtsymbolen beigesteuert. Jerusalem und Babylon etwa sind Teil der religiösen Symbolisierungstradition und Stadtmythologie.

Da ich von Differenzen zwischen religiösen und säkularen Symbolisierungsprozessen ausgehe, wähle ich meinen Ausgangspunkt nicht in religiösen Stadtsymbolisierungen, sondern in literarischen, säkularen. So ist gewährleistet, dass man beim Thema »Stadt« bleibt und nicht in den Sog des großen theologischen Leitsymbols »Gott« hineingezogen wird. Zur Annäherung an die spezielle Symbolisierungsweise, mit der die Bewohnerinnen und Bewohner sich Städte zu vorstellbaren Gebilden machen, gibt Italo Calvino in seinem Buch *Le città invisibili* (*Die unsichtbaren Städte*) einiges zu denken.[1] Er setzt darin 55 imaginäre Städte in Szene, oder genauer: Marco Polo setzt diese Städte in Szene. Es ist Marco Polo, der in dieser Fiktion dem Mongolenkaiser Kublai Khan von den Städten des mongolischen Großreichs erzählt. Beide Gesprächspartner – und auch die Lesenden – wissen, dass es kein Reisebericht über reale Städte ist, sondern eine Rei-

1 Italo Calvino: *Die unsichtbaren Städte*. Aus dem Italienischen von Burkhart Kroeber, Frankfurt am Main: Fischer [4]2017.

se in die symbolisierende Imagination, eine Reise in die imaginäre Gegend, in der Städte versprachlicht, in der sie von Worten umfangen und gestaltet werden. *Le città invisibili* ist eine Reise in die Erzählweise von Städten, in ihre Mythologisierung. Ich nehme mir die Freiheit, Calvinos Buch als eine literarisch vorgetragene Hermeneutik der Stadtsymbolisierung zu lesen. Der literarischen Gestalt entsprechend, handelt es sich nicht um eine Analyse von symbolischen Mustern oder Symbolprozessen, sondern um das lebendige Objekt selbst: um Symbolisierung und das Erarbeiten von Mustern. Im literarischen symbolisierenden Prozess steht jede Metapher für das Ganze und zugleich für sich allein – und weiß nichts vom Satz des Widerspruchs. Ich frage Italo Calvino und seinen Marco Polo also: Wie entstehen und wachsen Symbole der Stadt? Wie kristallisieren und fügen sich einzelne Eindrücke und Erfahrungen im Kopf zu einem zusammenhängenden Gebilde zusammen? In diesen Fragen meint der Ausdruck »Stadt« zweierlei: einerseits das allgemeine Symbol der Stadt (gewissermaßen die Kategorie des Symbols), andererseits das spezifische Symbol einer Stadt, also von Städten im Unterschied voneinander, von Städten, die so verschieden sind wie Berlin und Mailand.

Zur Frage, wie die Symbolkategorie Stadt, also das allgemeine Stadtsymbol entsteht, meint Italo Calvinos Marco Polo:

> Der Reisende, der die Stadt noch nicht kennt, die ihn auf seinem Wege erwartet, fragt sich, wie wohl der Königspalast, die Kaserne, die Mühle, das Theater, der Basar aussehen werden. [...] [D]och kaum hat der Fremde die unbekannte Stadt erreicht [...], unterscheidet er sofort, was die Paläste der Fürsten sind, was die Tempel der großen Priester, was die Taverne, das Gefängnis, das Elendsviertel.

> So – sagt jemand – bestätigt sich die Hypothese, daß jeder Mensch eine nur aus Unterschieden bestehende Stadt im Kopf hat, eine Stadt ohne Figuren und ohne Form, die von den individuellen Städten ausgefüllt wird.[2]

Und:

> Die Stadt erscheint dir als ein Ganzes, in dem kein Wunsch verloren geht und von dem du selbst ein Teil bist, und da sie über alles verfügt, was dir fehlt, bleibt dir nichts anderes übrig, als diesen Wunsch zu bewohnen und dich damit zu begnügen.[3]

In soziologischer Wissenschaftssprache findet sich ein Echo dieser Gedanken bei Andreas Reckwitz wieder. Er nennt drei Ebenen, auf denen die Stadt im Allgemeinen als soziales und kulturelles Gebilde existiert: Die erste Ebene beziehe sich auf die Stadt als Summe von Raumkonstellationen, die durch Gebäude etc. mitgestaltet sind, die aber erst durch Bewegungen, Beziehungen und Ereignisse zum »Raum« werden (gemäß dem *spatial turn*, der deutlich gemacht hat, dass der Raum kein leerer Container ist, sondern durch Handeln entsteht). Die zweite Ebene des allgemeinen Stadtsymbols betreffe die Stadt als Summe ihrer Nutzungen, also als alltägliche praktische und deutende Ingebrauchnahme der Stadt durch ihre Bewohnerinnen und Bewohner. Schließlich lasse sich die Stadt auf einer dritten Ebene als »kognitive Landkarte« deuten. Diese Landkarte ist durch kulturelle Bilder, Diskurse, Narrative und geschichtlich

---

2 Ebd., 41.
3 Ebd., 20.

gedeutete Ereignisse in den Köpfen verbreitet.[4] Das Moment des Politischen erwähnt der Kultursoziologe nicht eigens. An dieses erinnert jedoch Italo Calvinos Marco Polo, der das Moment des Politischen in der Stadtsymbolisierung durch die Gesprächssituation gegenüber dem Khan und durch den Hinweis auf die Paläste der Fürsten in den Diskurs hineinbringt.

Als Pointe lässt sich hier festhalten: Das allgemeine Symbol von »Stadt« strukturiert die Symbolisierung von konkreten Städten. Es weist darauf hin, dass eine spezifische Stadt als Symbol nicht aus Gegebenheiten wie der Fläche, der Anzahl der Einwohnerinnen und Einwohner oder der Pracht und Größe ihrer Gebäude entsteht. Vielmehr müssen bestimmte Nutzungsweisen, Beziehungen und Arten des Handelns dazukommen. Darüber hinaus braucht es Erzählungen, Narrative, Gedanken und Gefühle, die so mit einer dauernden, örtlich gebundenen Ansammlung von Menschen verknüpft werden, dass etwas wie eine Stadt erkennbar, benennbar und lebbar wird. Es bedarf nicht nur einer »kognitiven Landkarte«, es bedarf auch einer emotionalen Landkarte. Die kognitive Landkarte wird dann durch individuelle und gemeinsame Erfahrungen ausgefüllt – und genau auf diese Weise kommt es zu einer Symbolisierung spezifischer Städte.

Das allgemeine Symbol von Stadt bietet also eine Grammatik an, die zur Artikulation von besonderen Städten befähigt. So ist es zumindest in der Theorie; in der Praxis verläuft es umgekehrt: Nur durch die erlebte Symbolisierung konkreter Städte lässt sich auf das allgemeine Symbol von Stadt schließen und nur so kann man ihm einen Sinn verleihen. Wie funktioniert

---

4 Andreas Reckwitz: *Die Erfindung der Kreativität. Zum Prozess gesellschaftlicher Ästhetisierung*, Frankfurt am Main: Suhrkamp [4]2014, 275–276.

die Symbolisierung spezifischer Städte, wie kommt es dazu, dass sich eine Vorstellung von Berlin einstellt, obwohl das Ganze Berlins nicht überschau- und erfahrbar ist? Das allgemeine Symbol »Stadt« ist der Horizont, in dem sich konkrete Städte symbolisch verdichten. Calvinos Marco Polo sagt dazu: »Die Stadt ist redundant: Sie wiederholt sich, damit etwas im Gedächtnis haften bleibt.« Und: »Die Erinnerung ist redundant: Sie wiederholt die Zeichen, damit die Stadt zu existieren beginnt.«[5]

Der erste Schritt zur Konkretion wäre demnach die Wiederholung, praktisch und deutend. Die Routinen des Lebens in einer Stadt transportieren mehr als nur ihren praktischen Zweck. Zwar mag in jeder größeren Stadt der öffentliche Verkehr eine Grundroutine darstellen, aber er verwirklicht sich in jeder anders und mit je eigener Farbe. Dies betrifft jedoch nicht nur die beiden ersten von Reckwitz genannten Ebenen – die Raumkonstellationen und die Nutzungsweisen –, sondern ebenso die kognitive Landkarte einer bestimmten Stadt. Für Berlin beispielsweise lässt sich der symbolstärkende Aspekt der Wiederholung an einem bekannten Lied illustrieren:

> Montagmorgen – is mir egal. Monatsticket – is mir egal. Keine Ticket [sic] – ist nicht egal, ist nicht egal, egal. [...] Mann macht Umzug – is mir egal. Mann auf Pferd – is mir egal. Mann auf Mann – is mir egal, is mir egal, egal. [...] Zwiebel schneiden – is mir egal. Käse reiben – is mir egal. Roboter mit Senf – is mir egal, is mir egal, egal. [...] Könnt ihr machen – ist mir egal. Solche Sachen – sind uns egal. Wir euch lieben – ist euch egal, ist euch egal, egal.

5 Calvino: *Die unsichtbaren Städte*, 27.

Es handelt sich hierbei um ein Zitat aus Kazim Akbogas Lied für die im Rahmen der Kampagne »Weil wir dich lieben«[6] ausgestrahlte BVG-Werbung von 2015, also um einen symbolischen Bezug auf die grundlegende Stadtroutine des öffentlichen Nahverkehrs. Ich werde später noch einmal auf diesen Song zurückkommen. Hier möchte ich lediglich den Gedanken der Wiederholung als einer Grundbewegung im Entstehen und Gebrauchen spezifischer Stadtsymbole mit der theologischen Symbolisierungsweise des Wiederholens in Berührung bringen. Die Dynamik der Wiederholung ist in der theologischen Symbolisierungswelt etwas lange, bis zur Meisterschaft, ja bis zur Ermüdung Eingeübtes. Wiederholung, Auslegung, Variation und doch Rückbindung an das schon Gesagte sind Grundmotive theologischen Symbolisierens. In einem nächsten Schritt soll dies anhand jener beiden Stadtsymbole vorgestellt werden, die in der Theologie besonders wirksam geworden sind: Jerusalem und Babylon.

2. Religiöse Stadtmythologie: Jerusalem und Babylon

In manchen Stadtsymbolen spielt Religion eine herausragende Rolle, etwa bei Rom, Kairo oder – religionsplural – London. Aber neben dieser expliziten Art, wie Religion in eine bestimmte Stadtmythologie hineinragen kann, gibt es auch eine andere Art der religiösen Prägung von Stadtsymbolik. Sie bezieht sich auf das allgemeine Symbol »Stadt« und wirkt sich von da auf konkrete Städtesymbole aus. Die Grammatik städtischen Symbolisierens hat insofern religiöse Anteile und Farben. Die beiden mächtigen theologischen Stadtsymbole Jerusalem und Babylon stehen uns als Inbegriffe der Ängste und Wünsche, die sich an

6 Auf YouTube: https://youtu.be/xvcpy4WjZMs (Zugriff am 30.03.2020).

spezifische Städte knüpfen, vor Augen. Durch jahrhundertelange Wiederholung in Predigt und Gebet, durch vergleichende Anwendung auf eine Vielzahl anderer Städte, die auf diese Weise ihrerseits eine Symbolisierung erfahren, sind Jerusalem und Babylon Teil des kulturellen Inventars geworden, mit dem man sich dem Symbolisieren und Mythologisieren konkreter Städte nähert – historisch, aber auch ganz aktuell.

Calvinos Marco Polo bietet auch hier einen Anknüpfungspunkt, indem er den Einfluss der religiösen Art und Weise des Stadtsymbolisierens in literarische Metaphorik bringt. Er sagt:

> Es ist mit den Städten wie mit den Träumen: Alles Vorstellbare kann geträumt werden, aber auch der unerwartetste Traum ist ein Bilderrätsel, das einen Wunsch verbirgt oder seine Umkehrung, eine Angst. Städte wie Träume sind aus Wünschen und Ängsten geformt [...].[7]

Und:

> Du erfreust dich bei einer Stadt nicht ihrer sieben und siebenundsiebzig Wunder, sondern der Antwort, die sie dir auf eine Frage gibt.[8]

Ängste und Wünsche sind der Stoff, aus dem religiöse Symbole gemacht sind. So sind auch die religiösen Ursymbole von »Stadt« mehr aus Wünschen und Ängsten gewoben als aus Ideen und Taten. Einem ersten Blick erscheint dabei Babylon als Stadt der

---

7 Calvino: *Die unsichtbaren Städte*, 41.

8 Ebd. (Welche Antwort gibt Ihnen, sehr geehrte Leserin, sehr geehrter Leser, Ihre Stadt?)

Ängste, Jerusalem als Stadt der Wünsche. Aber ihr Verhältnis ist komplizierter.

Die Ideen von Babylon und Jerusalem durchziehen zahlreiche biblische Traditionen. Für die Stadtmythologie in einem weiteren, nicht religiösen Sinn wurde aber vor allem die Johannesoffenbarung wichtig. Sie spricht von Jerusalem und Babylon im Sinne der allgemeinen, grundlegenden Stadtsymbolik, explizit losgelöst von den realen Vorbildern der beiden geschichtlichen Städte mit ihren Gebäuden, Vierteln und Mauern. Ihr Jerusalem ist keine Stadt in Judäa, sondern die aus dem Himmel herabkommende vollendete Stadt, die aus der Zukunft Gottes heraus auch die Gegenwart bereits berührt und prägt. Ihr Babylon zeigt seinen symbolischen Sinn dagegen im Bild der Angst auslösenden, mächtigen, verführerischen Frau, in der die Freiheiten – und Enthemmungen – der Stadtluft wild geworden sind.

Unbeabsichtigt kam es zu starken Nebenwirkungen dieser apokalyptischen Stadtmythologie in der nicht-religiösen Stadtsymbolisierung. Die apokalyptischen Bilder von Jerusalem und Babylon werden bis heute herangezogen, um Ängste und Wünsche, die sich mit bestimmten Städten verbinden, zum Ausdruck zu bringen. Babylon etwa wirkt bis heute in der »Sin City« nach, die Las Vegas (mit-)symbolisiert; Jerusalem freilich hat eine religiöse Schlagseite, dient aber auch in der spezifisch säkularen Stadtmythologie der Symbolisierung religiöser Strata einer Stadt.

Die säkulare Wirksamkeit von Jerusalem und Babylon ist umso erstaunlicher, wenn man bedenkt, dass die Johannesoffenbarung selbst ihre beiden Stadtsymbole mit einem intensiv religiösen Interesse verfolgt. Diese apokalyptisch-theologische Symbolisierung fragt mit geradezu manischer Ausschließlichkeit nach dem Heil, nach der Vollendung und endgültigen Verwirklichung der Gottesnähe. So transformiert die Johannesoffenbarung die beiden spezifischen Stadtsymbole Jerusalem und Babylon vom Heilswillen Gottes her – die eine wird ihr dabei zum Stadtsymbol der Gnade, die andere zum Stadtsymbol der Sünde. Aus stadtsymbolischer Sicht zieht das jedoch die folgende Frage nach sich: Warum eignen sich gerade zwei Städte dazu, Gnade und Sünde endzeitlich zu symbolisieren? Was macht die beiden Stadtsymbole offen und geeignet dafür, in dieser Weise apokalyptisch intensiviert zu werden? Denn es geht um zwei Städte auch dann, wenn beide beinahe zu Frauen werden, sie bleiben doch erkennbar Städte – und laden dazu ein, auf andere Städte bezogen zu werden, nicht auf Frauen.

Im Folgenden möchte ich die beiden apokalyptischen Texte in ihrer ganzen destillierten Schärfe und Klarheit zitieren. »Sin City« bzw. Babylon wird im 17. Kapitel der Johannesoffenbarung so symbolisiert:

> Dann kam einer von den sieben Engeln, die die sieben Schalen trugen, und sprach zu mir: Komm, ich will dir das Strafgericht über die große Hure zeigen, die an vielen Wassern sitzt. Denn mit ihr haben die Könige der Erde Unzucht getrieben und die Bewohner der Erde sind vom Wein ihrer Unzucht betrunken geworden. Und er entrückte mich im Geist in die Wüste. Dort sah ich eine Frau auf einem scharlachroten Tier sitzen; es war mit lästerlichen Namen bedeckt und hatte sieben Köpfe und zehn Hörner. Die Frau war in Purpur und Scharlach gekleidet und mit Gold, Edelsteinen und Perlen geschmückt; sie hielt einen goldenen Becher in ihrer Hand, angefüllt mit Abscheulichkeiten und dem Unrat ihrer Unzucht. Auf ihrer Stirn stand

ein Name geschrieben, ein Name voll Geheimnis: Babylon, die Große, die Mutter der Huren und der Abscheulichkeiten der Erde. Und ich sah die Frau betrunken vom Blut der Heiligen und vom Blut der Zeugen Jesu. Und mein Staunen bei ihrem Anblick war sehr groß. Der Engel sprach zu mir: Warum bist du erstaunt? [...] Hier sind Verstand und Weisheit erforderlich. Die sieben Köpfe sind die sieben Berge, auf denen die Frau sitzt. Es sind auch sieben Könige. [...] Und er sagte zu mir: Die Wasser, die du gesehen hast, an denen die Hure sitzt, sind Völker, Scharen, Nationen und Sprachen. [...] Die Frau aber, die du gesehen hast, ist die große Stadt, die die Herrschaft über die Könige der Erde hat. (Offb 17,1–7a.9.15.18)

Das Gegenüber dazu ist Jerusalem, die himmlische, gnadenreiche Stadt. Sie wird im letzten, dem 21. Kapitel der Johannesoffenbarung so symbolisiert:

Und die heilige Stadt, das neue Jerusalem, sah ich von Gott her aus dem Himmel herabsteigen, bereit wie eine Braut, die sich für ihren Mann geschmückt hat. Und ich hörte eine gewaltige Stimme vom Thron her rufen: Seht, das Zelt Gottes unter den Menschen! Er wird in ihrer Mitte wohnen und sie werden seine Völker sein und er selbst, Gott mit ihnen, wird ihr Gott sein. [...] Und es kam einer von den sieben Engeln [...]. Da entrückte er mich im Geist auf einen großen, hohen Berg und zeigte mir die heilige Stadt Jerusalem, wie sie von Gott her aus dem Himmel herabstieg, im Besitz der Herrlichkeit Gottes. Ihr Lichtglanz war wie der eines kostbaren Edelsteins, wie kristallklarer Jaspis. Eine Mauer hat sie, groß und hoch; sie hat zwölf Tore und auf den Toren zwölf Engel und Namen sind darauf geschrieben – die Namen der zwölf Stämme der Söhne Israels: Im Osten drei Tore, im Norden drei Tore, im Süden drei Tore und im Westen drei Tore. [...] Die Mauer der Stadt hat zwölf Grundsteine mit den zwölf Namen der zwölf Apostel des Lammes. Die Stadt war als Viereck angelegt, ihre Länge ist so groß wie ihre Breite. [...] Ihr Mauerwerk besteht aus Jaspis und die Stadt aus reinem Gold, gleich reinem Glas. Die Grundsteine der Stadtmauer sind mit kostbaren Steinen aller Art geschmückt: Der erste Grundstein ist ein Jaspis, der zweite ein Saphir, der dritte ein Chalzedon, der vierte ein Smaragd, der fünfte ein Sardonyx, der sechste ein Sardion, der siebte ein Chrysolith, der achte ein Beryll, der neunte ein Topas, der zehnte ein Chrysopras, der elfte ein Hyazinth, der zwölfte ein Amethyst. Die zwölf Tore sind zwölf Perlen; jedes der Tore besteht aus einer einzigen Perle. Die Straße der Stadt ist aus reinem Gold wie durchsichtiges Glas. Einen Tempel sah ich nicht in ihr; denn der Herr, ihr Gott, der Allherrscher, ist ihr Tempel, er und das Lamm. Auch braucht die Stadt weder Sonne noch Mond, damit sie ihr leuchten; denn die Herrlichkeit Gottes hat sie erleuchtet und ihre Leuchte ist das Lamm. In ihrem Licht werden die Völker einhergehen und die Könige der Erde werden ihre Herrlichkeit in sie hineintragen. Ihre Tore werden tagsüber nicht geschlossen; Nacht wird es ja dort nicht mehr geben. Und man wird die Schätze und die Kostbarkeiten der Völker zu ihr bringen. Aber niemals wird irgendetwas Unreines in sie hineinkommen oder einer, der Abscheuliches treibt und lügt, sondern nur die, die im Lebensbuch des Lammes eingetragen sind. (Offb 21,2f.9a.10–14.16a.18–27)

Das sind Städte wie Träume und Träume wie Städte, Bilderrätsel, die Wünsche und Ängste verbergen oder enthüllen. Während Babylon Macht, Verführungskraft, Gewalt und Unterdrückung symbolisiert, ruft das neue Jerusalem Ruhe, Ordnung, Licht und Reichtum auf. Der Johannesoffenbarung liegt deutlich daran, hier keine Verwirrung oder Vermischung aufkommen zu lassen: Beide Städte haben nichts miteinander gemein, sind Größen völlig unterschiedlicher Welten, die eine aufsteigend aus dem Sumpf zwischen trüben Flüssen, die andere herabschwebend aus der klaren Helle des Himmels, funkelnd im Licht ihrer Edelsteine, rein, geometrisch, geordnet. Die Johannesoffenbarung verwebt in ihren Bildern vom himmlischen Jerusalem und der Hure Babylon Fäden und Stoffe, die über Jahrhunderte gesponnen wurden. Trennt man die beiden apokalyptischen Stadtsymbole jedoch von ihrer religiösen Aufladung, stellen sie vor Augen, dass der Vorgang des Symbolisierens von Städten ein Prozess voller Emotionen ist – kein gelassenes Zusammenbauen von Metaphern, sondern eine von Wünschen und Ängsten getriebene Dynamik. Es ist diese Emotionalität, die sich mit Städten – als Orten der Befreiung, aber auch der Bedrohung – verbindet und die an der Wurzel des Wunsches steht, sie als Ganze zu symbolisieren, das heißt, inmitten des unüberblickbaren Wirrwarrs an städtischen Eindrücken ein Ganzes zu erfassen und sich zur Beruhigung ins Herz zu pflanzen. Die Entstehung von Stadtmythologien für spezifische Städte erweist sich von hier aus als eine Strategie, mit überfordernder Komplexität umzugehen, ohne sie zu vereinfachen. Städte sind hochkonzentrierte Komplexe von Vielschichtigkeit und Ambiguität, aber gerade darin zugleich Orte von Freiheit und Kultur. In der Stadt zu leben, bedeutet, sich auf die dynamische Vielfalt einzulassen, die im Zusammen- und Gegeneinanderleben einer großen Menschenmenge an ›einem‹ Ort herrscht. Es bedeutet, sich in Gefühl und Verstand von dieser städtischen Komplexität tragen und stören, sich von ihrer Energie transformieren zu lassen und sie symbolisierend selbst weiterzutreiben.

3. Neue Stadtmythologie: Berlin

An Berlin lässt sich eine zeitgenössische Weise der Symbolisierung von »Stadt« beobachten und nachvollziehen. Die einzelnen Stadtbewohnerinnen und Stadtbewohner sind Komplizinnen und Komplizen in dieser ganz eigenen Symbolisierungsweise. Aber auch – um ins Politische zu gehen – das Bundesministerium des Innern, für Bau und Heimat beispielsweise ist auf die ihm eigene, durchaus einflussreiche Weise ein Komplize in dieser zeitgenössischen Art, »Stadt« zu symbolisieren (etwa mit seinem Projekt der »Nationalen Stadtentwicklungspolitik«).[9]

Mit dem Ausdruck »neue Stadtmythologie« meine ich hier eine bestimmte Art, das allgemeine Symbol »Stadt« zu konzipieren. Berlin ist eines der Paradebeispiele für diese neue Stadtmythologie. Worin hier das Neue besteht, lässt sich wieder mithilfe der Stadttypologie von Andreas Reckwitz illustrieren. Der Autor fasst frühere Modelle zusammen, die für die Entwicklung von Stadtdeutungen in der Vergangenheit wirksam geworden sind. So unterscheidet er drei Modelle von Stadt, die aufeinander folgten und jeweils großen Einfluss auf Stadtplanung und Städtebau hatten: (1) die bürgerliche Stadt, (2) die funktionale Stadt und (3) die kulturorientierte Stadt.[10] Mit diesen drei Modellen legt Reckwitz in kultursoziologischer Gestalt vor, was die Johannesoffenbarung in religiöser Gestalt bietet: Formen, mit

---

9 Siehe https://www.nationale-stadtentwicklungspolitik.de (Zugriff am 30.03.2020).
10 Reckwitz: *Die Erfindung der Kreativität*, 277 f.

denen das allgemeine Stadtsymbol näher bestimmt oder nachdrücklicher erfasst werden kann. Während die Johannesoffenbarung die Emotionalität des allgemeinen Stadtsymbols fokussiert, arbeitet Reckwitz im ruhigeren Wasser historischer und soziologischer Analyse. Sein Ziel ist dabei die kulturorientierte Stadt; er betrachtet sie als das gegenwärtig aktive Grundmodell, welches die Symbolisierung spezifischer Städte strukturiert. Die kulturorientierte Stadt entstand jedoch, so Reckwitz, in Abgrenzung und Fortentwicklung der beiden vorangegangenen Modelle. In seinen Augen stellt sie in der Deutung der Stadt als Lebenswirklichkeit und kultursoziologische Größe etwas Neues dar.

Das Modell der bürgerlichen Stadt dominierte vom 17. bis ins 19. Jahrhundert. Reckwitz bezeichnet es als die »klassische europäische Stadt«[11], in deren Zentrum die Orte des bürgerlichen Lebens liegen: Rathaus und Kirche, Börse, Museen und Konzerthaus, ein Park und – im 19. Jahrhundert – großzügige Bahnhöfe oder Stadtbahnstationen. Das Paris von Baron Haussmann stellt die bürgerliche Stadt im größten Maßstab und in ihrer Vollendung vor. Die Kirche hat hier noch einen zentralen Ort, sie besetzt symbolisch und geografisch wichtige Orte mit repräsentativen Gebäuden. In Europa hat die bürgerliche Stadt deutliche Spuren hinterlassen und prägt die Architektur vieler Städte bis heute. Aber die Nutzung und Deutung der Stadt haben sich inzwischen verändert und entsprechen diesen baulichen Formen nur noch bedingt. So setzt sich die Bürgerlichkeit der Gebäude im städtischen Leben immer weniger durch, da das symbolische Modell der bürgerlichen Stadt mit der fortschreitenden Industrialisierung brüchig wurde.

11 Ebd., 277.

Das Modell der funktionalen Stadt löst die bürgerliche Stadt ab. Es markiert die Stadt der klassischen Moderne, eine symbolische Stadt, wie sie im Bauhaus avantgardistisch vorgedacht wurde. Nach ersten Anfängen in den 1920er-Jahren prägte das Modell der funktionalen Stadt die Stadtentwicklung von der Nachkriegszeit bis in die 1970er-Jahre hinein. Auch Berlin ist bis heute – in seinen beiden damaligen Weltteilen – klar von dieser Epoche der Stadtsymbolisierung geprägt. Der Leitgedanke besteht darin, Wohnen und Arbeiten räumlich voneinander zu trennen. Es entstehen Wohnquartiere am Stadtrand – in Form von Plattenbauten oder Einfamilienhaussiedlungen. Die funktionale Stadt ist dem Automobil unterworfen; man baut Stadtautobahnen und überlegt gar, über Autobahnen Wohneinheiten zu errichten. Der Straßenbau ist dabei nicht nur ideologisch begründet, sondern auch praktisch, denn mit der räumlichen Trennung von Wohnen und Arbeiten entsteht natürlich mehr Verkehr. Die funktionale Stadt ist von einer Ent-Symbolisierung des Stadtraumes gekennzeichnet. Der internationale Stil der klassischen Moderne in der Architektur mit seinem Interesse an sich wiederholenden Elementen und Glas oder Beton als Baustoffen entleert die Fassaden, anonymisiert sie und setzt auf Rationalität und Nüchternheit. Auch dieses zweite Grundmodell der Stadtentwicklung ist mittlerweile abgelöst worden. Die Lebensfeindlichkeit des beruhigenden Ordnungsimpulses, der nach dem Zweiten Weltkrieg eine hohe Attraktivität entfalten konnte, trat über die Jahrzehnte immer stärker hervor. Die Innenstädte leerten sich, die Fassaden wurden schwärzer, Bürogebäude und Wohnblocks strahlten immer stärker Abweisung und Entfremdung aus statt Ruhe .

Die kulturorientierte Stadt reagiert auf die Desillusionierung der funktionalen Stadt mit einer anderen Art der symbolischen

Aufladung von Stadtraum und Stadtbegriff. Bevor ich mich jedoch konzeptioneller zur kulturorientierten Stadt äußere, möchte ich zunächst das Modell der kulturorientierten Stadt am Beispiel Berlins illustrieren. Oben habe ich bereits Kazim Akbogas BVG-Lied »Is mir egal« zitiert. Menschen, die ihre Wege in Berlin mit öffentlichen Verkehrsmitteln zu bewältigen haben, wissen sofort, was damit gemeint ist – das Lied ist eine meisterhafte Symbolisierung der BVG-Atmosphäre. Poetisch verdichtet und gefeiert wird hier die spezifisch berlinerische Art, unterschiedliche, teils potenziell in Konflikt zueinander stehende individuelle Ausdrucksbestrebungen in eine Balance zu bringen bzw. als solche stehenzulassen.

Der Erfolg des BVG-Songs lässt sich (auch im vereinfachenden Symbolisierungsinteresse der Werbewirksamkeit) als ein Hinweis darauf lesen, dass nicht mehr industrielle Arbeit oder modernes Wohnen für die Symbolisierung der Stadt wichtig sind. Vielmehr stellen kulturelle und weltanschauliche Vielfalt und der Freiraum für individuelle Lebensentwürfe das Stammkapital der symbolischen Attraktivität von Berlin dar. Das ist im Kern eine ästhetische Zugangsweise zur Symbolisierung. Etwas gesetzter und verdichteter findet sich dieser kulturalisierte Zugang zum Symbol »Stadt Berlin« im Werbetext des kommunalen Stadtmarketings – einem Indikator, der auch stadtplanerische Eckpunkte widerspiegelt. Auf der Seite »be berlin« wird das spezifische Stadtsymbol »Berlin« wie folgt vorgestellt:

> Berlin war schon immer eine Stadt der Ideen, der Erfindungen, des Sich-Ausprobierens. Seit dem Fall der Mauer im November 1989 gilt Berlin als Hauptstadt der Freiheit. Das Brandenburger Tor ist vom Symbol der deutsch-deutschen Teilung zum Symbol der Möglichkeiten geworden.

> Die Vielfalt, die Gegensätze, das Miteinander, das Kunterbunte, das Kreative, das Verrückte und auch das Normale – alles, wofür Berlin international steht, fußt auf dem großen Wert der Freiheit. Berlin ist heute die Summe von Lebensmodellen jeder Couleur. Die Stadt bietet jeder und jedem die Möglichkeit, sich frei zu entfalten. Ob Künstler oder Geschäftsfrau, waschechter Berliner oder Neuankömmling, Kiezpflanze oder Hipster. Weil es geht in Berlin.[12]

Man könnte beinah an den Chor der »Gropiuslerchen« denken mit ihrem Song von 1987: »Berlin Berlin, dein Herz kennt keine Mauern! Berlin Berlin, du bist kein Tabu!«[13]

Die Plausibilität des Modells der kulturell symbolisierten Stadt (der »Creative City«) erweist sich in der Breitenwirkung. Deshalb sind Quellen wie das BVG-Lied, die kommunale Stadtentwicklungsseite oder die Songs der Gropiuslerchen auch so aussagekräftig: Eine spezifische Art des Symbolisierens oder Mythologisierens der Stadt braucht eine kritische Masse, um wirksam zu werden, um wirklich zu der Stadt zu werden, die sich in den Köpfen der Neuankömmlinge einnistet und deren eigene Erfahrungen leitet, also zu Symbolisierungen führt, die soziale Kohäsion abbilden und stützen. Wenn Andreas Reckwitz als einzelner Soziologe in Frankfurt an der Oder Berlin primär kulturell-ästhetisch konzipiert, ist für die Vorstellung von Berlin noch nichts Gravierendes passiert. Anders wird es erst, wenn die Bewohnerinnen und Bewohner der Stadt Berlin scheinbar selbstverständlich ihre Vorstellung von Berlin primär kulturell konzipieren. Erst durch die Breitenwirkung ergibt sich

---

12 Siehe https://www.be.berlin/beberlin/freiheit-berlin-kampagne (Zugriff am 30.03.2020).

13 Auf YouTube: https://youtu.be/nwAuMyFMUpU (Zugriff am 30.03.2020).

ein Diskursraum mit einer entsprechenden Bandbreite an Komplexitätsgraden – erst durch ihn formiert sich eine »kognitive Landkarte« Berlins sowie eine Mentalität des Zusammenlebens, die schließlich in der Aussage »Is mir egal« gipfeln kann.

4. Von der Stadt als symbolischer Marke

Drei Elemente fließen laut Andreas Reckwitz im Modell der kulturorientierten Stadt zusammen: Semiotisierung, reflexive Historisierung und Ästhetisierung. Sie gemeinsam machen die Stadt zu einem Ort für emotional ›sättigende‹ Atmosphären. Nicht die Intensität der Gefühle ist hier als Grunderfahrung im Hintergrund leitend, wie dies in der Johannesoffenbarung der Fall ist, sondern die Ausbalancierung der Gefühle, die nach Befriedigung streben, nicht etwa nach Beflügelung. Um die emotional ausgetrocknete funktionale Stadt in einen Ort für emotional befriedigende Atmosphären zu transformieren, greifen Semiotisierung, reflexive Historisierung und Ästhetisierung ineinander und beeinflussen sich gegenseitig, so Reckwitz. Diese (wiederum drei) Elemente der Kulturalisierung wirken dabei auf allen drei Ebenen des sozialen Gebildes »Stadt«: in der Raumkonstellation, in der Nutzung der Stadt durch ihre Einwohnerschaft und in den kognitiven Landkarten.

Unter Semiotisierung versteht Reckwitz eine »Steigerung und Verdichtung der symbolischen Qualitäten des Stadtraums, der als ein Ort der Generierung von Zeichen verstanden wird«[14]. Der Bart des Hipsters, das weiße Make-up des Gruftis, das Graffiti am S-Bahn-Pfeiler, der gestrickte Überzug eines Lampenpfostens, die Art von Geschäften in einem Straßenzug oder die Dichte an Amerikanisch sprechenden Menschen – sie alle erhalten

14 Reckwitz: *Die Erfindung der Kreativität*, 279.

eine Bedeutung als Zeichen für Lebensstile und Entwürfe von Urbanität. Die Semiotisierung kann dabei auch eine bewusste Umcodierung bedeuten – etwa wenn marode Industriearchitektur als cooler Freiraum für Kreativität umgedeutet wird.[15] (Die sieben Hügel Roms hingegen als Häupter eines scharlachroten Tieres zu deuten, erscheint diesbezüglich etwas unverhältnismäßig, ist aber eine durchaus verwandte Dynamik, ebenso wie die Vision, anstatt einer Stadtmauer lauter Tore zu sehen, die nicht aus Sandstein gemauert, sondern mit durchscheinenden Edelsteinen aller Farben bestückt sind.)

Mit »reflexiver Historisierung« verbindet Reckwitz »eine Wertschätzung und Neuaneignung des historischen Erbes der Stadt und zugleich dessen flexible Kombination mit dem Zeitgenössischen«[16]. Zwar werden die Spuren der vergangenen Gestalten Berlins als veraltet wahrgenommen, sie werden jedoch – auch hier um eines ästhetischen Gewinns willen – an herausragender Stelle teils rekonstruiert und gepflegt. Zugleich werden ihnen neue Bedeutungen zugeschrieben, da die vergangenen obsolet erscheinen. So stellt die Königliche Porzellan-Manufaktur heute beispielsweise Currywurstteller her und man zieht in Erwägung, vor das rekonstruierte Schloss ein indisches Tempeltor zu setzen (das Sanchi-Tor), das oben auf seiner Fassade in Großbuchstaben den Schriftzug »ZWEIFEL« trägt.[17]

Auch Italo Calvinos Marco Polo beschreibt die eigentümlich städtische Weise, wie Geschichte in die Gegenwart gezogen

15 Ebd., 290.

16 Ebd., 279.

17 https://www.preussischer-kulturbesitz.de/meldung/news/2017/02/09/soll-das-sanchi-tor-aus-dahlem-vor-das-humboldt-forum.html und http://www.tagesspiegel.de/kultur/das-kreuz-und-das-humboldt-forum-der-zweifel-in-grossbuchstaben/19898784.html (Zugriff am 30.03.2020).

wird – unabhängig von Andreas Reckwitz, der seine Überlegungen dazu erst lange nach Calvino formuliert. In *Die unsichtbaren Städte* heißt es:

> [D]ie Stadt erzählt ihre Vergangenheit nicht, sie enthält sie wie die Linien einer Hand, eingeschrieben in die Ränder der Straßen, die Gitter der Fenster, die Handläufe der Treppengeländer, die Antennen der Blitzableiter, die Masten der Fahnen, jedes Segment seinerseits schraffiert von Kratzern, Sägespuren, Kerben und Schlägen.[18]

Die Stadt erzählt nicht selbst, sie braucht Menschen, die ihr die Hand lesen und ihr Deutungen verleihen. Die Bewohnerinnen und Bewohner müssen aktiv werden, um die Stadt historisch aufzuladen: Um zum vorstellbaren Gebilde zu werden, zu einem »Ganzen«, ist die Stadt darauf angewiesen, dass ihre Narrative aufgegriffen und weitergesponnen werden und ihre Mythologie sich immer wieder anders realisiert.

Kirchenbauten scheinen für Reckwitz zur Anbahnung von städtischer Symbolkraft keinerlei Bedeutung zu haben. Würde es sich nicht anbieten, gerade beim Aspekt der reflexiven Historisierung an Kirchenbauten zu denken? Möglicherweise sind Kirchenbauten aber auch zu spröde, zu träge, zu schwer. Sie lassen sich nur schwer mit anderen symbolischen Bedeutungen aufladen als den etablierten christlichen. Eine Kirche ist eine Kirche ist eine Kirche. Auch wenn das Künstlerpaar Christo und Jeanne-Claude sie einhüllt oder Banksy sie besprüht: Sie bleibt stur eine Kirche, der Umdeutung abgeneigt durch jahrhundertelange Wiederholung und strenge Kontrolle ihrer sym-

18 Calvino: *Die unsichtbaren Städte*, 18 f.

bolischen Bedeutungen. Man kann sie ablehnen, einen Bogen um sie machen, aber ihr Beharrungsvermögen, ihre symbolische Trägheit verhindert eine Transformation. Sie ist eine starke symbolische Marke. Die Eindeutigkeit der Marke freilich führt unter den Bedingungen einer auf transformierende Deutungen und veränderliche Ästhetisierungen ausgehenden städtischen Symbolisierungsimagination dazu, dass Kirchengebäude seltsam blinde Flecken in der Stadtgeografie werden, tote Winkel an exponierter Stelle, Fossilien, die in den Stadtraum hineinragen. Gott behüte, dass sie damit eine Metapher bilden für den Anteil theologischer und religiöser Symbolisierung an heutigen Stadtmythologien!

Zurück zu Reckwitz, zu dem von ihm genannten dritten Aspekt, der in der Entwicklung der kulturorientierten Stadt wirkt: die Ästhetisierung. Der Autor versteht darunter »eine gezielte Steigerung und Verdichtung von sinnlich-affektiven urbanen Atmosphären«[19]. Ästhetisch sind diese Atmosphären dann, wenn sie um ihrer selbst willen, als Selbstzweck aufgesucht werden. So besucht die entschieden zeitgenössische Touristin beispielsweise die Plattenbauten in Marzahn, um den rauen Charme des Sozialismus aufzusaugen, ohne sich für die Lebenswirklichkeit der damaligen oder heutigen Bewohnerinnen und Bewohner zu interessieren. Oder beim »Festival of Lights« faszinieren bunte Fassadenbeleuchtungen, ohne dass man sich mit der Machtarchitektur der angestrahlten Gebäude auseinandersetzen muss.

Das kulturorientierte Modell der Stadt hat seit den 1990er-Jahren auch stadtpolitisch Fahrt aufgenommen. Es ist kein Modell für ästhetische Wiesel. Vielmehr spielt die politische Stadtplanung inzwischen eine aktiv unterstützende Rolle bei der

---

19 Reckwitz: *Die Erfindung der Kreativität*, 279.

Stärkung und Weiterentwicklung des kulturorientierten Stadtmodells, wie »be berlin« bezeugt. Andreas Reckwitz wiederum beteiligt sich am Erfolg des Modells, indem er darüber schreibt und es soziologisch fachgerecht auf den Punkt bringt: »Diese Orientierung der Stadtpolitik [...] umfasst auch die gezielte Produktion von ›Narrativierungen‹, die an die ›Stadtmythen‹ der Bewohner und Besucher anknüpft oder versucht, neue zu kreieren.«[20] Einem politischen Feld die Produktion von Mythen zuzuschreiben, lässt einen freilich hellhörig werden. Hier rächt sich die Ausblendung von Politik im Symbolisierungsverständnis: Unversehens wird die Steuerung von symbolischer Kommunikation politischen Institutionen und Playern zugeschrieben.

5. Theologische Schlussnotiz

»Städte [...] sind aus Wünschen und Ängsten geformt.«[21] Sollte ihr letztes Ziel wirklich darin bestehen, emotional befriedigende Atmosphären zu schaffen, also sozial adaptierte Menschen zu produzieren?

Das Modell der kulturalisierten Stadt drängt in seinem Ästhetisierungsüberschwang ethische Aspekte in den Hintergrund. Aus der Sicht religiöser und theologischer Symbolisierungserfahrung stellt dies eine eindeutige Lücke dar – geht es doch bei der Symbolisierung von Städten um das Zusammenleben von Menschen. Die Symbolisierung der Stadt bedarf darüber hinaus einer Berücksichtigung von Gerechtigkeitsfragen. Dies legt sich aus Sicht der religiösen und theologischen Symbolisierungstraditionen nahe, die nie nur ästhetisch verfahren, sondern in denen Symbole und Metaphern komplexe Formen von Welt-

20 Ebd., 306.
21 Calvino: *Die unsichtbaren Städte*, 41.

deutung widerspiegeln, die kognitive, affektive, ethische und spirituelle Aspekte miteinander verbinden und aufeinander beziehen. Blendet man den ethischen Aspekt aus, hat dies gravierende Folgen für die Entstehung und Weiterentwicklung der Stadtmythologie selbst. Denn ausgeblendet wird dann die Frage nach dem Zugang zu Bildung als Voraussetzung dafür, sich an der Symbolisierung der eigenen Stadt zu beteiligen. Da dies zugleich Voraussetzung für einen fluiden Symbolisierungsprozess ist, der unterschiedliche Sprachfähigkeiten und Ausdrucksmöglichkeiten einbeziehen kann, verengt das ausschließlich ästhetische oder soziologisch-funktionale Symbolisierungsmodell sich durch das Ausblenden der ethischen Dimension selbst. Mit der Frage nach dem Bildungszugang verknüpft ist das weitere ethische Problem der Verteilungsbedingungen und -kriterien von materiellem und kulturellem Kapital.

Ein zweiter Kritikpunkt am Symbolisierungsmodell der kulturorientierten Stadt – so anschlussfähig es auf den ersten Blick für religiöse Zugänge erscheint – liegt in der Ausblendung von Religion als Faktor von Kultur und Symbolisierung. Religiöse und theologische Traditionen und Denkweisen spielen bis heute in die Symbolisierung der Stadt hinein. Aber nicht nur zur Domestizierung ihres Einflusses lohnt es sich, darauf ausdrücklich einzugehen. Vielmehr haben sie – auf zum Teil befremdliche Weise – Wichtiges beizutragen, wenn es um Symbolisierungsprozesse in der Größenordnung von Stadtmythologien geht. Oben habe ich dies vor allem in Bezug auf die Emotionalität der Stadtmythologie zu verdeutlichen versucht, indem ich auf die Passagen aus der Johannesoffenbarung einging. Aber auch die befremdliche Sprache und der Gotteshorizont religiöser Symbolisierungsprozesse tragen Potenzial für die Weiterentwicklung von Stadtmythologien in sich. Es geht dabei nicht um die Frage:

Wo steht die Kirche in der symbolischen Hierarchie in der Stadt und wie kann die traditionelle Hegemonie der Kirche im symbolischen Diskurs wiederhergestellt werden? Vielmehr geht es mir darum, wie sich die wunderbar ausgefeilte theologische Symbolisierungsexpertise in den lebendigen Prozess von Stadtmythologisierung einbringen kann, als Stadtbewohnerin eigenen Rechts. Eine Frage, die sich freilich auch an die Fragende selbst richtet: Warum greifen die historisierenden, semiotisierenden und ästhetisierenden religiösen Zeitgenossinnen und Zeitgenossen ihre reiche christliche Symbolisierungstradition nicht auf, wenn sie über die Stadt (Berlin) sprechen? Und warum lassen sie die säkular-kulturalisierte Weise, zu symbolisieren, nicht stärker auf die theologische und religiöse Symbolisierungsarbeit zurückwirken?

»God's lonely man«. Die Stadt der Sünde im Kino

Hans-Joachim Neubauer

1.

Er sieht alles: Prostitution und Perversion, Gewalt, Drogen, Gleichgültigkeit. Wenn Travis Bickle in seinem Yellow Cab durch New York fährt, trifft er auf den Abschaum. Es ist das Jahr 1976, und Travis führt uns durch die Stadt der Sünde, das New York des New Hollywood: desillusioniert, hart, frei von Mitleid.

Hier regiert das Geld. Gier bestimmt das Leben. Als Utopie der Massengesellschaft hat das Urbane abgedankt, die Eliten sind korrupt, und nicht nur sie. Man metzelt in Fernost; versehrt, verbittert kehrt man zurück – wenn man Glück hat. Der entgrenzte Kapitalismus gibt den Städten den Rest, und die Politik versagt. 1974 tritt Nixon zurück. All das sieht, all das weiß Travis Bickle, der Vietnamveteran. Nacht für Nacht lässt ihn Regisseur Martin Scorsese durch die Stadt fahren. »They're all animals anyway«, notiert Travis: »All the animals come out at night: Whores, skunk pussies, buggers, queens, fairies, dopers, junkies, sick, venal. Someday a real rain will come and wash all this scum off the streets.« Doch er fährt weiter, auch dahin, wohin sich niemand traut. South Bronx. Harlem. »I'll work anywhere, anytime.«

Martin Scorseses *Taxi Driver* ist voller religöser Motive und Symbole. Der Drehbuchautor Paul Schrader stellt seinem Script ein Zitat aus Thomas Wolfes *God's Lonely Man* voran: »[L]oneliness, far from being a rare and curious phenomenon, is the central and inevitable fact of human existence.« Diese Verlassenheit tragen Scorsese und Robert de Niro in jede Szene des Films. Fast durchgehend sind wir bei Travis Bickle, wir sehen mit ihm, was er sieht, wir fangen an, ihn zu verstehen. Und auch für uns wird er am Ende eine Art Märtyrer sein.

Als Travis es endlich schafft, mit seinem »Engel« Betsy einen Kaffee trinken zu gehen, sagt sie, er erinnere sie an einen Song von Kris Kristofferson. Sie zitiert, etwas verkürzt, aus Kristoffersons »The Pilgrim – Chapter 33« von 1971: »He's a prophet and a pusher, partly true and partly fiction. A walking contradiction.« Prophet und Märtyrer, ein wenig Samariter, aber vor allem Rächer: Wer mit Travis durch die Stadt der Sünde streift, befindet sich mitten im Universum des Martin Scorsese, des großen Katholiken unter den US-amerikanischen Regisseuren. Dessen Spezialität sind die existenzialistischen Helden und einsamen Grenzgänger. »Loneliness has followed me my whole life«, sagt Travis Bickle im Film: »In bars. In cars. Sidewalks. Stores. Everywhere. There's no escape. I'm God's lonely man.«

Bevor Gottes einsamer Mann vom Rande der Gesellschaft zum Helden wird, zum Rächer und Märtyrer, übt er. Die Wohnung wird sein Kasernenhof, hier stählt sich Travis, hier formt er aus dem Veteranen den Attentäter, aus dem Taxifahrer den Helden. Hantelübungen, Pull-ups, Selbstkasteiung. Wie fühlt man etwas, wie fühlt man sich? Die Faust über der Gasflamme. Keine Pillen mehr, keine schlechte Nahrung mehr. Zur Legende wurde Robert De Niros Interpretation der Spiegel-Situation. In Schraders Drehbuch steht nur: »Travis speaks to himself in the mirror.«[1] Zu dem, was De Niro daraus macht, meinte Schrader später: »It's the best thing in the movie. And I didn't write it.«[2]

---

1 Paul Schrader: TAXI DRIVER by Paul Schrader (Screenplay); www.lc.ncu.edu.tw/learneng/script/TaxiDriver.pdf (Zugriff am 03.03.2020).

2 Donald P. Costello: »God's Lonely Man: Taxi Driver in Script and Screen«, in: *Christianity and Literature* 42/3 (1993), 403–418, hier S. 412.

Mit dem Blick in die Kamera probt Travis den Rollenwechsel vom Jedermann zum Akteur. Die Selbstermächtigung des Travis Bickle vor dem Spiegel findet statt in seiner Imagination einer Begegnung: »Faster than you, bastard, you fuckin' son of a bitch. Saw you comin' you fuckin' shit heel. I'm standin' here. You make a move. You make the move. It's your move. Just try it you fuckin'. You talkin' to me? You talkin' to me? You talkin' to me? Well, then, who the hell else you talkin' to? Well I'm the only one here. Who the fuck do you think you're talking to? Oh yeah? Okay.« Identifikation. Und Schuss. »I'm the only one here.« Das stimmt, die anderen sind tot. Hier bin ja nur ich, God's lonely man.

2.

Die Stadt der Sünde ist ein häufiges Erzählmuster des Kinos. Heldenreisen brauchen Unterwelten, und nicht jede Geschichte lässt sich als Besuch im Hades erzählen. Die Stadt taugt als Utopie und als Dystopie. Jeder kennt sie. Kino ist *das* urbane Medium in der Stadt, für die Stadt, über die Stadt. Es prägt die ästhetische Ordnung des Sozialen und die soziale Ordnung des Ästhetischen. Damit meine ich: Was wir im Kino sehen, verändert uns, weil es unseren Blick auf die Welt transformiert. In der Scheinwelt des Kinos erleben wir den Gegenentwurf zu dem, was wir Stadt nennen. Wenn nach der Vorstellung wieder das Licht angeht, sehen wir die Stadt nach dem Muster des Kinos.

Als Kapitän James Cook, ein echter Vertreter der nördlichen Moderne, 1778 Hawaii »entdeckt«, leitet er bekanntlich seinen Untergang ein. Anfang 1779 besucht er die Insel drei Mal. Bei seiner dritten und letzten Landung in der Kealakekua-Bucht erwarten den Weißen Gott Zank, Missgunst, üble Laune und das ironische Schicksal, von einem Krieger mit einem Messer *made in Britain* erledigt zu werden. Mit einem Gruß an Jacques Lacan könnte man sagen, ein Brief erreicht immer seinen Absender.

Der US-amerikanische Ethnologe Marshall Sahlins hat sich auf die Spur dieses schmerzhaften Missverständnisses gemacht. Er beschreibt, wie Cook als Mensch kommt und als Gott empfangen wird, er entziffert den rituellen Kalender, in dem der Brite und seine Mannschaft als religiöse Chiffren fungieren. Bei seinem dritten Besuch dann erscheint Cook in einem anderen religiösen Narrativ als bei den beiden ersten. Pech. Die Hawaiianer geben dem Gott, der zufällig (zufällig?) ein anderer ist als zuvor, was ihm gebührt, Zerlegung inklusive. Heute sagt man wohl »Clash of Civilizations« zu solchen Asymmetrien. »Die Kultur«, merkt Marshall Sahlins an, »ist jedoch gerade die Organisation der aktuellen Situation in den Begriffen einer Vergangenheit«.[3]

Ich glaube, dass uns dieser von Max Weber inspirierte, angenehm pragmatische Begriff von Kultur helfen kann, die Wirklichkeit des Religiösen im Film zu verstehen. Die Stadt der Sünde im Kino ist kein Anachronismus. An zwei Beispielen möchte ich zeigen, dass das Kino auch in einer post-religösen, atheistischen, anti-religiösen Gegenwart die aktuelle Situation in den Mustern der Religion inszeniert. Was bedeutet, dass das Kino das Religiöse als Ästhetisches re-organisiert – und das Ästhetische als Religiöses. In diesem Kino erfahren wir uns vielleicht als aktuelle Chiffren in einer religiösen Realität. Oder sind wir nicht doch religiöse Chiffren in einer Situation ohne Gott? Es wäre leicht, einen mehr oder weniger fixen Satz überdauernder religiöser Normen und Verhaltensmuster zu identifizieren. Ich möchte dagegen den Blick darauf lenken, dass die Poetik der

3 Marshall Sahlins: *Inseln der Geschichte*. Aus dem Amerikanischen von Ilse Utz, Hamburg: Junius 1992, 152.

Kultur von religiösen Erfahrungen ebenso geprägt wird wie von sozialen und ästhetischen. Ich glaube, dass Fakten und Ereignisse von einer Lesart in eine andere diffundieren können. »Es wäre falsch«, meint Stephen Greenblatt, »diesen Prozeß für eine Einbahnstraße zu halten, so als würde er nur vom sozialen zum ästhetischen Diskurs führen.«[4] Das Ästhetische kann auch ein Religiöses sein.

Überprüfen lässt sich dies am besten in der gefilmten Metropole, im *movie New York*. Im Jahrhundert des Kinos und im Kino des 20. Jahrhunderts ist der Big Apple die Stadt der Städte, mal Eden, mal Nachtmahr, mal Babylon, mal Traum, »ein außerordentliches kulturelles Konstrukt«[5] aus Hunderten von Filmen. Wie sündig dieses mythische Urbane sein kann, weiß jeder, der schon mal ein Kino von innen gesehen hat. Also zurück nach Manhattan, zurück zu Travis Bickle. 1976.

3.

Selbsterkennung, Verkennung des Selbst, narzisstische Störung, vermutlich Borderline: Für eine Studie über die Psychopathologie des Veteranen bietet Travis Bickle wunderbares Material. Wie heißt es so schön in Paul Schraders Drehbuch: »He has the smell of sex about him, repressed sex, lonely sex, but sex nonetheless.« Und: »As the earth moves toward the sun, Travis Bickle moves toward violence.« Genauso ist es.

Das finale Gemetzel endet mit einem Tableau. Scorsese und Kameramann Michael Chapman zeigen den Märtyrer unter sei-

---

4 Stephen Greenblatt: »Grundzüge einer Poetik der Kultur«, in: ders., *Schmutzige Riten. Betrachtungen zwischen Weltbildern*. Aus dem Amerikanischen von Jeremy Gaines, Frankfurt am Main: Fischer 1995, 107–122, hier S. 119 f.

5 James Sanders: *Celluloid Skyline. New York And The Movies*, New York: Knopf 2001, 4.

nen Opfern, den Täter unter toten Tätern. Sublimierung durch Selbstinszenierung: Travis Bickle hält sich die blutige Hand an die Schläfe, als wäre sie eine Waffe, schaut uns an und drückt ab. Dann beginnt die Kamera ihre Fahrt, Gottes Auge über dem Welttheater. Wir sehen ein Schlachtfeld, wir sehen den Blutzeugen, den Spiegel seiner Zeit, seiner Stadt. Später sehen wir die Zeitungsausschnitte an Travis' Wand, wir vollziehen die Apotheose des Killers zum Taxi Driver Hero. Dieser Märtyrer ist auch die Stadt, aus der er kommt, in die er zurückkehrt. Am Ende verschwimmt alles in den Lichtern, Spiegelungen und Reflexen der Großstadt.

Scorseses New York ist ein Ort der Sünde, ein spätmodernes Sodom mit allem, was dazugehört: Verrohung der Menschen, ihrer Herzen und Seelen, Prostitution, Gewalt, Drogen, Korruption. Mit seinen verschiedenen Nicht-Identitäten passt Travis Bickle sehr gut hierhin. Der Vietnamveteran ist auf der Suche nach seiner Rolle. Was soll er sein: Soldat, Indianer, Polizist, Geheimagent (wie er seinen Eltern schreibt)? Einfach nur Mann? Lange gleitet er in seinem *Cab* durch die Stadt, ohne dieses »hellish but haunting setting«[6] wirklich zu betreten. Ein Gitter trennt ihn von seinen Fahrgästen, die Windschutzscheibe von den Straßen, durch die sein Wagen rollt. Wenn er zu Fuß geht, isoliert ihn Chapmans Kamera von den anderen Passanten. Auf dem Höhepunkt des Films wird Gottes einsamer Mann der strafende Racheengel sein, der dunkle Erlöser.

Zu den vielen biblischen Resonanzen dieser Figuration – Engel, Märtyrer, Rächer, Strafe – zählt auch die Stadt der Sünde. Was Sodom so besonders macht, verrät das Buch Genesis zunächst nicht. Gott hat es dennoch dem Untergang geweiht, es

6 Ebd., 397.

ist die in Ungnade gefallene Stadt, an ihr demonstriert er seine Macht. Erst nach diesem Beschluss wird ein Grund genannt. Sodom und Gomorra werden für ihre sexuelle Zügellosigkeit zerstört: »Wo sind die Männer, die heute Abend zu dir gekommen sind?«, fragen die Leute aus Sodom Lot: »Bringe sie zu uns heraus, damit wir mit ihnen verkehren« (Gen 19,5). Von dieser speziellen Form der Dekadenz erzählt der unselige Begriff der Sodomie bis heute.

Dem Untergang geht eine Verhandlung über den kategorialen Charakter von Sünde und Strafe voraus. Gott hat beschlossen, Sodom und Gomorra zu vernichten: »[I]hre Sünde, sie ist sehr schwer« (Gen 18,20). Er sagt zu Abraham: »Darum will ich hinabgehen und sehen, ob alle wirklich so gehandelt haben, wie die Klage über sie zu mir gedrungen ist, oder nicht. Ich will es wissen« (21). Abraham kontert: » Willst du wirklich den Gerechten mit dem Frevler verderben? Vielleicht gibt es fünfzig Gerechte in der Stadt. Willst du sie wirklich verderben und nicht lieber dem Ort wegen der fünfzig Gerechten, die dort wohnen, vergeben? Ferne sei es von dir, so zu tun, den Gerechten mit dem Frevler zu töten, sodass es dem Gerechten wie dem Frevler erginge! Das sei ferne von dir! Sollte der Richter der ganzen Erde nicht Gerechtigkeit üben?« (23–25).

Das leuchtet Gott ein. Okay, sagt er: »Wenn ich in Sodom fünfzig Gerechte in der Stadt finde, so will ich ihretwegen dem ganzen Ort vergeben« (26). Abraham spürt Rückenwind: »Vielleicht fehlen an den fünfzig Gerechten noch fünf. Wirst du wegen der fünf die ganze Stadt verderben?« Nein, sagte er: »Ich werde sie nicht verderben, wenn ich dort nur fünfundvierzig Gerechte finde« (28). Aus fünfundvierzig werden vierzig, aus vierzig dreißig, aus dreißig zwanzig. Und Gott spielt mit: »Ich werde sie wegen der zwanzig nicht verderben« (31). Abraham lässt nicht locker: »Zürne mir nicht, Herr, wenn ich nur noch dieses eine Mal rede. Vielleicht finden sich dort nur zehn.« Und wiederum sprach er: »Ich werde sie auch wegen der zehn nicht verderben« (32).

Als dann Gottes Engel in Sodom tatsächlich in Gefahr geraten, wird nicht mehr gezählt. Das Urteil wird vollstreckt. Gott rettet seinen Entschluss, indem er ihn an den konkreten Anschlag auf seine Gesandten bindet. Dass am Ende nur Lot und seine Töchter entkommen, geschenkt. Der Herr ließ »über Sodom und Gomorra Schwefel und Feuer vom Herrn regnen. So vernichtete er diese Städte und die ganze Gegend und alle Bewohner der Städte und alle Feldfrüchte« (Gen 19,24–25).

Wenn nun Travis Bickle, Prophet und Gottes einsamer Mann, loszieht, um einige Repräsentanten der Stadt der Sünde zu vernichten, aktiviert und wendet er den uralten Topos der blinden Rache. Er schert sich nicht um Verhältnismäßigkeit, ihm geht es ums Ganze. Bevor es so weit kommt, sucht er nach einer Vision gegen das Unrecht, das Elend, das Böse in der Stadt der Sünde. Er fahndet nach einem Grund für Gnade, für einen Anschluss an diese Welt. Schrader und Scorsese lassen ihn mit Kollegen diskutieren, er wendet sich an den Politiker Charles Palantine, er bietet (halb im Scherz) dem Secret Service seine Mitarbeit an, er versucht, Betsy zu gewinnen. Alles umsonst: Seine Kollegen verstehen ihn nicht, der Geheimdienst nimmt ihn ins Visier, Palantine scheut die Verantwortung, und Betsy, Travis' »Engel«, wehrt den plumpen Verehrer ab. God's lonely man zieht in seinen ganz persönlichen Krieg.

Ich glaube, dass dieser Film aufgrund dieser »walking contradiction« in Travis Bickles Handeln so verstört. Travis verbindet kaum etwas mit der »geretteten« Prostituierten Iris, aber er wird als ihr Retter gefeiert, als Repräsentant von Sitte und Ordnung.

Den Topos der biblischen Rache dreht er um: Gott verbirgt das Kategoriale seines Handelns hinter der »gerechten« Bestrafung einer einzigen Handlung (heute hieße so etwas Rache-Exzess); er straft, ohne zu retten. Bei Travis Bickle dagegen verdeckt die Rettung der jungen Frau die Blindheit seiner Tat. Scheinbar straft er, um zu retten. Ohne die Stadt der Sünde könnte er, der Rächer, nicht als der erscheinen, der er sein soll: der Erlöser, den alle so sehnlich erwarten. Die erste Kugel seines Shootouts trifft Iris' Zuhälter in den Bauch.

4.

In *Taxi Driver* wird neunzehn Mal scharf auf Menschen geschossen. Fünf Jahre später fliegen hundert Mal mehr Kugeln durch New York. Während Scorsese die Geburt des Helden aus dem Milieu von Drogen und Prostitution inszeniert, erklärt John Carpenter 1981 das gesamte Gebiet zwischen Hudson und East River zur Hauptstadt der Sünde. Das Manhattan von *Escape from New York* ist die Hölle. Hier sind alle schuldig, im Jahr 1997 leben hier nur Verbrecher. Manhattan, der Generalknast der Vereinigten Staaten, ist die Endstation für Gesetzesbrecher. Wer hierhin kommt, lässt alle Hoffnung fahren. Da ist es ungünstig, dass eine Flugzeugentführung ausgerechnet den Präsidenten der Vereinigten Staaten nach Manhattan bringt, also den obersten Herren dieses dystopischen Gefängnis- und Gesellschaftssystems.

Carpenters gefallenem Präsidenten kann nur einer helfen: Curt Russell alias Snake Plissken, ein zu diesem Himmel-, also Höllenfahrtskommando abgestellter Anarcho-Verbrecher. Hol' den Chef raus, dann bist du frei. Und Plissken – »Call me Snake!« lautet sein erster, heiserer Satz – hat alles, was ein Held braucht. Mit prächtigen Muskeln, piratiger Augenklappe, prima uncooler Frisur, Kobra-Tattoo (keine Klapperschlange!), im glänzenden Muskelshirt wird der wilde Mann hinabsteigen in die Unterwelt.

Aber wie kommt man in die Hölle? Einer, der mal da war, erinnert sich; sein Trip beginnt gegen Abend: »Es neigte sich der Tag; und Dämmerung / enthob die Lebewesen auf der Erde / all ihrer Mühen, und nur ich allein // Macht' mich bereit, das Ringen zu bestehen / des schweren Wegs, wie auch des Herzens Mitleid.«[7]

Snake Plissken nimmt es mürrisch auf sich, dieses Ringen. Übel gelaunt – »I don't give a fuck about your war or your President« –, sarkastisch, zum Töten bereit, legt er den Waffengurt an. Sein Zorn gilt nicht den Verbrechern, die ihn erwarten, sein Hass richtet sich gegen das System, das ihn mit einer Zeitbombe im Körper auf diesen Höllentrip zwingt. Wie sein in Terzinen sprechender Vorausgänger betritt auch Plissken das Inferno zu nächtlicher Stunde. Kurz zuvor haben die Wächter der Unterwelt zwei Männer bei deren Versuch erledigt, den Acheron zu überqueren. »Very well«, sagt ein Offizier gut gelaunt, als er das erfährt. Lebend verlässt die Hölle niemand.

Dem Weg hinein entspricht keiner hinaus. »Durch mich geht man zur Stadt der Schmerzen ein; / durch mich geht man hinein zur ewgen Qual; / durch mich geht man zu den Verlorenen. // Gerechtigkeit bewegte meinen Schöpfer«, heißt es bei Dante über das Höllentor: »[I]hr, die ihr herkommt, lasset alle Hoffnung.«[8]

7 Dante Alighieri: *Die Göttliche Komödie*. Ins Deutsche übertragen von Ida und Walther von Wartburg. Kommentiert von Walther von Wartburg. Mit 48 Illustrationen nach Holzschnitten von Gustave Doré, Zürich: Manesse 1963, Inferno, 2. Gesang, V. 1–4.

8 Dante, Inferno, 3. Gesang, V. 1–3.

John Carpenter übersetzt das lakonisch in die Zukunft: »Once you go in, you don't come out.«

Dante und Plissken kennen nur einen Zugang zur Hölle: von oben.

> »Das ausgeruhte Auge ließ ich schweifen, / hoch aufgerichtet blickt' ich scharf umher, / um zu erspähn an welchem Ort ich stände. // Wahr ist's, daß ich am Rande mich befand / des Tals zum schmerzensvollen Abgrund, / der widerhallt von grenzenlosen Klagen. // Tief war es, dunkel und verhüllt von Nebel / mocht' ich auch fest den Blick zur Tiefe senden, / konnt' ich doch klar kein Ding für sich erkennen.«[9] Snake Plissken geht es ähnlich, als er auf dem World Trade Center landet und den langen Abstieg beginnt. »Dort klangen Seufzer, Klagen, laute Schreie / hin durch die Luft, die kein Gestirn erhellt, / so daß zuerst mich Weinen überkam. // Verschiedne Zungen, grauenvolle Reden, / von Schmerz erfüllte Worte, Zornesrufe / und Stimmen laut und und rauh.«[10]

Zum Glück findet Snake rasch seinen Vergil, den lustig-listigen Cabbie. Der entdeckt mit ihm auf Dantes Spuren die moralische Schichtung der Hölle. Neun Kreise hat das Inferno des Florentiners, drei soziale Ebenen kennt Carpenter. Der gewöhnliche Kriminelle strolcht zu Fuß umher, die Arrivierten beleuchten ihre Limousinen mit fetten Kandelabern, und der Abschaum lebt unter Tage: »The crazies live in the subways.« Aber ansonsten geht's hier auch nicht anders zu als bei Dante, in dessen Höl-

9 Ebd., V. 4–12.
10 Ebd., V. 22–27.

le »schlammbedecktes Volk« lebt, »alle nackt und mit verstörten Mienen. // Die schlugen sich, nicht mit den Händen bloß, / nein, sie stießen sich mit Kopf und Brust und Füßen, / zerfleischten Stück um Stück sich mit den Zähnen.«[11] Ob im 14. Jahrhundert Dantes oder im 20. des John Carpenter: Es ist ein Hauen und Stechen, das Leben drunten bei Teufels.

Genüsslich malt Carpenter die Welt der Bösen aus. Ein B-Movie-Ensemble kreuzt und quert durch die Metropole des Schreckens. Dekorative Schrottgefährte, malerische Kostüme, Lumpen jeder Couleur, Gangstervisagen, zombiehafte Unterschichtler, Wrasenbildung überall: Hier laufen sie rum, Hollywoods Commedia-dell'arte-Typen. Ernest Borgnine ist der verschmitzte Alte und Arlecchino-Kumpel Cabbie, Harry Dean Stanton gibt den verschlagen-intelligenten Harold »Brain« Hellman als abgefeimten Brighella-Charakter, und Adrienne Barbeau verkörpert die Maggie mit weit offener Jacke und High Heels, um das Panorama sexuell aufzurunden – eine sexistische Colombina-Fantasie, kruder *male gaze*. Und auch der Fürst der Finsternis fehlt nicht: Isaac Hayes ist der Duke of New York.

Snake Plissken stürzt sich in dieses Getümmel wie der Schwimmer in den Ozean, ein Verbrecher unter Verbrechern, begnadigt zu einer Todesmission. Der Unterwelts-Hermeneut findet a) die Guten, mit denen er weiterzieht, und b) den Präsidenten Of The US, dem er in letzter Sekunde das Leben rettet. Am Schluss überführt er diesen POTUS noch der Falschheit und des Zynismus. Auch der Gute ist ein Böser, ja, vor allem der Gute.

Obwohl man keine Bastille und kein Winterpalais ohne Leute wie Snake Plissken stürmen kann: Er ist kein Revolutionär, sein Regisseur noch viel weniger. Dafür schauen beide zu illusionslos

---

11 Dante, Inferno, 7. Gesang, V. 109–114.

auf die Welt. Ist das schon reaktionär? Vermutlich. Resignativ ist es auf jeden Fall. Am Ende bleibt das System erhalten, hinterfragt wird bloß auf der persönlichen Ebene.

Was diese Manhattan Sin City von Travis Bickles New York unterscheidet, ist die moralische Verbesserbarkeit ihrer Bewohner. Sicher, alle hier sind Verbrecher, aber Carpenters Hölle ist auch ein Ort moralischer Läuterung. An der Seite von Plissken laufen Maggie und Cabbie zu ethischer Superform auf. Selbstlos kämpfen sie für das Gute, sie geben ihr Leben für die Mission des Helden. Dass diese sich am Ende als sinnlos herausstellt, kriegen sie nicht mehr mit. Carpenters billige Action-Dramaturgie nimmt sie zuvor aus dem Spiel.

Maggies und Cabbies Läuterung macht deutlich, dass dieses Manhattan nicht Hölle ist, sondern Vorhölle. Im Purgatorium kann jeder eine ehrliche Haut bleiben, er muss es nur wollen. Das ist Carpenters amerikanisch-moralistische Botschaft. Mit ihr organisiert der Film eine aktuelle Situation in den Mustern einer religiösen Vergangenheit. Jeder in diesem Manhattan ist potenziell ein Mensch, »der zwar guten Willens war, dessen Wille aber nicht – oder noch nicht genug – das Sein ergriffen hat«[12], wie Romano Guardini über die Bewohner des Fegefeuers weiß: »Wenn ein solcher Mensch ins Licht Gottes tritt, sieht er sich mit dessen Augen. Er liebt Gottes Heiligkeit und haßt sich selbst, weil er ihr widerspricht. Sein Zustand dringt ihm ins Gefühl.«[13] Und als sei er, ein moderner Vergil, an der Seite Plisskens nach Manhattan hinabgestiegen, kann Guardini in *Die letzten Dinge* über die Vorhölle berichten: »Das Falschgemachte wird in

---

12 Romano Guardini: *Die letzten Dinge. Die christliche Lehre vom Tode. Läuterung nach dem Tode. Auferstehung, Gericht und Ewigkeit*, Würzburg: Werkbund ^{3}1952, 36.

13 Ebd., 37.

Ordnung gerückt. Das Böse umgelebt und ins Gute herübergebracht. Nicht äußerlich verbessernd, sondern so, daß alles durch das in der Reue wirkende Geheimnis der umschaffenden Gnade hindurchgeht und neu ersteht.«[14]

Im Fegefeuer also gibt es sie noch, die guten letzten Dinge, die helfen, auch im Falschen richtig zu leben. Bei Scorsese würde das wohl niemand behaupten, außer natürlich die, deren Geschäft es ist, die Wirklichkeit zu verzerren – eben die Medien, die Schrift an der Wand einer schäbigen New Yorker Wohnung. Anders gesagt: Carpenters Hölle gebiert auch Engel, Scorseses New York dagegen verschlingt sie. Die eine Unschuldige, die, wider alle Wahrscheinlichkeit, am Ende dann doch gerettet und erlöst wird – Jody Fosters Iris –, bestätigt nur das regelhafte Fatum. Es braucht diese Ausnahme, schließlich sind wir, wo wir sind: im Kino. Und dort gibt es, wenn auch nur als Spiegelung in einer Windschutzscheibe, immer wieder einen Funken, den, wer mag, als Hoffnung ansehen darf. Vielleicht ist ja auch dies ein Reflex des Religiösen.

---

14 Ebd., 38.

Wie heilig ist den Religionen das andere Heilige?

Felix Körner SJ

Adem verkauft Kinderwagen in Ankara. Das tut er täglich – unweit unserer Kirche. Wenn ich vorbeikomme, ergibt sich meist ein spannender Wortwechsel. Einmal verfinstert sich Adems Gesicht, als er mich sieht. »Was gibt's?«, will ich wissen. Ich bin wahrscheinlich der einzige Christ, mit dem er je reden wird. »Wieso beleidigt der Papst unseren Propheten?«, knurrt er getroffen.

Es ist 2006, wenige Tage nach der unseligen ›Regensburger Rede‹. Wir erinnern uns: Benedikt XVI. ist im zweiten Jahr seines Pontifikats auf Heimatbesuch. In der Universität, an der er zuletzt gelehrt hatte, denkt er zurück an seine Zeit als Professor und stellt die Vernünftigkeit des katholischen Glaubens heraus. Anderes scheint ihm nicht in den Sinn zu kommen: nicht Regensburgs Geschichte als Truppensammelpunkt für Kreuzzüge, nicht die Erinnerung an Regensburger Zwangstaufen und Ermordungen von Jüdinnen und Juden, nicht die eigene neue Rolle als Oberhaupt der katholischen Christenheit. Vielmehr garniert Benedikt seine Vorlesung mit Seitenhieben gegen andere Religionsgemeinschaften. Die Reformation steht plötzlich als Abbruch christlicher Rationalität da; und er zitiert die Aufforderung, mit der ein schwächelnder oströmischer Kaiser im 14. Jahrhundert einen islamischen Gelehrten provozieren wollte. Manuel II. Palaiologos forderte damals seinen muslimischen Gesprächspartner heraus: »Zeig mir doch, was Mohammed Neues gebracht hat, und da wirst du nur Schlechtes und Inhumanes finden wie dies, daß er vorgeschrieben hat, den Glauben, den er predigte, durch das Schwert zu verbreiten.« Kein gutes Zitat für eine päpstliche Vorlesung. Als islamische Proteste losbrachen, hoffte Benedikt XVI., den Schaden mit einer Textänderung zu begrenzen. In die veröffentlichten Versionen der Rede ließ er nachträglich einfügen, der byzantinische Kaiser spreche in »für uns unannehmbar schroffer Form«[1]; in einer Fußnote wurde das Missverständnis bedauert. Missverstanden hatte demzufolge allerdings nicht Benedikt die islamische Rationalität oder die geforderte Hochachtung gegenüber muslimischen Gläubigen,[2] sondern missverstanden hatte der päpstlichen Klärung zufolge die muslimische Zuhörerschaft das Papstzitat.

Nun, wir müssen nicht weiter auf alten Kamellen herumkauen. Auf die Regensburger Respektlosigkeit mussten wir nur zurückkommen, um zu verstehen, was der Kinderwagenverkäufer Adem empfunden haben wird. Er fragte mich, wie gesagt: »Warum beleidigt der Papst unseren Propheten?«; und dann fügte er an: »Keines unserer Oberhäupter würde jemals Jesus beleidigen!« Adem hat recht. Denn Jesus ist den Muslimen heilig. Arabischsprachige Muslime nennen den Namen Jesu nicht ohne

---

1 http://www.vatican.va/content/benedict-xvi/de/speeches/2006/september/documents/hf_ben-xvi_spe_20060912_university-regensburg.html (Zugriff am 12.12.2020); vgl. auch Benedikt XVI.: *Glaube und Vernunft. Die Regensburger Vorlesung*, Freiburg im Breisgau: Herder 2006, 11–32, hier S. 15 sowie 16, Fußnote 3: »Dieses Zitat ist in der muslimischen Welt leider als Ausdruck meiner eigenen Position aufgefasst worden und hat so begreiflicherweise Empörung hervorgerufen. Ich hoffe, dass der Leser meines Textes sofort erkennen kann, dass dieser Satz nicht meine eigene Haltung dem Koran gegenüber ausdrückt, dem gegenüber ich die Ehrfurcht empfinde, die dem heiligen Buch einer großen Religion gebührt. Bei der Zitation des Tetxts [*sic*] von Kaiser Manuel II. ging es mir einzig darum, auf den wesentlichen Zusammenhang zwischen Glauben und Vernunft hinzuführen. In diesem Punkt stimme ich Manuel zu, ohne mir deshalb seine Polemik zuzueignen.«

2 *Nostra aetate* 3: »Mit Hochachtung betrachtet die Kirche auch die Muslime.«

Segensformel.[3] In der Türkei wundert man sich sogar darüber, dass ausgerechnet die Jesusanhänger, die Christen, wenn sie Türkisch sprechen, oft einfach İsa sagen, also seinen Namen so formlos-vertraut nennen: »Jesus«. Türkische Muslime hingegen sprechen über Jesus mit vorangestelltem Ehrentitel: Hazreti İsa heißt es, also etwa: »der heilige Jesus«.[4]

Wenn Adem den Jesusnamen heilighält, lässt sich etwas spüren, was vielen Jüngern der Aufklärung verloren gegan-

---

3 »Heil über ihn/Auf ihm sei Friede!«: *ʿalayhi s-salām.*

4 Auch die aktuelle türkisch-offizielle Islam-Enzyklopädie schreibt in ihrem 31-spaltigen Eintrag über Jesus stets selbstverständlich »Hz. Îsâ«, was so viel wäre wie »hl. Jesus«: *TDV İslâm Ansiklopedisi*, Band 22, İstanbul: Millî Eğitim Bakanlığı Yayınları 2000, 465–475. Dass das Lemma lediglich »Îsâ« lautet, besagt nichts; denn auch der Eintrag zum Propheten des Islam heißt nur »Muhammed«. – Der Ehrentitel »Hazreti *N.*« ist ursprünglich eine persische Form, die eine arabische Vokabel nutzt: *ḥaḍrat-i N.* bedeutet wörtlich »die Gegenwart von *N.*«. Das ist interessant, aber es ist weder die Berechtigung für überzogene Deutungen – etwa, dass hier die Ausstrahlung des Heiligen empfunden würde – noch ist eine solche Ehrenbezeichnung uns vertrauteren Sprachen völlig fremd: Statt der unmittelbaren Anrede »Du« verwendet man etwa im Italienischen den Singular »Lei« und wendet sich damit dem Angesprochenen höflicherweise nur mittelbar zu, spricht nämlich seine »Herrschaft« (Signoria) an. Und warum ist die deutsche Höflichkeitsform ebenfalls die dritte Person, aber nun im Plural? Man bezieht sich ehrfürchtig nicht auf das vor einem stehende Du höchstselbst, sondern auf »Ew. (d. h. Eure) Gnaden« oder »Eure Hochwürden«, spricht also die zahlreichen Erweise der Vorzüglichkeit des Hochgestellten an. Ähnlich verläuft im Hebräischen die ehrfürchtige Gottesbezugnahme, indem man statt von Gott von seinem »Namen« sprechen kann (vgl. Psalm 92,2); so kommen mindestens drei Gesichtspunkte zur Sprache: Gottes Selbstkundgabe, in der er Treue zugesichert hat, seine durch Machterweise bewirkte Anerkanntheit und seine Anrufbarkeit. Im Arabischen kann man sich entsprechend höflicherweise, statt »dich« direkt anzureden, eben an »deine Gegenwart« wenden. So gelangt man zum persischen »die Gegenwart von *N.*« und damit zur türkischen Kurzformel »Hz. *N.*«. Etymologische Erklärungen können zu denken geben; aber man sollte nicht meinen, dass Muttersprachler die Ausgangsbedeutung mitdächten. Genauso wenig denkt ja, wer eine Person im Deutschen mit »heilig« tituliert, stets mit, dass darin deren heilbringende Kraft angesprochen ist.

gen sein könnte: Sinn für Heiligkeit. Wenn Heiligkeit im ehrfürchtigen Staunen unserer Mitmenschen widerscheint, sind das unschätzbare Augenblicke. Manche werden sich an das Glitzern des Weihnachtslichtes in großen Kinderaugen erinnern. Hier spürt man im anderen vielleicht ein Gefühl, das man selbst kaum noch empfinden kann: einen Zauber, die Unverfügbarkeit, das Bewusstsein, hineingenommen zu sein in ein Geschehen, größer als unser Begreifen und Bewirken – Transzendenz.

Schön, wenn auch Erwachsene noch so etwas empfinden können! Schön, wenn wir es bei anderen spüren können. Was sich in den Ehrfurchtsgesten spiegelt – der Widerschein von anerkannter Heiligkeit im Blick des Demütigen –, kann man als »reflektierte Sakralität«[5] bezeichnen. Die Benennung trifft. Denn sie deutet nicht nur das glitzernde Widerspiegeln an (Reflexion von Heiligkeit), sondern auch das Nachdenken über solche Ehrfurchtsempfindungen (Reflexion über Heiligkeit). Wenn Adem so spricht, dann kommt darin eine Hochachtung gegenüber der anderen Religion zum Ausdruck, gegenüber der Person Jesu ganz besonders, aber auch mir gegenüber. Ich kann mich darüber freuen; und ich empfinde und zeige vor seinem Glauben ebenfalls Hochachtung. Ich kratze nicht an dem, was ihm heilig ist. Hier sind wir ja auf der Straße, leben einfach als Nachbarn; und Adem ist kein Theologe. Sollen wir daraus aber schließen: Das Ideal lautet, das Heilige der anderen demütig anzuerkennen? Dazu gibt es schon noch etwas mehr zu sagen.

---

5 Der Begriff bei Hans Joas: *Die Macht des Heiligen. Eine Alternative zur Geschichte von der Entzauberung*, Berlin: Suhrkamp 2017, 349.

Mut zur Andersheit

Papst Franziskus hat im Jahr 2017 eine eindrucksvolle Wegweisung für interreligiöse Begegnungen gegeben: Es brauche einen *»coraggio dell'alterità«*[6], also den »Mut zum Gegenüber, zur Andersheit«.[7] Was er damit anspricht, ist durchaus nicht banal. Es braucht nämlich zuerst einmal Mut, sich einzugestehen, dass andere wirklich anders sind. »Mut zum Gegenüber«, das ist ein befreiender Gegenentwurf zu dem Aufklärungsdogma, dass doch im Grunde alle Religionen dasselbe meinen. Eine Erinnerung an den »Mut zur Andersheit« lenkt dagegen unseren Blick über die billigen Bilder angeblicher Aufgeklärtheit hinaus, die alle Glaubensrichtungen als inhaltsgleich erklären wollen: hinaus über die Ringparabel vom Vater und seinen drei gleichgeliebten Söhnen, über den spöttisch geschilderten Streit der Blinden nach ihrer Erstberührung eines Elefanten hinaus. Kann man denn nicht damit leben, dass verschiedene Gemeinschaften wirklich Verschiedenes bezeugen?

Hier ist nun zu sagen, dass die Religionsgleichmacherei nicht erst Aufklärungserbe ist. Die Gleichnisse sind uralt;[8] und die Muslime sind Meister religiöser Inklusion. – Dies übrigens keineswegs im Bewusstsein feindlicher Übernahme oder unzulässiger Übergriffigkeit! Sie gehen davon aus, dass alle Offenbarungsreligionen im Grunde denselben Inhalt vermitteln;

---

6 http://www.vatican.va/content/francesco/it/speeches/2017/april/documents/papa-francesco_20170428_egitto-conferenza-pace.html (Zugriff am 18.01.2021).

7 Felix Körner: »Humanität als Identität, Alterität und Authentizität. Zur Kriteriologie des Religionsdialogs bei Papst Franziskus«, in: Margit Eckholt, Gregor Etzelmüller und Habib El Mallouki (Hg.), *»Kon-kurrenz«. Hermeneutische Grundlagen des christlich-muslimischen Gesprächs*, Freiburg im Breisgau: Herder 2020, 250–268.

8 Die Elefantengeschichte findet sich etwa bereits im Palikanon: *Udāna* 6,4.

und zwar weil jeder Prophet in Grundzügen dasselbe verkündet habe. Auch die Offenbarung des von ihnen heiliggehaltenen Jesus besagte ihnen zufolge nichts anderes als die koranische Botschaft. Das ist bereits die offenbarungsgeschichtliche Theologie des Korans selbst. Da ihm zufolge alle Propheten grundsätzlich inhaltsgleiche Botschaften bringen, kann man von der islamischen ›Homoprophetie‹ sprechen.[9] Diese Sicht hat im Laufe der Geschichte eine Art religiöse Toleranz zur Folge gehabt, wie sie in unseren Breiten lange fehlte: Juden und Christen konnten unter islamischer Herrschaft gut weiterleben. Jüdische Gläubige fanden im Osmanischen Reich sogar Zuflucht, als ihre christlichen Herrscher sie im Spanien der Reconquista vor die Wahl gestellt hatten: Taufe oder Tod. Der theologische Grund für die islamische Toleranz gegenüber einer jüdischen und christlichen Präsenz lag in der Anerkennung der in der Bibel bezeugten Prophetien: Die früheren Glaubensboten sind gar keine fremdreligiösen Rivalen, sondern gehören zum selben offenbarungsgeschichtlichen Strang des Monotheismus. Folglich kann auch unter islamischer Herrschaft jahrhundertelang gut mitleben, wer das lebt und vertritt, was man in Lateineuropa eine andere *lex* nennt: eine abweichende Frömmigkeitsform (arabisch *dīn*, »Religion«).

Diese offenbarungsgeschichtliche und religionstheologische Sicht zeitigte also immer wieder humanisierende Folgen in der Anerkennung etwa von Juden und Christen. Diese Sicht ist allerdings keine Anerkennung *des Anderen*. Der Koran erkennt die

9 Felix Körner: »Das Prophetische am Islam«, in: Mariano Delgado und Michael Sievernich (Hg.), *Mission und Prophetie in Zeiten der Transkulturalität.* Festschrift zum hundertjährigen Bestehen des Internationalen Instituts für missionswissenschaftliche Forschungen 1911–2011 (Sonderband der Zeitschrift für Missionswissenschaft und Religionswissenschaft 95. Jahrgang 2011), St. Ottilien: EOS 2011, 234–248.

Angehörigen der Schriftreligionen vielmehr als Quasi-Muslime an. Wo sich dann die Anhänger dieser Religionen auf Debatten einlassen und sagen, in diesem oder jenem theologischen Punkt weichen wir inhaltlich vom Islam ab, ist die muslimische Lösung: Hierin missversteht ihr die an euch ergangene Gottesbotschaft noch (vgl. 3:64 f. usw.).

Bei genauerem Hinsehen handelt es sich also um eine recht übergriffige Gleichmacherei, so gut deren Absicht und Wirkung auch sind. Inzwischen gibt es entsprechende theologische Entwürfe auch christlicherseits: Die anderen meinen dasselbe, was wir glauben, nur wissen sie es nicht und müssen es von uns gesagt bekommen.[10] Dies ist die islamische Form, die anscheinend abweichende Glaubenssicht des anderen doch noch zu »retten«[11]: nämlich als der eigenen im Grunde gleich. Die Rede von den »Menschen guten Willens«[12], die dasselbe wollen wie wir, ist hier ausgeweitet auf eine Behauptung darüber, was die anderen eigentlich mit ihrer Religion wollen: dasselbe wie wir. So befriedend das klingt – im Rahmen einer homoprophetischen

10 Vgl. z. B. Gerhard Gäde: *Islam in christlicher Perspektive. Den muslimischen Glauben verstehen*, Paderborn: Schöningh 2008.

11 Dieses Wort verwendet Ignatius von Loyola in der inquisitorisch aufgeladenen Stimmung seiner Zeit, offenbar zur Überwindung einer reinen Hermeneutik des Verdachts: der Heterodoxie-Unterstellung gegenüber Menschen, die sich auf einen persönlichen Weg der Christusnachfolge einlassen. *Ejercisios espirituales/Geistliche Übungen*, Rand-Nr. 22: »Para que así el que da los exercicios espirituales, como el que los rescibe, más se ayuden y se aprovechen: se ha de presuponer que todo buen christiano ha de ser más prompto a salvar la proposición del próximo, que a condenarla – Damit sowohl der, der die geistlichen Übungen gibt, wie der, der sie empfängt, mehr Hilfe und Nutzen haben, ist vorauszusetzen, dass jeder gute Christ mehr bereit sein muss, die Aussage des Nächsten zu retten, als sie zu verurteilen«: das sogenannte Praesupponendum.

12 Johannes XXIII. richtete sich in seiner Enzyklika *Pacem in terris* 1963 erstmalig an alle Menschen *»bonae voluntatis«* (vgl. Lukas 2,14, Vulgata: *»in terra pax in hominibus bonae voluntatis«*).

Einebnung lässt sich kein religiöser Partikularanspruch mehr zur Geltung bringen. Denn er passt nicht ins Bild einer nur scheinbar unterschiedlichen, tatsächlich überall inhaltsgleichen Religion. Partikular? Der Anspruch Jesu lautete etwa, genau mit seinem Auftreten breche das Gottesreich an, in das die ihm Begegnenden genau jetzt eintreten können (vgl. Markus 1,15). Diesen Anspruch muss eine homoprophetische Vereinheitlichung zurückweisen.

Wie heilig ist den Religionen das andere Heilige? Unversehens haben wir bereits zwei entscheidende Gesichtspunkte andeuten können. Sie sollen nun ausdrücklich werden.

1. *Annehmen.* Zu sehen, wie Menschen Heiliges anerkennen, ist bewegend. Es erinnert daran, wie wertvoll das ist, was wir nicht selbst machen können; wie wertvoll es ist, wenn Menschen ihre eigene Begrenztheit anerkennen, wie wertvoll Beschenktwerden ist und Hineingenommensein in eine größere Bewegung.

2. *Vereinnahmung.* Wer das »andere Heilige« heilighält, wer also das, was anderen Religionen heilig ist, als unantastbar betrachtet, erkennt es allerdings möglicherweise gar nicht als »anders« an, sondern vereinnahmt das Fremde als im Grunde doch altbekannt. Solche Gleichsetzungen haben zwar in der Religions-, Rechts- und Kulturgeschichte immer wieder ein tolerantes Zusammenleben ermöglicht; derartige theologische Eingemeindungen verunmöglichen allerdings das Staunen vor dem »ganz Anderen«.

Nach dem Zweifel

Nun ist weiterzusehen. Was andere für heilig halten, verpflichtet uns nicht, es ebenfalls für heilig, für unantastbar zu halten.

Man darf sehr wohl fragen, ob das Geheiligte zu Recht für heilig gehalten wird. Frömmigkeitskritik ist legitim; und durchaus nichts erst Modernes. Schon die Propheten Israels beziehen beispielsweise mit unzweideutiger Schärfe Stellung gegen das, was man vor lauter Heiligkeitsduft auch für ehrfurchtgebietend, unantastbar halten könnte: einen Opfergottesdienst, den man fromm begeht, ohne zugleich Recht zu schaffen; Götterbilder, die wegführen vom stets treu und wach und neu zu befolgenden Ruf des einzigen Befreiers Israels; eine Fastenpraxis, die sich nicht auswirkt in der Herzenswandlung zur Speisung Hungernder; eine Heilssicherheit, die einem aufgrund von Abstammung angeblich die eigene Bekehrung erspart.[13] Das für heilig Gehaltene darf man kritisieren. Allerdings nur unter zwei Bedingungen. Zum einen muss man immer bedenken, mit wem man spricht, wie man verstanden wird, was das Hinterfragen beim anderen bewirkt: Wer fängt meinen Gesprächspartner auf, wenn ich ihm den Boden unter den Füßen wegziehe und seine fromme Praxis entzaubere? Wie viel reflexive Distanzierungsmöglichkeit hat etwa der erwähnte Adem? Zum anderen ist sehr genaue Kenntnis der Zusammenhänge nötig: der Geschichte, der Lebensbedeutung des Geheiligten, des in der kritisierten Tradition tatsächlich gepflegten theologischen Umgangs damit. Wo diskursfähige Gesprächspartner und eingehende Kenntnis vorhanden sind, ist kritische Hinterfragung dann allerdings möglich, ja notwendig. Sie ist sogar ein Vorgang, der stets von selbst geschieht. Das Funkeln in den Augen der Person, die Heiliges erblickt, ist, wie gesagt, »reflektierte Sakralität« in einem ersten Sinn. Die Heiligkeit, die sich hier spiegelt, gelangt aber

13 Opferkritik: Amos 5,22–24; Götterkritik: Jesaja 2,20; Fastenkritik: Jesaja 58,1–12; Sicherheitskritik: Matthäus 3,9.

bald an eine Kreuzung. Denn es tauchen Zweifel auf, fremde oder eigene, im Gespräch mit dem eigenen Denken oder in der Begegnung mit den Anfragen Außenstehender: Kann das stimmen, was bedeutet es wirklich, was müssen wir anders verstehen als früher, ist das hier Geheiligte in Wirklichkeit bloß unser Wollen, unsere Projektion? Reflektierte Heiligkeit hat einen zweiten Sinn bekommen: Sie wird nun zum Nachdenken über Heiligkeit. Zweifel angesichts des Heiligen kommen auf. Sie bringen Zweifelnde an eine Kreuzung und stellen sie vor drei gangbare Wege. Man mag sie benennen als Abbruch, Gehabe und Aufbruch.

a. *Abbruch.* Wo Zweifel am Heiligen aufkommt, kann er leicht übergehen in die Entzauberung. In triumphierender Aufgeklärtheit heißt es dann: »Den Nikolaus, den gibt es doch gar nicht – das ist der Papa!«; und: »Die heute noch glauben, sind Religioten.«[14] Aber eben auch: »Euer Prophet bringt nur Feuer und Schwert.«

b. *Gehabe.* Oder man fürchtet, der Zweifel nehme einem alles; und im Gegenzug beginnt man, das Heilige, das man eben noch staunend erlebte, nun festzuhalten. Dann wird das Heilige zum »Gehabten«, wie man es nennen könnte. Es wird künstlich, festgelegt. Dann ist das Heilige nicht mehr Erlebnis geschenkter Ergriffenheit, sondern gewaltsames Ergreifen. Traditionalisten und Fundamentalisten aller Couleur wehren sich mit Gewalt gegen den aufkommenden Zweifel. Heraus kommt das einge-

14 Den Begriff »Religiotie« hat im Jahr 2009 Michael Schmidt-Salomon eingeführt, in einer Kolumne des Humanistischen Pressedienstes; allerdings nicht pauschal antireligiös, sondern als Warnung vor religiös-ideologischer Borniertheit, hpd.de/node/6606 (Zugriff am 31.12.2020).

holte Heilige. Es hat seinen Zauber längst verloren. Es ist nichts Lebendiges mehr, sondern ein pseudogeistliches Gehabe: jene *mundanidad espiritual*, die Kardinal Bergoglio kurz vor seiner Wahl zum Papst als Gefahr der Kirche benannte.[15]

c. *Aufbruch*.[16] Menschen betreten eine Kirche und küssen zur Begrüßung die Ikonen oder tauchen ihre Hand ins Weihwasserbecken und bekreuzigen sich anschließend. Ist das »gehabte Heiligkeit«? Heiliges Gehabe, Besitzergreifung? Nicht unbedingt! Wer einen Ort als heilig anerkennt, erkennt auch: Ich muss mich aufmachen. Besitzen kann ich meinen Trost nicht. Ich muss ihn empfangen; ich kann nur zu ihm hinpilgern. Durch alles Nachdenken hindurch gelangen Menschen möglicherweise zu der Einsicht: Den Sinn meines Lebens kann ich nicht selbst herstellen. Unmöglich, mir meinen Lebens- und Freudengrund zu schaffen. Diese Öffnung, sich aufzumachen, erfordert die Anerkennung, dass wir das Wichtigste nicht einfach »haben« können. Der Versuch, des Heiligen habhaft zu werden, ist das Gegenteil von Glauben: Es ist Magie. Die wache Bereitschaft, sich immer wieder aufzumachen, lässt sich dagegen im Deutschen treffend bezeichnen als »Aufbruch«.[17] Das Zelt, das Lager

15 »Las últimas palabras de Bergoglio antes del cónclave«, http://chiesa.espresso.repubblica.it/articolo/1350484ffae.html (Zugriff am 18.12.2020).

16 Ausgeführt in: Felix Körner: »Der eine Christus und die vielen Geistesgegenwarten. Ein Vorschlag zur Religionstheologie«, in: Guido Vergauwen und Andreas Steingruber (Hg.), *Veni, Sancte Spiritus! Theologische Beiträge zur Sendung des Geistes.* Festschrift für Barbara Hallensleben zum 60. Geburtstag (Glaube und Gesellschaft, Band 7), Münster: Aschendorff 2018, 602–615.

17 »Im Wort Gottes erscheint ständig diese Dynamik des ›Aufbruchs‹, die Gott in den Gläubigen auslösen will.« (*Evangelii gaudium* 20), http://www.vatican.va/content/francesco/de/apost_exhortations/documents/papa-francesco_esortazione-ap_20131124_evangelii-gaudium.html (Zugriff am 18.12.2020).

wird abgebrochen; nicht weil wir es plötzlich – »aufgeklärt« – für wertlos halten und wegwerfen. Nicht weil das, was wir bisher getan haben, verblendet und verkehrt war; sondern weil das Allerheiligste nicht zu besitzen, nicht zu besetzen ist: Der Heilige ruft; wir können ihn suchen, aufsuchen, mit aufgebrochenem Herzen.

Aus der reflektierten Sakralität folgt also nicht der »Abbruch« einer Beziehung – nicht das »Gehabe« einer versteinerten Beziehung –, sondern der »Aufbruch« aufgrund einer lebendigen Beziehung zum Heiligen. Zu diesem Aufbruch aber gehört auch die Bereitschaft, Heiligkeit dort zu suchen und zu finden, wo festgezurrte Vorstellungen sie nicht sehen wollen. Ignatius von Loyola benennt im Gegenzug treffend die Fähigkeit, »Gott in allem und alles in Gott lieben zu können«[18]. Die Formel schützt sich selbst vor der Banalisierung ins Gleichgültige (Abbruch), weil sie andeutet, dass die Liebe zum Geschaffenen nur dann recht verortet ist, wenn sie aus einem Leben »in Gott« kommt; und sie schützt sich zugleich vor Magie und Kitsch (Gehabe). Denn sie weist dem Heiligen keinen eingeschränkten Ort zu. Eine lebendige Beziehung lebt ja von der freudigen Überraschung, dass alles noch einmal anders ist, als ich es mir eingebildet hatte.

---

18 *Satzungen der Gesellschaft Jesu*, Nr. 288: Die Jesuiten in Ausbildung sollen häufig ermahnt werden, »in allen Dingen Gott, unseren Herrn zu suchen, indem sie, so sehr es möglich ist, die Liebe zu allen Geschöpfen von sich entfernen, um sie auf deren Schöpfer zu richten und ihn in allen Dingen zu lieben und alle in ihm, gemäß seinem heiligen und göttlichen Willen«: Ignatius von Loyola: *Deutsche Werkausgabe*, übersetzt von Peter Knauer, Band 1: *Gründungstexte der Gesellschaft Jesu*, Würzburg: Echter 1998, 670. Die spanische Vorlage hat: »y sean exhortados a menudo a buscar en todas cosas a Dios nuestro Señor, apartando, quanto es posible, de sí el amor de todas las criaturas, por ponerle en el Criador dellas, a El en todas amando y a todas en El, conforme a la su santíssima y divina voluntad.«

Neuentdeckung

Ausgegangen waren wir von der Frage, wie heilig den Religionen das andere Heilige ist. Wir hatten bereits zwei Zwischenthesen aufstellen können, nämlich die von der Bedeutsamkeit des Beschenktwerdens und die von der Verflachung durch Vereinnahmung. Hierbei ist nun erneut einzusetzen, um – weiterhin auf die Frage, wie heilig den Religionen das andere Heilige ist – mit drei Schlussthesen zu antworten:

3. *Haltung: Interesse.* Welche Haltung vor dem anderen Heiligen ist denn angemessen, statt ihm – ausdrücklich oder stillschweigend – nur Anerkennung zu gewähren als altbekannt in neuem Gewand? Wer Sinn für das Heilige hat, empfindet weder eine derartige Vereinnahmung als angemessen noch aber die Haltung der Toleranz. Denn sie lässt die anderen mit dem ihnen Heiligen gewähren, ohne selbst Neues entdecken zu wollen. Was dem anderen Heiligen gebührt, ist weder Vereinnahmung noch Toleranz, sondern Interesse! Denn erst wenn man sich füreinander interessiert – und so für das, was den anderen heilig ist –, kann das Zusammenleben mit Menschen anderer Religionstraditionen Begegnung werden und damit für alle, die sich darauf einlassen, »Reinigung und Bereicherung«[19].

4. *Anerkennung: das Andere.* Religion lässt sich mit einer Kurzformel fassen als »Anerkennung des Anderen im Vollsinne«[20]. Diese Formel hilft unseren Überlegungen zum Heilighalten des »an-

19 *Evangelii gaudium* 250, und bereits in: Sekretariat für die Nichtchristen: Die Haltung der Kirche gegenüber den Anhängern anderer Religionen. Überlegungen und Richtlinien zu Dialog und Mission, 21.

20 Felix Körner: *Politische Religion. Theologie der Weltgestaltung – Christentum und Islam*, Freiburg im Breisgau: Herder 2020, 290.

deren« Heiligen mit einem Kriterium weiter. Was Menschen, auch Andersgläubige, identifiziert und staunend für unantastbar erachten, darf man nur als solches anerkennen, insofern es wirklich »anders« ist: wo es also über den irdischen Absichten und Zugriffen steht, wenn es diese richtet und ausrichtet, wenn es Menschen bewegt zur Anerkennung des anderen im Sinne des Respekts vor dem Mitmenschen und wenn Menschen sich angesichts des Heiligen lernbereit fragen, wie sie dem Heilswillen des Heiligen entsprechen können.

5. *Technik: Relecture.* Damit deutet sich schon an, dass die Anerkennung des Heiligen – des ja immer »Anderen« – auch ihre eigene Technik hat. Heilighalten des Heiligen ist nämlich gerade nicht ein stures Festhalten des Gehabten. Heiligung ist keineswegs Beharrung im behaupteten »seit jeher«. Dem Heiligen versuchen Religionen vielmehr gerecht zu werden mit einer stets erneuerten Befragung: mit der Technik der »Relecture«. Nebenbei bemerkt, wollte schon Cicero *religio* – gut merkbar, aber kaum wissenschaftlichetymologisch – verstehen als ein *religere,* ein »immer wieder durchgehen, neu und gründlich lesen« der Kultvorschriften: Religion an sich also als Relecture.[21] Wie aber geschieht nun tatsächlich das Heilighalten des Heiligen? Es geschieht als Relecture in vier Technikvarianten:

a. Gläubige lesen ihre heiligen Schriften in immer neuer Sorge, erkennen den Sinn der Worte als *Trost* und empfangen Ermutigung.

---

21 Marcus Tullius Cicero: *De natura deorum* II, 72.

b. Gläubige lesen ihre heiligen Schriften angesichts immer neuer Entscheidungsfragen, erkennen den wahren Sinn der Worte als *Weisungen* und vollziehen sie – in Selbstprüfung auf die Gefahr ihres Missbrauchs hin – demütig als heilendes Handeln in Gottesdienst und Weltdienst.

c. Gläubige lesen ihre Erfolge und Niederlagen im Lichte ihrer Schrift und erkennen den *Sinn der Ereignisse* als Gottes »Weltregierung«[22]: göttliches Geschichtswirken zur eigenen Reinigung und Erfüllung.

d. So können Gläubige auch das *andere Heilige* mit der ihnen ohnehin vertrauten Technik der Relecture in den Blick nehmen und darin einen guten Sinn erkennen. So müssen sie es weder rundweg als verkehrt ablehnen noch als ohnehin bekannt eingemeinden, sondern können darin überraschende und daher umso wirksamere Winke (*numina*) dessen sehen, den sie heilighalten.

Epilog

Der große Sufi Ǧalāluddīn Rūmī (gest. 1273) verkündete einmal, er wolle aus Konya, das ihm zur Heimat geworden, aber zu kühl war, in den Süden Anatoliens fahren, ans Mittelmeer: nach Antalya. Denn da sei es schön warm. Dann aber fiel ihm ein: »Die meisten dort sind Griechen. Sie verstehen unsere Sprache nicht.« Ǧalāluddīn spricht persisch. Pfiffig ist hieran übrigens bereits, dass er, der selbst der Rūmī genannt wird, nun von den Griechen

22 Felix Körner: »Gottes Weltregierung im Prozess der Geschichte. Handlungstheorien bei Wolfhart Pannenberg und in der islamischen Theologie«, in: Gunther Wenz (Hg.), *Offenbarung als Geschichte. Implikationen und Konsequenzen eines theologischen Programms* (Pannenberg-Studien, Band 4), Göttingen: Vandenhoeck & Ruprecht 2018, 167–203.

redet, die sich dort Rhomäer nannten und die in seiner Sprache deshalb ebenfalls Rūmī sind. Nun scheint der große Mystiker sich zu widersprechen, wenn er fortfährt mit der Bemerkung, es gebe sogar unter den Griechen Leute, die seine Sprache verstehen. Persisch? Nein, darauf kommt es ihm jetzt nicht mehr an. Er berichtet: »Eines Tages sprach ich zu einer Gruppe, und einige Nicht-Muslime waren dabei. Mitten in meiner Ansprache begannen sie zu weinen: Sie waren in Ergriffenheit und Ekstase geraten.« Jetzt unterbricht ein Zuhörer den Rūmī und fragt: »Was verstehen und wissen sie denn? Schon unter den Muslimen versteht doch nur einer unter tausend diese Art von Rede. Was haben sie verstanden, dass sie weinen sollten?« Der Einwand lautet also: Nur die wenigen eingeweiht-erleuchteten Muslime lassen sich mitreißen von dem, was du sagst. Die, von denen du jetzt behauptest, sie seien von deinen Worten ergriffen worden, sind doch nicht nur nicht eingeweiht, sondern nicht einmal Muslime, und zudem verstehen sie kein Persisch!

Der Mystiker gibt zurück, dass es gar nicht der verstandene Wortgehalt ist, der die mystische Wirkung im Hörer auslöst. Jede Person vielmehr, die empfindet, dass hier von Gott die Rede ist, nimmt sein Kommen freudig wahr, riecht förmlich, dass hier der naht, den sie sucht. Rūmī meint, dass im Grunde jeder Gläubige denselben Gottesbegriff hat, auf derselben Gottsuche ist und daher auch in der unverstandenen Frömmigkeitsform der anderen Gottesnähe empfinden kann:

> Sie müssen gar nicht den inneren Geist dieser Worte verstehen. Der Kern der Sache sind die Worte selbst, und das verstehen sie. Schließlich erkennt jeder die Einheit Gottes an, dass Er der Schöpfer und Versorger ist, dass Er alles regiert, dass zu Ihm alles zurückkehren wird und dass Er es

> ist, der straft und vergibt. Kommen diese Worte zu Gehör, die benennen, wie Gott ist, und die Gottesgedenken sind, dann stellt sich überall Erregung ein und ekstatische Leidenschaft, da aus diesen Worten der Duft ihres Geliebten und ihrer Suche aufsteigt.[23]

Was für den Christen der höchste Trost ist, dass der Herr wahrhaft auferstanden ist, scheint Rūmī nicht zu interessieren; und dennoch hat er wohl recht mit seiner Beobachtung – auch ein christlicher Hörer fremder geistlicher Worte kann sich durch sie an seinen höchsten Trost erinnern lassen: Der Geliebte lebt.

---

23 Ǧalāluddīn Rūmī, *Fīhi mā fīhi*, 23. Rede; eigene Wiedergabe unter Zuhilfenahme der Übersetzung von Arthur J. Arberry, *Discourses of Rūmī*, London: John Murray 1961.

Verzeichnis der Autorinnen und Autoren

Christa Georg-Zöller, geb. 1954, Prof'in der Religionspädagogik und -didaktik im Ruhestand; Studium der katholischen Theologie und Musik an der Westfälischen Wilhelms-Universität Münster, 1985 Zweites Staatsexamen für das Lehramt, 1985 bis 2000 Lehramtstätigkeit, gleichzeitig Mitarbeit am Landesinstitut für Schule und Weiterbildung in Soest, 1999 Promotion zum Dr. phil. an der Technischen Universität Dortmund, 2000 Lehrerin im Hochschuldienst an der Technischen Universität Dortmund, 2005 Promotion zum Lic. theol. an der Westfälischen Wilhelms-Universität Münster, 2007–2020 Professorin für katholische Religionspädagogik und -didaktik an der Katholischen Hochschule für Sozialwesen Berlin, in Abordnung an der Freien Universität Berlin.

Frizzi Krella, geb. 1970 in Dresden, ist Kunsthistorikerin, Autorin und Kuratorin, sie lebt und arbeitet in Berlin. Studium der Kunstgeschichte, Archäologie und romanistischen Literatur- und Sprachwissenschaften in Berlin und Paris. Veröffentlichungen zur Dresdner Malerei, Dix-Schule und zu zeitgenössischen künstlerischen Positionen. Sowohl in ihrer kuratorischen Arbeit als auch in Texten und Künstlergesprächen beschäftigt sie sich mit der Entwicklung der Gegenwartskunst seit 1960.

Gert Pickel ist Professor für Religions- und Kirchensoziologie am Institut für Praktische Theologie an der Theologischen Fakultät der Universität Leipzig. Seine Schwerpunkte liegen im Bereich der Religionssoziologie, der Jugendforschung und der politischen Kulturforschung. Derzeit arbeitet er an einem deutsch-schweizer Projekt zur Thematik religiöser kollektiver

Identitäten und deren Bezüge zu politischen Identitäten. Er ist u. a. Mitglied im Center for the Study of Religion (CSR) der Universität Leipzig, des Beirats der Akademie der Weltreligionen in Hamburg sowie stellvertretender Sprecher des Kompetenzzentrums für Rechtsextremismus- und Demokratieforschung der Universität Leipzig.

Andreas Feldtkeller, geb. 1961, ist Professor für Religionswissenschaft und Interkulturelle Theologie an der Theologischen Fakultät der Humboldt-Universität zu Berlin. Studium der Evangelischen Theologie in München, Heidelberg, Jerusalem und Tübingen, 1992 Dr. theol. (Universität Heidelberg), 1996 Habilitation Theologie (Universität Heidelberg). 1994–96 Fellow am Royal Institut für Inferfaith Studies in Amman, Jordanien; 2012–17 Professor Extraordinary Universität Stellenbosch (Südafrika).

Heinz Nagler, geb. 1955, Prof. Dipl.-Ing., Architekt und Stadtplaner, Leiter des Lehrstuhls Städtebau und Entwerfen an der Brandenburgischen Technischen Universität (BTU) in Cottbus von 1994–2020. Inhaber des Architektur- und Planungsbüros Nagler und Dieck. Studium der Architektur und der Kunstgeschichte an der Universität Stuttgart und an der University of Virginia (UVa) in Charlottesville, USA. Abschlussarbeit 1983 zum Thema »Der Raum und das Zweite Vatikanische Konzil«; Lehre u. a. an der Universität Stuttgart, Akademie der bildenden Künste in Stuttgart, University of Arizona, Tucson USA, BTU in Cottbus.

Kristina Wiese ist Architektin und lebt und arbeitet in Berlin. Nach dem Architekturstudium in Karlsruhe, Lissabon und Berlin sammelte sie Berufserfahrung in Deutschland und der

Schweiz, um 2016 ihr eigenes Büro zu gründen. In ihrer Arbeit beschäftigt sie sich mit der gebauten Umwelt, ihrer Transformation und Ergänzung. Seit 2018 ist sie zudem als wissenschaftliche Mitarbeiterin am Lehrstuhl Städtebau und Entwerfen an der BTU Cottbus tätig und Teil des PhD-Programms zur entwurfsbasierten Promotion an der TU Berlin.

Jakob Johannes Koch, geboren 1969 in Würzburg, wurde 1987 als Jungstudent in die Gesangsklasse von Prof. Arno Leicht am Würzburger Konservatorium aufgenommen. Als Stipendiat der Studienstiftung des Deutschen Volkes studierte er von 1991–96 in Würzburg, Nürnberg und Berlin Musik und Theologie. 1994/95 absolvierte er ein Meisterklassenstudium bei Prof. Dietrich Fischer-Dieskau an der Universität der Künste Berlin. Von 1997 bis 2000 promovierte er an der Universität Bonn mit einer Dissertation zur Kirchenmusik zum Doktor der Theologie. Seit dem Jahr 2000 ist Jakob Johannes Koch Kulturreferent der Deutschen Bischofskonferenz. Diese Tätigkeit umfasst neben der Musik auch zahlreiche andere Kultursparten wie Bildende Kunst, Darstellende Kunst, Literatur und Architektur. Aktuell setzt sich Jakob Johannes Koch für mehr kulturelle Beteiligungsgerechtigkeit für Menschen mit Behinderungen ein (www.inklusive-kulturpolitik.de).

Katrin Rebiger, geb. 1967 in Zerbst (Sachsen-Anhalt), absolvierte ihre Berufsausbildung in Magdeburg, studierte in Leipzig und Berlin und ist heute Pädagogin und Theologin. Seit 2008 ist sie Pfarrerin der EKBO.

Ulrike Freitag ist seit 2002 Direktorin des Leibniz-Zentrums Moderner Orient in Verbindung mit einer S-Professur für Islamwissenschaft an der Freien Universität Berlin. Nach ihrem Studium der Geschichte, Islamwissenschaft und Literaturwissenschaft wurde sie 1991 mit einer Arbeit über syrische Geschichtsschreibung 1920–1990 an der Universität Freiburg promoviert (Hamburg 1991). Die Habilitation an der Universität Bonn folgte 2002 mit der Arbeit »Indian Ocean Migrants and State Formation in Hadhramaut« (Leiden 2003) ihrer mehrjährigen Tätigkeit als Hochschullehrerin an der SOAS in London. Sie ist Autorin von »A History of Jeddah«.

Håkan Forsell ist Stadtforscher und Professor für Geschichte an der Universität Stockholm. Er hat sich insbesondere mit Stadtplanung und Eigentum während des 19. und 20. Jahrhunderts sowohl in Schweden als auch weltweit beschäftigt. Seine Forschung bezieht sich auch auf Aspekte der Migration und Segregation in europäischen Städten während der Ära der sozialstaatlichen Reformen.

Angelika Neuwirth studierte Klassische Philologie und Orientwissenschaften an den Universitäten Teheran, Berlin, Göttingen, Jerusalem und München. Sie promovierte 1970 in Göttingen zu Aristoteles' Metaphysik in arabischer Bearbeitung und habilitierte sich 1976 mit einer Arbeit über die Komposition des Koran. Sie lehrte an der University of Jordan, Amman, in Bamberg, an der Ain Shams University Kairo und der FU Berlin. Von 1994 bis 2000 war sie Direktorin des Orient-Instituts in Beirut und Istanbul. Seit 2007 leitet sie das Forschungsprojekt »Corpus Coranicum. Dokumentation und historisch-literaturwissenschaftlicher Kommentar zum Koran« an der Berlin-Brandenburgischen Akademie der Wissenschaften.

Eva Harasta studierte evangelische Theologie in Wien, Jerusalem und Heidelberg. Nach ihrer Promotion in Heidelberg zum Thema Gebet arbeitete sie sechs Jahre als wissenschaftliche Assistentin an der Universität Bamberg. 2007 erhielt sie den »John Templeton Award for Theological Promise«. 2010 wurde sie vom Fachbereich Theologie der Universität Erlangen aufgrund einer Arbeit zum Thema Kirche habilitiert. Nach ihrem Vikariat in der Lutherischen Stadtkirche (Wien) und in Rechnitz (Burgenland) wurde sie 2013 in der Friedenskirche in Wien-Lainz zur Pfarrerin der Evangelischen Kirche A. B. in Österreich ordiniert. Parallel zum Vikariat war sie als Lehrstuhlvertretung an den Universitäten Bamberg und Kiel tätig. Sie war außerdem Studienleiterin der Evangelischen Akademie zu Berlin.

Hans-Joachim Neubauer, Autor, Publizist und Literaturwissenschaftler. Promotion 1993, Habilitation 2000; Stipendiat des Zentrums für Antisemitismusforschung (TU Berlin), des DAAD (MSH Paris) sowie der DFG. 1995–2002: freier Journalist, Dramaturg und Autor; 2002–2015: Redakteur des Rheinischen Merkur sowie der ZEIT-Beilage Christ & Welt. Gastprofessor an der UdK Berlin; seit 2015 Professor an der Filmuniversität Babelsberg KONRAD WOLF.

Felix Körner, geb. 1963, ist Professor für Systematische Theologie an der Päpstlichen Universität Gregoriana. Jesuit seit 1985. Studium der Philosophie, Theologie und Islamwissenschaft in München, London, Bamberg und Fribourg. 2019/20 Fellow am Wissenschaftskolleg zu Berlin, wo er derzeit über Islamische Theologie im deutschsprachigen Raum forscht.

Abbildungsverzeichnis

Abb. 2 bis 7: © Anja Matzker
Abb. 8 und 9: © Frizzi Krella
Abb. 10: © Andreas Rost
Abb. 11: © Anton Roland Laub
Abb. 12: © Frizzi Krella
Abb. 13: © Andreas Rost
Abb. 14 und 15: © Hans-Christian Schink
Abb. 16: © Bertram Haude
Abb. 17: © Ola Kolehmainen
Abb. 18 und 19: Anton Roland Laub
Abb. 20 und 21: © Johanna Diehl, Courtesy Johanna Diehl und Galerie Wilma Tolksdorf Frankfurt
Abb. 25–30: Andreas Feldtkeller
Abb. 32: Stefan Fussan, Creative-Commons-Lizenz
Abb. 39: Meinrad W. Prell 1984
Abb. 40: Jost Terhagen 2015
Abb. 41 und 42: Foto und Fotomontage: Jakob Johannes Koch 2018
Abb. 43: Berthold von Ebersberg 2016
Abb. 44: Heinrich Freilinghardt 1951, Tanja Roellenbleck 2001
Abb. 45: Josef Schmitz 1974, Benjamin Freudenberger 2018
Abb. 46: Foto: Sabine Frechen 2018
Abb. 47: Dorothee Weise-Odenthal 1998, Saskia Helm 2011
Abb. 48: Piedro Tirangiarda/ONP 2015
Abb. 49–53: Michael Gerding 2017
Abb. 56 und 57: F. Stockburger
Abb. 58–62: M. Ponte
Abb. 63, 64, 66, 67 und 69: Ulrike Freitag
Abb. 65: By Matson Collection – Library of CongressCatalog: https://www.loc.gov/pictures/collection/matpc/item/mpc2004

000892/PP Original url: http://hdl.loc.gov/loc.pnp/matpc.00611, Public Domain, https://commons.wikimedia.org/w/index.php?curid=66462052

Abb. 68: A. Savin, 9.1.2017, Quelle: https://commons.wikimedia.org/wiki/File:Kyrenia_01-2017_img10_Ottoman_fountain.jpg